KB138151

비판적 사고

비판적 사고 성숙한 이성으로의 길

초판 1쇄 발행 2009년 8월 31일
2판 1쇄 발행   2011년 2월 28일
3판 8쇄 발행   2021년 2월 28일

지은이   이좌용·홍지호
펴낸이   신동렬
펴낸곳   성균관대학교 출판부

등록   1975년 5월 21일 제1975-9호
주소   03063 서울특별시 종로구 성균관로 25-2
대표전화   02)760-1253~4
팩시밀리   02)762-7452
홈페이지   press.skku.edu

ⓒ 2009, 2011, 2015 이좌용·홍지호

ISBN 979-11-5550-099-6 03170

값 16,000원

• 잘못된 책은 구입한 곳에서 교환해 드립니다.

이좌용 · 홍지호 지음

성숙한 이성으로의 길

3판

비판적 사고

성균관대학교
출판부

3판 서문

4년 만에 비판적 사고 안내서 3판을 내놓는다. 이번 판에서는 비판적 사고에 대한 좀 더 친절한 안내를 위해 각 장의 내용을 수정 보완하였고, 좀 더 효과적인 비판적 사고 연습을 위해 새로운 연습 자료를 추가하여 연습문제들을 대폭 수정하고 보강하였다. 특히 새로운 연습 자료들은 일상적인 텍스트뿐만 아니라 철학적인 텍스트와 추리소설과 같은 문학적인 텍스트 등 다양한 영역에서 소재를 수집하여 구성하였다. 마지막 부분에는 전체 연습문제 중 홀수 번호에 해당하는 모든 문제에 대해 참고할만한 답안을 첨부하여 스스로 연습문제를 풀면서 비판적 사고 기법을 익히고자 하는 학생들에게 도움을 주고자 하였다.

이제 우리 사회에서 '비판적 사고'라는 용어는 매우 친숙한 것이 되었고, 비판적 사고는 단순한 거부나 부정을 위한 사고가 아니라는 것도 잘 알려져 있다. 간단히 말하여, 비판적 사고란 자기 자신이나 타인의 사고에 대한 분석과 평가를 통해 그 사고를 옳은 방향으로 새롭게 개선하기 위한 사고라고 할 수 있다. 이러한 비판적 사고 기법을 연습하여 사고를

개선하는 능력을 키우길 원하는 학생들에게 이 안내서가 도움이 되길
바란다.

2015년 겨울

지은이

비판적 사고에 관한 이 안내서를 세상에 내놓은 지도 벌써 1년 반이 넘었다. 그동안 이 안내서를 가지고 공부한 여러 학생들로부터 다양한 의견을 들었다. 그 중 가장 많은 의견은, 스스로 연습 문제를 풀면서 비판적 사고 기법을 익히기 위해서는 참고할만한 예시답안이 필요하다는 것이었다. 이러한 학생들의 의견에 따라 이번 판에는 연습 문제들 중 일부를 수정 보완하였고, 그 중 몇 가지 문제에 대해서는 예시답안을 달았다.

그동안 이 안내서를 가지고 공부하며 지은이와 논의했던 많은 학생들의 의견뿐만 아니라 여러 학자들의 조언을 바탕으로 본문의 미흡한 부분을 대대적으로 보완하고 수정하려는 계획을 가지고 있었지만, 지은이의 게으름 탓에 그 계획을 실천하지 못하게 되었다. 죄송스런 마음이다. 되도록 빠른 시일 안에 좀 더 친절하고 만족스러운 개정판을 내놓겠다는 약속을 드린다.

2011년 겨울

지은이

비판적 사고는 감성적 사고가 아니다. 그것은 이성적 사고이다. 이성적 사고는 이유 있는, 이치에 맞는 사고이고자 한다. 성숙한 이성은 자신의 사고가 정말로 참된 이유와 이치에 바르게 따르고 있는가를 성찰한다. 그 반성적 사고가 바로 비판적 사고이다. 비판적 사고는 성숙한 이성의 필수적 과정인 셈이다.

비판의 본질은 자기비판이다. 참되고 바른 사고는 자신이 바라는 대로 쉽게 성취할 수 있는 것이 아니다. 그것은 자신의 사고가 정말로 참된 이유에 바르게 근거한 것인가에 대한 냉정한 객관적 평가의 비판적 연습 과정을 거치면서 힘들게 달성해 갈 수 있는 것이다. 이런 뜻에서 타인의 사고에 대한 비판도 그것을 참된 이유에 바르게 근거한 자신의 사고로 정말로 받아들일 만한가에 대한 반성적 자기비판이라고 볼 수 있다.

탁구, 정구, 축구 등도 잘 하려고 하지만 자신이 바라는 만큼 쉽게 잘 할 수는 없는 법이다. 기대하는 수준이 높을수록 냉엄한 분석과 평가에 따른 연습과 연마의 훈련과정이 더욱 더 필요하다. 훌륭한 선수가 혹독한 자기

8

훈련을 몸으로 실행하듯이, 훌륭한 사고도 냉엄한 자기성찰을 마음으로
수행한다.

　이 책은 비판적 사고를 함양하는 일반적 기법을 소개하고 연습하는 기
본서이다. 대략적 얼개는 간단하다. 먼저 주어진 사고 텍스트에서 이유
있는 이성적 논변 또는 결론적 주장을 분석해낸다. 다음으로 그 결론적
주장을 위한 전제들로 제시된 이유들이 정말로 참되고 올바른 이유인가
를 평가한다. 비판적 사고의 정도正道는 이처럼 단순하지만, 그 바른 길을
가는 것은 생각처럼 쉽지는 않다. 자신의 사고를 분석하고 평가하는 비판
적 습성은 보통 자기중심적인 자연적 성품이 아니기 때문이다.

　비판적 사고는 물리학, 생물학, 사회학, 경제학, 경영학, 법학, 심리학,
의학, 간호학 등의 모든 학문과 사고의 분야에서 각각 나름의 전문내용에
맞춰 필요하며, 그 필요성에 따라 개발되고 연습되어야 한다. 그러나 이
책은 그 모든 분야에 일반적으로 필요한 분석과 평가의 공통적 기법에만
초점을 맞춘 것이다.

비판적 사고는 논리적 사고와 무엇이 다른가를 궁금해 하는 이들이 적지 않다. 논리적 사고는 비판적 사고에 필요하지만 충분하지는 않다. 논리적 사고는 전제들에서 결론이 도출될 수 있는 올바른 연역적 또는 귀납적 원리에 따르려는 것이다. 올바른 이성적 사고는 논리적 사고의 목적을 충족시켜야 한다. 그러나 그것만으로는 충분하지 않다. 그것은 그 전제들이 받아들일 만한 진리성을 갖출 것도 요구하는 것이다. 비판적 사고는 논리적 요구와 이 진리성의 요구에 대한 반성적 사고이다. 무엇보다 중요한 것은, 비판적 사고가 주어진 사고 텍스트에 대한 분석과 평가의 전체적 성찰이라는 점이다. 그러나 논리적 사고에는 그런 전체적 성찰이 꼭 필요한 것은 아니다.

강조하지만, 비판적 사고는 알고 보면 새삼스런 것이 아니다. 매우 당연한 이치와 원리에 따르려는 인간적 반성이기 때문이다. 그러나 현실적 사고는 그 마땅한 이치를 따르지 못하는 경우가 너무 많다. 그래서 늘 새로운 연습이 현실적으로 절실하다. 『비판적 사고』라는 대동소이한 저술을 출판계에 추가시키는 누累를 끼쳐 드려서 송구스러운 마음이다. 창의적 내용은 못되지만, 너무 당연한 비판적 사고 원리를 익히는 새로운 연습서를 내놓은 것으로 자족하고자 한다.

2009년 여름
지은이

목차

첫 번째 강의

비판적 사고란 무엇인가

어제까지 잘 작동하던 당신의 노트북 컴퓨터가 오늘 아침에는 제대로 작동하지 않는다고 해보자. 오늘 오전 중으로 제출해야 할 중요한 보고서가 그 노트북에 저장되어 있는데 말이다. 그 보고서가 정말 중요한 것이라면, 당신은 중요한 문제 상황에 처하게 된 셈이다. 당신은 이 문제 상황에 어떻게 대처할 것인가? 아마도 노트북 컴퓨터가 제대로 작동하지 않게 된 원인에 대해 생각하며 그 원인을 찾으려고 노력할 것이다. 그 원인이 무엇인지 파악하여 그것을 제거하면 노트북 컴퓨터가 잘 작동할 것이라 믿으면서 말이다. 그러나 만일 그 원인이 무엇인지 감 잡을 수 없다면 어떻게 할 것인가? 컴퓨터에 능숙한 동료에게 전화하거나 다른 전문가를 찾게 될 것이다. 그렇지 않다면, 다른 방법을 사용해 다시 보고서를 작성하려 할지도 모른다. 당신에게는 여러 가지 대안들이 있을 수 있다. 학교로 빨리 달려가서 컴퓨터실을 이용할 수도 있고 친구의 노트북 컴퓨터를 빌릴 수도 있고 그냥 수기로 보고서를 작성할 수도 있다. 혹은 보고서 제출을 다음으로 미루는 방법도 생각해 볼 수 있다. 아마 여타의 대안들도 가능할 것이다. 당신은 이러한 대안들 중에 무엇을 선택해야 하는가?

보고서 일을 처리하고 오랜만에 친구들을 만나 저녁 식사를 하면서 담소를 나눴다. 그런데 친한 친구 둘이 서로 자기가 속해 있는 동아리에 들어오라면서 계속 가입을 권유한다. 한 친구는 철학 토론 동아리에 들어오라 권유하고, 다른 한 친구는 연극 동아리에 들어오라 권유한다. 당신은 어떤 선택을 하게 될까? 물론 어떤 동아리에도 가입하지 않게 될 수 있다. 그렇지만 그것 또한 당신의 선택이다. 당신은 무엇에 근거해 어떻게 선택해야 하는가?

저녁 늦게 집에 들어가 TV를 켰는데, 촛불시위에 대한 찬반토론이 한창이다. 패널들은 두 편으로 나뉘어 서로 대립하고 있다. 한 쪽 패널들은 촛불시위가 불법이라는 것과 그 시위로 인해 많은 사회적 부작용이 발생하고 있다는 것을 근거로 그 시위에 반대하고 있다. 다른 한 쪽 패널들은 촛불시위의 정당성과 필요성을 강조하면서 그 시위에 찬성하고 있다. 시간은 계속 흘러가지만, 대부분의 토론이 그러하듯, 서로 팽팽하게 대립하고 있을 뿐 합의를 도출하지 못하고 있다. 토론을 시청하고 있는 당신은 어느 쪽에 우호적인가? 당신이 그 입장을 지지하는 이유는 무엇인가?

비판적 사고

우리가 하루라도 선택과 결정을 하지 않고 지나치는 날이 있을까? 정말 예외적인 경우가 아니라면, 그런 날은 거의 없을 것이다. 크든 작든 우리는 거의 매일 어떤 문제 상황에 처하게 되고, 그 문제 상황을 해결하기 위해 생각을 한다. 물론 그러한 생각은 한참 지속될 때도 있고 금방 끝날 때도 있다. 여하튼, 우리는 그 생각에 근거해 판단하고 선택하면서 당면한 문제 상황에 대처한다. 이것은 우리의 일상적 모습이다. 비판적 사고(批判的 思考, critical thinking)란 바로 이러한 문제 상황들에 적절하게 대처하기 위해 반드시 필요한 것이라 할 수 있다. 그렇다면, 비판적 사고라는 것이 무엇이기에 이러한 문제 상황을 적절하게 해결하기 위해 꼭 필요한 것일까?

비판적 사고를 한 마디로 정의하면, '사고에 대한 사고', 즉 반성적 사고라 할 수 있다. 기본적으로 '사고에 대한 사고'란 타인의 생각이나 자신의 생각에 대해 다시 한 번 생각해 보는 것을 의미한다. 우리는 여러 가지 경로를 통해 다양한 생각을 받아들일 뿐만 아니라, 그러한 생각에 기초하여 선택하고 행동하는 존재다. 이러한 우리의 모습을 감안하여 비판적 사고를 정의하자면, 우리가 어떤 생각을 받아들이는 사고 과정, 그리고 그 생각에 기초하여 선택하고 행동하는 사고 과정에 대해 다시 한 번 생각해 보는 것이라 할 수 있다. 우리의 선택이나 행동의 기초가 되는 생각에는 사실이나 가치에 대한 다양한 믿음과 지식이 포함되어 있다. 우리가 가지고 있는 믿음이나 지식은 셀 수 없을 만큼 많다.

예를 들어, '삼각형의 세 각의 합은 180°다', '지구는 둥글다', '모든 일에는 원인이 있다', '부모님께 효도하는 것은 당연하다', '아름다움과 추함은 상대적인 것이다', '화석 연료의 사용은 지구 온난화의 결정적 원인이다', '진리는 영원하다', 'UFO는 존재한다', '하나님은 전지전능하다', '세상은 윤회한다', '지구는 2032년에 멸망한다' 등의 다양한 믿음이나 지식은 우리의 선택이나 행동의 근거가 된다. 비판적 사고란 바로 이러한 생각들에 대해 다시 한 번 생각해 보는 것이다.

물론 우리가 가진 생각에 대해 다시 한 번 생각해 보는 것이 모두 비판적 사고는 아니다. 사실상 우리는 이미 가지고 있는 믿음이나 지식을 다시 생각해 보는 경우가 많이 있다. 예를 들어, 우리는 친구와 한 약속을 잊지 않기 위해 그 약속을 다시 한 번 떠올려서 확인하곤 한다. 또한 시험을 잘 보기 위해 수업시간에 배운 내용을 계속 떠올리면서 암기하기도 한다. 그러나 이러한 사고 과정은 비판적 사고의 과정이 아니다. 비판적 사고로서의 '사고에 대한 사고'는 분석하고 평가하는 사고이다. 사고의 근거를 성찰하고, 그것이 올바른 것인가를 철저하게 평가하는 사고이다. 즉, 우리가 가지고 있는 생각의 근거나 원천, 그리고 그 생각이 가지는 함축적 의미가 무엇인지 생각해 보면서 개선적인 방향에서 사고를 평가해 보는 것이라 할 수 있다.

여기서 하나 더 염두에 두어야 할 것이 있다. 그것은 바로 우리가 단순히 어떤 생각에 근거하여 어떤 다른 생각을 추론했다고 해서 그 과정을 곧바로 비판적 사고의 과정이라 말할 수는 없다는 것이다. 즉, 어떤 사람이 이유를 제시하면서 어떤 주장을 했다고 해서 그 사람이 비판적 사고의 과정을 거쳤다고 말할 수는 없다는 것이다. 그 과정은 근거나 이유에 기초한 사고 과정, 말하자면 논리적 사고의 과정일 뿐이다. 그 논리적 사고 과정이 비판적 사고 과정이기 위해서는 그 근거로서의 생각, 그것으로부터 추론된 결론, 그 결론이 함축하는 사항 등이 무엇인지 철저히 파악하고 그것들이 올바르고 적절한 것인지 꼼꼼하게 따져보는 작업이 포함되어야 한다.

어느 유명한 철학자의 얘기를 빌리지 않는다 할지라도, 우리는 인간으로서 생각하는 존재라 할 수 있다. 그렇지만 우리가 항상 비판적으로 생각하는 것은 아니다. 즉, 우리가 가지고 있는 믿음이나 지식에 대해 항상 두드리면서 점검하지는 않는다는 것이다. 그렇다면 우리는 언제 그러한 사고를 하게 되는가? 우리는 살아가면서 다양한 문제 상황에 처하게 된다. 앞서 얘기했던 노트북 컴퓨터 고장이나 동아리 가입 문제도 일종의 문제 상황일 것이고, 우리가 가지고 있는 믿음이나 지식에 뭔가 오류가 있다고 느끼게 되는 것도 일종의 문제 상황이라 할 수 있을 것이다. 이 밖에도 다양한 문제 상황이 있을 수 있다. 이러한 문제 상황들 중에는 우리의 삶에 매우 중요한 것도 있고 그렇지 않은 것도 있다. 물론 그 중요성의 정도가 모두에게 동일한 것은 아니다. 나에게 중요하고 절실한 문제가 타인에게는 그다지 중요하지 않은 경우도 많이 있다. 비판적 사고는 바로 그러한 문제 상황을 문제 상황으로 인지하는 데서 시작한다.

예를 들어, 당신은 촛불시위를 둘러싼 다양한 논쟁을 그냥 관심 없이 지나칠 수도 있다. 이 경우 당신은 촛불시위와 관련된 논쟁에 대해 비판적으로 사고할 수 없다. 정부에서 이라크에 파병하기로 결정했다는 소식을 듣고 그냥 지나치는 사람도 있고 그렇지 않은 사람도 있다. 그냥 지나치지 않고 그것을 문제로 느끼는 사람은 '왜 그러한 결정을 하게 되었을까?라고 묻게 된다. 그리고 그 물음을 해결하기 위해 그 결정에 이르게 된 일련의 과정을 다시 한 번 생각해 보는 작업을 하게 된다. 즉 '사고에 대한 사고'를 하게 된다는 것이다. 이러한 반성적 사고를 통해 정부의 파병 결정이 정당한 것인지 부당한 것인지에 관해 나름의 판단을 하게 될 것이다. 이것이 바로 비판적 사고의 과정이라 할 수 있다. 그렇다면, 이러한 비판적 사고가 일상 속에서 우리가 부딪히게 되는 다양한 문제 상황들을 적절하게 해결하는 데 꼭 필요하다는 것은 너무도 당연해 보인다. 특정한 문제 상황과 관련하여 우리가 할 수 있는 선택은 다양하다. 각각의 선택마다 그 선택의 근거가 있을 것이고 그 선택을 했을 때 발생할 수 있는 결과가 있을 것이다. 최종적인 선택에 이르게 될 때까지 그 각각의 근거와 결과가 무엇인지 점검하면서 그것들이 적절하고 올바른 것인지 따져보는 작업을 하는 사람은 그렇지 않은 사람에 비해 더 좋은 선택을 하게 될 개연성이 매우 높다.

여기서 잠시 비판적 사고와 관련된 다양한 정의들에 대해 살펴보면서 비판적 사고의 의미를 되새겨 보자.

●비판적 사고에 대한 다양한 정의들●

반성적 사고는 임의의 믿음이나 가정적 형식의 지식을, 그것의 근거와 그것이 향하는 결론에 비추어 능동적이고 지속적으로 주의 깊게 고찰하는 것이다. (존 듀이)

비판적 사고 능력은 (1) 우리가 경험하게 되는 문제들이나 주제들을 사려 깊게 고찰하려는 성향적 태도, (2) 논리적 탐구와 추론의 방법에 대한 앎, 그리고 (3) 그 방법을 적용하는 기법들을 포함한다. (에드워드 글레이저)

> 비판적 사고는 무엇을 믿고 무엇을 행할지 결정하는 데 초점이 맞춰진 합리적이고 반성적인 사고이다. (로버트 에니스)
>
> 비판적 사고는 임의의 주제나 내용이나 문제에 관한 사고방식으로서, 사고 구조를 능숙하게 관리하고 그 구조에 지적인 표준을 부여함으로써 자기 사고의 질적 수준을 향상시키는 것이다. (리처드 폴)

그렇다면, 문제 상황을 인지하고 그것을 해결하고자 하는 의지를 가진 사람은 누구나 비판적 사고를 행할 수 있을까? 단적으로 얘기해서 그렇지 않다. 비판적 사고를 위해서는 최소한 두 가지 조건이 더 필요하다. 하나는 바로 '열린 마음'의 태도이고, 다른 하나는 비판적 사고를 위한 기법이다. 우리는 때때로 저 사람은 수구꼴통이니까, 이 사람은 빨갱이 좌파니까, 저 사람은 왠지 싫어서, 이 사람은 재수 없으니까 등의 부적절한 이유로 어떤 사람의 주장이나 의견을 무조건적으로 거부하곤 한다. 또한 우리는 말싸움에서 지지 않기 위해서, 자존심을 지키기 위해서, 또는 여타의 부적절한 이유로 자기 자신의 주장만 옳다고 계속해서 고집하는 경우도 있다. 우리는 이것을 '닫힌 마음'의 태도라 부를 수 있다. 이렇게 공정하지 않은 태도를 가지고서는 비판적 사고를 할 수 없다. 우리는 언제든지 틀릴 수 있는 존재라는 것을 항상 염두에 두고 '열린 마음'의 태도를 가져야 한다. 이러한 태도야말로 비판적 사고를 가능하게 만드는 중요한 전제 조건 중의 하나라 할 수 있다. 물론 비판적 사고를 위해서는 '무조건적으로 열린 마음'도 바람직하지 않은 태도라 할 수 있다. 타인의 주장을 무조건적으로 수용하는 태도는 잘못된 것이다. 예를 들어, 우리는 같은 편이라는 이유로 또는 어떤 사람에 대한 과도한 믿음을 이유로 어떤 주장을 무조건적으로 수용하는 경우도 있다. 이러한 태도 역시 공정하지 않은 것으로서 비판적 사고를 불가능하게 만드는 것이다. 따라서 비판적 사고를 하기 위해서는 '닫힌 마음'의 태도와 더불어 이러한 '무조건적인 수용'의 태도를 버리고 '열린 마음'의 태도를 가질 필요가 있다. 물론 '열린 마음'만 가지고 있다고 해서 누구나 비판적 사고를 할 수 있다는 것은 아니다. 앞서 밝혔듯이, 비판적 사고를 위해서는 비판적 사고의 기법에 능숙해져야 하기 때문이다. 우리가 이 책을 통해 연습하려는 것이 바로 그 기법이다.

●비판적 사고를 위한 필요조건●

1. 문제 상황에 대한 인식과 해결 의지

2. 열린 마음의 태도

3. 비판적 사고 기법에 대한 앎

비판적 사고의 기법은 어떻게 효과적으로 연습할 수 있을까? 앞서 예시했던 노트북 컴퓨터 고장 문제나 동아리 가입 문제 등을 생각해 보자. 당신은 그 문제 상황들과 관련된 최종적인 선택이나 결단에 이르는 사고 과정을 글로 정리해 볼 수 있을 것이다. 그 글에는 당연히 문제 상황이 거론될 것이고, 그 문제 상황을 해결하기 위해 사용한 믿음과 지식, 그리고 그것들에 기초한 해결 방안들이 포함될 것이다. 결국 이렇게 구성된 글에는 일련의 사고 과정이 포함되어 있는 셈이다. 사실상 우리가 다양한 언론매체나 지적인 탐구의 성과물들을 통해 접하게 되는 수많은 글들은 이러한 사고 과정을 담고 있다. 그러한 글들에 포함되어 있는 사고 과정에 대해 꼼꼼히 따져보고 평가하는 것이 바로 비판적 사고라 할 수 있다.

그렇다면, 우리가 일상 속에서 접하게 되는 수많은 글들은 비판적 사고를 연습하기 위한 좋은 도구라 할 수 있다. 이러한 이유로 우리는 다양한 글들을 이용하여 비판적 사고를 연습하게 될 것이다. 주어진 글에 포함되어 있는 사고 과정의 여러 요소들을 분석하고 그것들을 평가해 보는 것은 비판적 사고를 연습하는 데에 유용하고, 실제 생활에서 문제 상황에 직면하게 될 때 그것을 적절하고 올바르게 해결할 수 있는 능력을 기르는 데 큰 도움을 주게 될 것이다. 이제 우리가 연습하게 될 비판적 사고의 기법이 구체적으로 무엇인지 간략하게 살펴보도록 하자.

비판적 사고의 기법

앞서 얘기한 것처럼, 우리가 접하게 되는 글은 일련의 사고 과정으로 구성되어 있다. 비판적 사고는 그 사고 과정에 대해 단순히 확인해 보는 것이 아니다. 예를 들어, 어떤 글에 자발적 안락사는 허용되어야 한다는 주장이 포함되어 있다고 해보자. 그 글을 읽으면서, '그래, 맞아. 자발적 안락사는 허용되어야 해.'라고 단순히 동의하면서 그 주장을 확인하는 것은 비판적 사고가 아니다. 비판적 사고란 그 주장이 포함되어 있는 사고 과정을 철저하게 분석하고 평가하는 것이라 할 수 있다. 그렇기 때문에 비판적 사고에 능숙하게 되기 위해서는 주어진 글에 대한 꼼꼼한 분석과 그 분석에 근거한 비판적 평가의 기법을 익혀야 한다. 여기서 분석이란 글에 포함되어 있는 사고 과정의 중요한 요소들을 추려내는 것을 의미하고, 평가란 그 추려낸 요소들에 어떤 문제점이 있는지 따져보는 것을 의미한다. 우리가 이 책을 통해 연습하게 될 비판적 사고의 기법이란 바로 이러한 분석과 평가의 기법이다. 그 기법에 대해 간략하게 얘기하면 다음과 같다.

분석 작업을 할 때에는 먼저 글에 포함되어 있는 결론적인 주장과 그 주장을 뒷받침하는 이유들이 무엇이고, 어떠한 논리적 과정을 통해서 그러한 주장으로 나아가게 되었는지를 파악하는 것이 무엇보다 중요하다. 이러한 작업을 위해서는 글이 만들어지게 된 계기로서의 문제 상황이 무엇인지 등 그 글과 관련된 배경지식을 가지고 있을 필요가 있다. 만일 비판적으로 생각해 보고 싶은 내용을 담고 있는 글이 있는데, 그 글과 관련된 배경지식이 부족할 경우에는 적극적으로 그 배경지식을 얻기 위해 노력해야 할 것이다. 앞으로 연습하게 되겠지만, 철저한 분석을 위해 우리가 많이 연습해야 하는 것은 글의 결론적 주장을 위해 꼭 필요함에도 불구하고 명시적으로 드러나 있지 않은 가정을 찾아내는 것이다. 이러한 분석 작업의 최종 결과물은 글로부터 추려낸 결론적 주장, 이유들, 드러나 있지 않은 가정 등에 기초한 논변이다.

평가 작업은 분석 작업을 통해 만들어진 논변을 중심으로 여러 가지 물음을 던져보고 그 물음에 대한 답을 생각해 보는 것이다. 그 평가를 위해 우리가 물어야 할 물음들은 '이유들은 받아들일 만한 것인가?', '이유들은 결론적 주장을 함축하는가?', '이유들은 결론적 주장을 강하게 지지하는가?' 등이다. 앞으로 우리는 이러한 물음들을 해결해 나가는 방법에 대해 연습하게 될 것이고, 이를 통해 사고 내용에 어떠한 논리적 오류가 포함되어 있는지 파악할 수 있는 능력을 자연스럽게 기를 수 있게 될 것이다.

●비판적 사고를 위한 기본 물음들●

1. 사고에 대한 분석

- 결론적 주장은 무엇인가?

- 결론적 주장을 뒷받침하는 데 사용된 이유들은 무엇인가?

- 결론적 주장을 뒷받침하는 데 필요함에도 생략되어 있는 요소들은 무엇인가?

2. 사고에 대한 평가

- 이유들은 받아들일만한 것인가?

- 이유들은 결론적 주장을 함축하는가?

- 이유들은 결론적 주장을 강하게 지지하는가?

여기서 아무리 강조해도 지나치지 않은 것은 우리가 비판적 사고에 능숙하게 되기 위해서는 꾸준한 연습이 필요하다는 것이다. 물론 우리는 이성적인 존재이고, 이성적인 존재라면 누구나 글을 분석하고 평가하는 작업을 할 수 있다. 그러나 자동차 운전과 마찬가지로 연습하지 않으면 제대로 할 수 없는 것이 비판적 사고라는 것을 꼭 염두에 두어야 한다. 우리는 앞으로 비판적 사고에 능숙하게 되기 위한 훈련을 하게 될 것이다. 그 연습을 위해 문제 상황을 다루고 있는 다양한 글을 분석하고 평가하는 작업을 하게 될 것이다.

비판적 사고의 중요성

우리가 비판적 사고를 행한다고 해서 반드시 훌륭한 사고, 창조적인 사고를 행하는 것은 아니다. 즉, 비판적 사고는 훌륭한 사고의 충분조건은 아니라는 것이다. 그렇지만 훌륭한 사고의 필요조건일 수는 있을 것이다. 비판적 사고를 통해서 다양한 정보를 선별적으로 받아들일 수 있을 뿐만 아니라, 스스로의 믿음이나 판단 등을 바르게 교정해 나갈 수 있기 때문이다. 비판적 사고의 궁극적인 목적은 특정한 문제 상황에 대한 정확한 분석과 평가를 통해 그 문제 상황을 적절하게 해결하는 것이라 할 수 있다. 이러한 목적만 생각해 보아도 비판적 사고의 중요성은 아주 잘 드러난다고 할 수 있다. 비판적 사고의 기법을 본격적으로 연습하기 전에 비판적 사고의 중요성을 일깨워주는 글 하나를 읽어보자.

> 우리는 스스로가 글을 우러러보는 백성이라고 우쭐댄다. 글을 읽고 짓는 것이 학문의 전부였던 근세 조선의 흐름을 되새길 때에, 이는 우리가 학문을 받든다는 것을 뜻하기도 한다. 그런데 우리가 글을 받듦은 현대의 상황에서는, 실제로 인쇄된 것을 받듦을 뜻한다. 인쇄된 것을 받듦은 인쇄된 것을 믿음이요, 인쇄된 것이면 옳다고 인정하는 것이다. 그만큼 현대 사회에서 우리는 인쇄된 것의 독재를 받고 있다.
> 글을 우러러보는 우리는 학문을 숭상하는 백성이면서도, 동시에 따지면서 읽는 비판과 식별의 힘을 앗긴 백성일 수도 있다. 예컨대, 우리가 이름을 떨치는 학자가 쓴 책을 읽는다고 치자. 우리가 이분의 책에서 아주 알아볼 수 없는 '어려운' 구절에 마주칠 때에 우리는 스스로도 모르는 사이에 그 탓을 우리의 지성

의 모자람이나 학식의 짧음에 돌린다. 그런데 사실은 그 '어려움'이 저자가 그 뜻하는 바를 짜임새 있고 이치에 맞게 펼치지 못했기 때문일 수도 있다. 그런데도 흔히 우리는 그 저자의 글을 '완벽의 화신'으로 잘못 믿고 알아보지 못한 것을 '내 탓'으로 돌린다.

'신문에서 봤다'라는 소리를 우리는 자주 듣는다. '그러니 그것이 사실일 것이다'라는 생각의 흐름이 그 말 밑에 깔려 있다. 그러나 우리 생활에 가까이 있어서 잘 아는 일에 대한 보도를 보면, 그것이 얼마나 정확하지 못하고 진리의 한 부분밖에 되비치지 못하고 뜻이 모호하며, 기자의 감정에 따라 염색된 것인지를 알게 된다.

따지면서 적는 것이 글을 쓰는 사람들과 인쇄물을 만드는 사람들이 할 일이라면, 이 임무가 잘 지켜지지 않는 현실 속에서 독자가 길러야 할 습관은 따지면서 읽는 일이다. 글을 우러러보는 전통은 올바른 글을 두고 이야기할 때에만 자랑거리이다. 올바르지 않을 수도 있는 글은 꼼꼼히 따지고 읽어야 한다. 이름난 학자가 적은 글이라고 해서, 또 인쇄된 글이라고 해서 반드시 덮어놓고 믿어도 될 만큼 올바르지만은 않을 수도 있겠기 때문이다.[1]

이 글은 30여 년 전에 작성된 것이지만, 현재 우리 사회에도 여전히 유효하다. 인터넷 시대에 살고 있는 우리는 매일매일 수많은 정보를 접하게 된다. 그런 정보들에 비판적 사고의 태도를 취하지 않는다면, 여러 가지 잘못을 저지를 수 있다. 실제로 우리는 그러한 실수를 범한 적이 많이 있을 것이다. 비판적 사고에 대해 본격적으로 연습하기 전에, 비판적 사고

---

1. 한창기, 「따지면서 읽는 버릇」, 『뿌리깊은 나무의 생각』(서울: 휴머니스트, 2007), 27~28쪽.

의 부족으로 인해 뭔가 실수한 일이 있었는지 생각해보고 그것이 무엇이
었는지 함께 얘기해 보자.

part1

사고의 분석

이제부터 비판적 사고의 첫 단계라 할 수 있는 사고의 분석이 무엇인지 구체적으로 살펴보고, 그것에 대해 연습하게 될 것이다. 먼저 기본적인 분석의 방법에 대해 살펴보고, 분석 과정에서 가장 핵심적인 요소인 논변 재구성에 대해 연습할 것이다. 이러한 재구성 과정을 철저하게 진행하기 위해서는 두 가지 염두에 두어야 할 사항이 있다. 하나는, 글쓴이가 당연하게 여기면서 생략했겠지만, 글쓴이의 주장이 성립하기 위해 포함되어야 한다고 판단되는 요소들을 찾아내는 것이다. 또 다른 하나는 주어진 글을 논변으로 재구성하는 과정에서 글쓴이의 생각을 최대한 명료하게 드러내는 것이다.

분석의 방법

이제 본격적으로 비판적 사고를 위한 분석과 평가에 대해 살펴보기로 하자. 주어진 글을 올바르게 평가하기 위해서는 그 글에 담겨 있는 글쓴이의 생각을 정확하고 세밀하게, 그리고 체계적으로 정리할 수 있어야 한다. 비판적 사고의 기법으로서의 분석이란 바로 이러한 정리 작업으로서 다음과 같이 간략하게 정의될 수 있다.

사고 과정의 중요한 요소들을 추려내어 체계적으로 정리하는 것

이 책에서 '분석'이라는 용어를 사용할 때 그 의미는 바로 이러한 정리

작업이다. 글쓴이의 생각을 잘못 정리하거나 왜곡한다면, 당연히 올바른 평가는 불가능하게 될 것이다. 이런 의미에서, 정확한 분석은 올바른 평가를 위해 필수적인 선행 작업이라 할 수 있다. 이미 알고 있겠지만, 비판적 사고 연습의 주된 대상은 특정한 문제 상황과 관련된 주장을 담고 있는 글이다. 그렇기 때문에 우리가 앞으로 연습하게 될 분석과 평가는 시나 소설과 같은 문학적 글을 감상하고 평가하는 데에는 적용되지 않는다. 물론 예외적인 경우도 있을 수 있겠지만 말이다. 이제 분석 작업은 어떠한 방식으로 이루어져야 하는지 살펴보기로 하자.

분석을 통해 추려내야 할 중요한 요소들

어떤 글이든 수많은 문장이 등장한다. 그 문장들은 제각각 어떤 역할을 가지고 있다. 마치 한 사회를 이루는 구성원들이 제각각 어떤 역할을 가지고 있는 것처럼 말이다. 좋은 글일수록 아무런 역할 없이 포함되어 있는 문장은 적다고 할 수 있다. 그런데 어떤 하나의 문장이 맡고 있는 역할은 그 문장에 고유한 것이 아니다. 동일한 문장이 다른 글에 포함되어 있을 경우 다른 역할을 할 수도 있다. 우리가 학교에서는 학생 역할을 하지만 가정에서는 딸 아들의 역할을 하는 것처럼 말이다. 또한 하나의 글에서 각 문장이 맡고 있는 역할은 다른 문장들과의 관계에 따라 결정된다. 딸 아들의 역할이 부모와의 관계 속에서 성립하는 것처럼 말이다.

　분석 작업은 글 속의 문장들이 어떤 역할을 맡고 있는지 파악하는 데서 시작한다. 물론 이 시작은 분석의 대상이 되는 글에 대한 몇 차례의 정독

이후에나 가능하게 될 것이다. 그렇기 때문에 분석에 착수하기 전에 글에 대한 정독은 필수적인 일이라 할 수 있겠다. 어떤 글에 대해 그러한 정독을 끝냈다고 해보자. 이제 글쓴이의 생각을 체계적으로 정리하는 분석 작업을 시작할 수 있다. 가장 먼저 파악하고 정리해야 하는 것은 무엇일까? 예외적인 경우도 있겠지만, 글쓴이의 결론적 주장을 가장 먼저 파악하는 것이 좋다. 그 이유는 두 가지 정도로 생각해 볼 수 있다. 첫째, 결론적 주장이란 글의 가장 기본적인 요소이기 때문이다. 그러한 기본적 요소를 파악하지 못한다면, 글에 대해 전혀 이해하지 못했다고 해도 과언이 아닐 것이다. 둘째, 결론적 주장은 비교적 쉽게 파악될 수 있는 것이기 때문이다. 일반적으로 글쓴이는 자신의 결론적 주장이 잘 드러나게끔 글을 구성하기 마련이다. 이러한 이유들을 염두에 둔다면, 결론적 주장의 역할을 하는 문장을 찾아내는 것으로 분석 작업을 시작하는 것이 좋다고 할 수 있다.

1. 결론적 주장

방금 얘기했듯이, 글쓴이가 최종적으로 얘기하고자 하는 것을 찾아내는 것은 비교적 수월한 작업일 수 있다. 그렇다고 해서 이 작업이 중요하지 않다는 것은 아니다. 분석 과정에서 찾아내야 할 핵심적인 요소들 중 가장 기본적인 것이 바로 글쓴이의 결론적 주장이기 때문이다. 이제 분석 작업을 시작하여 글쓴이의 결론적 주장을 찾으려 한다고 해보자. 글에는 수많은 문장이 포함되어 있다. 그렇다면 글쓴이의 결론적 주장을 어떻게 찾아낼 수 있을까?

첫째, 글이 다루고 있는 문제 상황이 무엇인지 파악하는 것이 도움이 될 수 있다. 우리가 일상 속에서 비판적 사고를 수행하게 되는 것은 어떤 문제 상황에 대한 인식에서 비롯된다. 이러한 점을 떠올린다면, 어떤 주장을 담고 있는 글도 특정한 문제 상황과 관련되어 있다고 생각할 수 있다. 글의 결론적 주장은 그 특정한 문제 상황과 관련되어 있을 것이다. 그러므로 그 문제 상황이 무엇인지 파악한다면, 글쓴이가 글을 통해 결론적으로 주장하고자 하는 것을 한층 더 쉽게 파악할 수 있을 것이다.

둘째, 글의 목적이 무엇인지 생각해 보는 것도 결론적 주장을 파악하는 데 도움이 될 수 있다. 글쓴이가 글을 쓰는 데에는 어떤 목적이 있을 것이다. 그 목적은 글에 명시적으로 드러날 수도 있고 그렇지 않을 수도 있다. 물론 문제 상황에 대한 어떤 주장을 제시하는 것이 글의 일차적인 목적이라고 할 수 있다. 그러나 그 문제를 해결함으로써 궁극적으로 이루려는 목적이 있을 수 있다. 예를 들어, 특정 정당에 소속된 정치인의 도덕적 문제점을 지적하는 글의 일차적인 목적은 그 정치인의 문제점을 지적하는 것이라 할 수 있고, 그 궁극적 목적은 건전한 정치 문화와 관련된 것이라 할 수 있다. 이렇게 글의 문제 상황이나 목적이 무엇인지 생각해 보는 것은 글쓴이의 결론적 주장이나 그 주장이 함축하는 사항들을 정확히 파악하는 데에 도움이 될 수 있다.

셋째, 문제 상황과 관련하여 글쓴이가 취하고 있는 관점이 무엇인지 생각해 보는 것도 결론적 주장을 파악하는 데 도움이 될 수 있다. 일상적으로 우리는 어떤 문제에 대해 생각할 때 항상 어떤 관점을 취한다. 이와 마찬가지로 어떤 주장을 담고 있는 글도 특정한 관점을 가지고 있기 마련이다. 그 관점이 무엇인지 파악하고 자신의 관점과 비교해 보는 것도 중요한 일이다. 〈100분 토론〉과 같은 TV 토론 프로그램을 보면 어떤 문제 상황과 관련하여 두 가지 주장이 충돌하는 것을 자주 목격하게 된다. 그러한 일이 벌어지게 되는 데에는 여러 가지 이유가 있겠지만, 큰 이유 중의 하나는 바로 관점의 차이에 있다고 할 수 있다.

이제 어떤 글에 대한 정독을 끝내고 분석을 시작하여 다음과 같은 한 문장을 글쓴이의 결론적 주장으로 파악했다고 해보자.

이번 대통령 선거에서 A 후보에게 투표해서는 안 된다.

글을 분석하고 있는 사람 중에는 A 후보를 지지하는 사람도 있을 것이고 지지하지 않는 사람도 있을 것이다. 아마 지지하지 않는 사람은 위와 같은 주장에 반가움을 표할 것이다. 보통 우리는 자신의 생각과 일치하는 주장을 접하게 되면 별다른 의심 없이 받아들이곤 한다. 그렇지만 이러한 태도는 비판적 사고의 태도가 아니다. 동일한 주장을 하고 있지만, 그 주장의 이유들은 서로 다를 수 있다. 예를 들어, 나와 내 친구가 비판적 사고 수업을 좋아한다고 해보자. 그렇지만 그 이유는 서로 다를 수 있다. 나는 수업 내용 때문에 좋아하는 데 반해 내 친구는 수업 진행 방식 때문에 좋아할 수 있다는 것이다. 그렇기 때문에 내 친구가 비판적 사고 수업을 좋아한다는 말만 듣고서 '내 친구가 비판적 사고 수업에 대해 나와 동일한 생각을 가지고 있구나.'라고 결론내리는 것은 너무나 성급한 것이다. 마찬가지로 어떤 글의 결론적 주장과 내 생각이 일치한다고 해도 그 주장을 뒷받침하기 위해 사용되는 이유들은 다를 수 있다. 따라서 결론적 주장에 대한 철저한 이해와 그것에 대한 올바른 평가를 위해서는 그 이유들이 무엇인지 파악해야만 한다.

2. 결론적 주장을 뒷받침하는 이유

분석을 통해 파악하고 정리해야 할 기본적인 요소 중의 하나가 바로 결론적 주장을 뒷받침하는 이유들이다. 앞서 '이번 대통령 선거에서 A 후보에게 투표해서는 안 된다.'라는 문장을 결론적 주장으로 추려냈던 글에서 그것에 대한 이유들로 다음과 같은 문장들을 찾아냈다고 해보자.

> A 후보는 수많은 전과기록을 가지고 있다.
> A 후보는 극단적인 보수 성향을 가지고 있다.

만일 결론적 주장을 뒷받침하는 역할을 하는 이러한 이유들이 적절하지 않은 것이라면 그것들의 지지를 받는 결론적 주장의 설득력도 그만큼 떨어질 것이다. 글쓴이는 이러한 두 이유로 '이번 대통령 선거에서 A 후보에게 투표해서는 안 된다'는 주장을 뒷받침하려 하지만, 우리는 그것들이 좋은 이유들이 아니라고 생각할 수도 있다. 즉, 전과기록 여부와 극단적인 보수 성향 등이 대통령의 자격과 그다지 상관없다고 생각할 수 있다는 것이다. 대신에 우리는 'A 후보가 현실성 없는 경제정책을 가지고 유권자를 현혹하고 있다.'는 다른 이유에 근거하여 A 후보에게 투표해서는 안 된다고 생각하고 있을 수 있다. 이런 점을 고려하면, 이유들을 찾아내는 것도 올바른 분석과 평가를 위해 매우 중요하다는 것을 느낄 수 있다.

이유들을 찾아내는 작업에서 잊지 말아야 할 중요한 사항이 있다. 그것은 바로 결론적 주장을 뒷받침하기 위해서 필요하긴 하지만 글쓴이가 생략해 버린 이유들이 있을 수 있다는 것이다. 우리는 앞서 몇 가지 문제 상황에 대해 생각해 보았다. 그것들 중 노트북 컴퓨터 고장 사례를 생각해 보자. 잘 작동하던 노트북 컴퓨터에 문제가 생겼다. 우리는 이 문제 상황을 해결하기 위해 다양한 방식으로 결정하고 행동할 수 있다. 이러한 결정과 행동에 이르는 사고 과정을 반성해 보면, 우리가 '모든 사건에는 원인이 있다.'는 생각을 받아들이고 있다는 것을 알 수 있다. 그렇기 때문에 그 원인을 제거하려고 노력하게 되는 것이다. 그렇지만 '모든 사건에는 원인이 있다.'라는 생각을 명시적으로 드러내지는 않는다. 당연한 것으로 여기고 있기 때문이다. 이와 마찬가지로 어떤 주장이나 의견을 개진하는 과정에도 그 주장을 뒷받침하는 역할을 하고 있지만 당연한 것으로 생략해 버린 이유들이 있을 수 있다. 그렇기 때문에 우리는 명시적으로 드러나 있는 이유들뿐만 아니라 이러한 생략된 이유들도 찾아내야 한다. 그렇다면, 생략된 이유들은 어떻게 찾아낼 수 있을까? 생략된 이유들을 찾아내기 위해서는 결론적 주장과 명시적으로 드러난 이유들을 찾아낸 다음, 그것들의 논리적 관계를 따져볼 필요가 있다.

3. 주장과 이유의 논리적 관계

결론적 주장과 그것을 뒷받침하는 이유들은 글쓴이의 사고 과정의 핵심적인 요소로서 글의 기본적인 골격이라고 할 수 있다. 일반적으로 이러한 결론적 주장과 이유들의 집합은 논변이라 불린다. 하나의 논변에서 이유들은 결론적 주장을 정당화하고 뒷받침하는 역할을 한다. 글에 대한 비판적 평가를 위해서는 글쓴이의 의도를 올바르게 반영하면서 글의 골격이 되는 논변을 구성할 수 있어야 한다. 앞에서 예시한 결론적 주장과 이유들을 다음과 같이 정리하면 글쓴이의 핵심적 생각을 반영한 하나의 논변을 구성하게 되는 셈이다.

> **이유1.** A 후보는 수많은 전과기록을 가지고 있다.
>
> **이유2.** A 후보는 극단적인 보수 성향을 가지고 있다.
>
> **주장.** 이번 대통령 선거에서 A 후보에게 투표해서는 안 된다.

조금 전에 언급했듯이, 이런 방식으로 논변을 구성하는 작업에서 잊지 말아야 하는 것이 있다. 그것은 바로 결론적 주장을 뒷받침하기 위해 꼭 필요하지만 글쓴이가 당연하게 생각하면서 생략한 이유를 찾아내야 한다는 것이다. 위와 같은 논변에서 글쓴이가 당연하게 가정하고 있는 것은 무엇일까? 사람에 따라 약간의 차이는 있겠지만, 아마도 다음과 같은 것을 가정하고 있다고 볼 수 있다.

> 수많은 전과기록을 가지고 있거나 극단적인 보수 성향을 가지고 있는 후보에게

투표해서는 안 된다.

글쓴이는 이러한 생각을 당연시 하면서 생략하고 있다. 그리고 이러한 사항이 빠진다면, 이유1과 이유2가 주장을 뒷받침하기 힘들다고 할 수 있다. 이 생략된 이유를 위의 논변에 포함시키면 다음과 같다.

이유1. A 후보는 수많은 전과기록을 가지고 있다.

이유2. A 후보는 극단적인 보수 성향을 가지고 있다.

이유3. 수많은 전과기록을 가지고 있거나 극단적인 보수 성향을 가지고 있는 후보에게 투표해서는 안 된다.

주장. 이번 대통령 선거에서 A 후보에게 투표해서는 안 된다.

주어진 글에 대해 비판적으로 평가하기 위해서는 기본적으로 주어진 글을 이런 방식으로 재구성할 수 있어야 한다. 앞으로 이와 관련된 많은 연습을 하게 될 것이다. 여기서는 분석의 기본은 주어진 글의 골격이 되는 논변을 구성하는 것이라는 점만 기억하도록 하자.

4. 이유를 뒷받침하는 요소들

지금까지 우리가 추려낸 요소들은 글의 골격이라고 할 수 있는 명시적 이유, 생략된 이유, 결론적 주장이었다. 이제 우리는 그 골격과 논리적으로 연결되어 있는 요소들을 찾아야 한다.

① 이유를 뒷받침하는 사실적 정보

결론적 주장을 뒷받침하는 이유들에는 사실적 내용이 포함되어 있을 수 있다. 물론 그 내용이 정말 사실일 경우에만 결론적 주장을 적절하게 뒷받침할 수 있을 것이다. 따라서 글에 포함되어 있는 사실적 내용이 정말 참인지 검토하는 것은 글을 이해하고 평가하는 데 필수적인 일이라 할 수 있다. 다음 예를 통해 사실적 정보의 중요성에 대해 생각해보자.

> 박정희 전 대통령은 일제 강점기에 일본군 장교였다. 그는 일본군으로서 우리 민족을 향해 총과 칼을 겨눈 인물이었던 것이다. 그는 누구보다도 철저한 친일파였다고 평가하지 않을 수 없다.

우리는 이 글의 세 번째 문장에서 결론적 주장을 추려낼 수 있고, 첫 번째 문장에서 이유를 추려낼 수 있다. 두 번째 문장은 일종의 수사修辭로 간주될 수 있다. 이유를 찾아내는 작업을 할 때 이러한 수사적 요소는 걸러낼 필요가 있다. 그것은 이유를 좀 더 설득력 있게 제시하기 위한 수단이지 내용적으로 결론을 뒷받침하는 역할을 하는 것은 아니라고 할 수 있기 때문이다. 이러한 수사적 요소를 배제한다면, 위 글은 다음과 같이 정리될 수 있다.

> **이유1.** 박정희 전 대통령은 일제 강점기에 일본군 장교였다.
> **주장.** 박정희 전 대통령은 누구보다도 철저한 친일파였다고 평가해야 한다.

이러한 결론적 주장과 이유를 평가하기 위해서 필요한 것은 무엇일까?

여러 가지가 있겠지만, 가장 기본적이고 핵심적인 것은 박정희 전 대통령이 일제 강점기에 일본군 장교였다는 사실적 주장이 정말 사실인지 따져보는 것이다. 모든 일을 직접적으로 경험할 수 있는 사람은 없다. 따라서 우리는 전문가나 어떤 권위에 의존하여 사실적 정보를 참으로 받아들이거나 거부하게 된다. 그렇기 때문에 위와 같은 이유와 주장이 포함되어 있는 전체적 글에 이유를 뒷받침해 주는 사실적 차원의 정보가 있는지 따져볼 필요가 있다. 만일 포함되어 있지 않다면, 스스로 조사하여 찾아보아야 한다. 앞서 우리가 예로 사용했던 A 후보와 관련된 다음과 같은 논변에 대해서도 마찬가지 작업을 수행해야 한다.

> **이유1.** A 후보는 수많은 전과기록을 가지고 있다.
> **이유2.** A 후보는 극단적인 보수 성향을 가지고 있다.
> **이유3.** 수많은 전과기록을 가지고 있거나 극단적인 보수 성향을 가지고 있는 후보에게 투표해서는 안 된다.
> **주장.** 이번 대통령 선거에서 A 후보에게 투표해서는 안 된다.

여기서 이유1과 이유2는 결론적 주장을 뒷받침하는 중요한 역할을 하고 있다. 이 논변에 대한 올바른 평가를 위해서는 분석 단계에서 그 이유들을 뒷받침해 주는 요소들이 있는지 살펴보고 그 요소들을 정리할 필요가 있다. 예를 들어, 글쓴이는 이유1이나 이유2를 뒷받침하는 자료로서 신문이나 방송에 나온 정보를 명시적으로 제공하고 있을 수 있다. 만일 그러한 요소들이 없고, 이유1이나 이유2를 믿기 어렵다면, 스스로 그러한 이유들과 관련된 정보를 찾아볼 필요가 있다. 그래야만 올바른 평가를 할 수 있게 될 것이다.

② 이유에 포함되어 있는 중요 개념

주장이나 의견을 담고 있는 글에는 다양한 개념들이 포함되어 있다. 그 개념들이 적절하게 사용되고 있는지 검토하는 것도 글을 이해하는 데 중요한 것이다. 어떤 글에 포함된 개념이 올바르지 않게 사용되고 있다면, 그 글을 이해하기 힘들 뿐만 아니라 이해한다고 해도 그 글에 담겨 있는 주장의 설득력은 크게 떨어지게 될 것이다. 예를 들어 A 후보와 관련된 위 논변에는 '보수'라는 개념이 등장한다. 만일 글쓴이가 그 개념을 올바르지 못한 방식으로 사용하고 있다면, 글쓴이의 주장이 가지는 설득력은 그만큼 약화될 것이다. 그렇기 때문에, 글쓴이가 보수 개념을 올바르게 사용하고 있는지 점검하는 것이 필요하다. 다음 예를 통해 올바른 개념 사용의 중요성에 대해 생각해 보자.

> 시대에 맞춰서 과거를 스스로 고쳐나가고 개혁하고 잘못된 것을 고치는 모습을 보수라고 할 수 있다. 따라서 우리가 보수 정당이라고 해서 급진적인 개혁을 하지 못할 이유는 없다.

이것은 보수정당의 어떤 정치인이 개혁 성향의 유권자들에게 지지를 호소하면서 한 얘기이다. 우리는 이 얘기에서 결론적 주장과 이유를 추려낼 수 있고, 그것을 논변으로 정리해 보면 다음과 같다.

이유1. 보수란 시대에 맞춰 과거를 스스로 고쳐나가고 개혁하고 잘못된 것을 고치는 것이다.

주장. 보수 정당도 급진적인 개혁을 할 수 있다.

이렇게 정리된 논변을 보고 뭔가 이상하다고 느끼는 사람이 많을 것이다. 이러한 느낌은 무엇 때문에 발생하는 것일까? 그것은 바로 이유1에 포함되어 있는 보수 개념과 주장에 포함되어 있는 보수 개념이 서로 다른 의미를 가진다는 데서 비롯된다. 말하자면, 보수補修에 근거하여 보수保守의 개혁을 주장하고 있다는 것이다. 동일한 형태의 단어가 여러 의미를 가지는 사례는 많이 있다. 위와 같은 논변은 이러한 다의성을 이용하여 어떤 주장을 하고 있는 경우라 할 수 있다. 말하자면, 올바르지 못한 개념 사용에 기대고 있다고 할 수 있다. 이러한 경우를 고려하면, 분석과정에서 이유에 포함되어 있는 핵심 개념 또는 중요 개념을 잘 정리해 놓는 것이 좋다. 평가의 과정에서 그 개념들이 적절하게 사용되고 있는지 따져보아야 하기 때문이다.

5. 결론적 주장이 함축하는 내용

지금까지 우리는 글의 분석을 위해 추려내야 하는 요소들에 대해 살펴보았다. 그 요소들을 모두 파악했다면 분석 작업이 거의 끝난 셈이다. 이제 분석의 단계에서 생각해 보아야 할 것이 한 가지 남아 있다. 그것은 바로 글의 내용, 특히 글의 결론적 주장이 함축하고 있는 내용이 무엇인지 생각해 보아야 한다는 것이다. 글의 결론적 주장을 참으로 받아들였을 때,

그것으로부터 귀결될 수 있는 부가적인 사항 즉 함축사항이 있을 수 있다. 결론적 주장의 함축사항은 글에 명시적으로 드러나 있지 않은 것이지만, 그것이 무엇인지 생각해 보는 것은 중요한 일이다. 만일 그 함축 사항이 우리의 상식과 상충하거나 어떤 문제점을 가지고 있다면 결론적 주장의 설득력도 그만큼 떨어지게 될 것이기 때문이다. 따라서 글에 대한 철저하고 올바른 평가를 위해서는 그러한 함축 사항이 무엇인지 파악하는 것이 꼭 필요하다고 할 수 있다.

우리의 일상적인 모습을 생각해보자. 다양한 선택지 중 어떤 것을 선택하려 할 때 우리는 각 선택에 따른 결과들을 예측한다. 그리고 그 예측에 따라 가장 나은 것을 선택하기로 결단한다. 그렇지만 그것을 선택했을 때 전혀 뜻하지 않은 일이 발생할 수도 있다. 글의 경우도 마찬가지이다. 글쓴이의 결론적 주장이 함축하는 중요한 사항이 있지만 글쓴이조차도 그것을 미처 생각하지 못하고 있을 수 있다는 것이다.

결론적 주장이 함축하는 내용은 글을 분석하고 있는 우리가 가지고 있는 배경지식과 밀접한 관련을 맺는다. 우리는 다양한 지식과 믿음을 가지고 있다. 그것들 가운데는 '대한민국의 수도는 서울이다.'와 같은 우연적 사실에 관한 것, '거짓말을 해서는 안 된다.'와 같은 도덕적 가치에 관한 것 등 다양한 종류의 믿음이 있다. 우리는 그러한 믿음들에 근거하여 발언하고 행동한다. 따라서 어떠한 믿음을 가지고 있느냐에 따라 우리의 말과 행동은 달라질 수 있다. 우리가 가지고 있는 믿음들은 따로 분리되어 있는 것이 아니라 서로 얽혀 있어서 어떤 하나의 믿음을 포기하게 될 때 다른 믿음에도 영향을 주게 되는 경우가 많이 있다. 그렇기 때문에 우리가 어떤 글의 주장을 접하게 될 때 그 주장과 우리의 믿음 체계를 비교해 볼 수 있다. 이 과정을 통해 그 주장 때문에 우리가 원래 가지고 있던 중요한 믿음이 흔들리게 될 경우에는 그 주장 자체를 아예 반박할 수도 있고 우리가 가지고 있는 믿음과의 정합성을 위해 그 주장을 약화시킬 수도 있을 것이다. 물론 그 주장 덕분에 우리가 원래 가지고 있던 믿음이 더욱 강화되기도 할 것이다. 이러한 일들은 어떤 주장이든 다양한 함축사항을 가지고 있기 때문에 발생하는 것이다. 그러한 함축사항들은 그 주장을 강화시키는 역할을 할 수도 있고 약화시키는 역할을 할 수도 있다. 예를 들어, 어떤 글에서 다음과 같은 문장을 결론적 주장으로 추려냈다고 생각해보자.

인간은 자연환경을 훼손해서는 안 된다.

이 주장을 받아들일 경우 문제가 발생하는가? 만일 발생한다면, 그것은 무엇인가? 사실 우리의 활동은 거의 대부분 자연환경을 훼손하는 범주에 속한다고 할 수 있다. 이런 점을 염두에 두면 위와 같은 주장은 우리의 활동을 전면적으로 거부하는 것으로 간주될 수 있다. 그렇다고 위와 같은 주장을 아예 가치 없는 것으로 치부하는 것도 무리가 있다. 우리들 대부분은 이미 자연환경의 중요성에 대한 배경지식을 가지고 있기 때문이다. 아마 자연환경이 중요하다는 것을 부정할 사람은 거의 없을 것이다. 그렇다면, 위와 같은 주장을 약화시켜서 받아들이는 방안을 생각해 보아야 한다. 어떻게 할 수 있을까? 일단 조금이라도 자연환경을 훼손하는 것이라 간주되는 일들을 생각해 볼 필요가 있다. 매주 일요일 북한산에 오르는 것은 자연환경을 훼손하는 것이다. 산 속에 집을 짓고 콘도를 만들고 관광객을 유치하는 일도 자연환경을 훼손하는 것이다. 자연적으로 만들어져 있는 강줄기를 인위적으로 조작하면서 대운하를 파는 일도 자연환경을 훼손하는 것이다. 만일 우리가 위와 같은 주장을 문자 그대로 받아들인다면, 이러한 모든 일을 해서는 안 된다. 그렇지만 이러한 사례들 중에 허용해야 한다고 생각되는 것도 있을 것이다. 바로 그러한 허용 사례를 포용하기 위해 나름의 제한을 두면서 위와 같은 주장을 받아들일 수 있을 것이다.

이제 어떤 글에 대한 분석을 통해 다음의 문장들을 결론적 주장으로 파악했다고 하자. 각자가 가진 배경지식에 비추어 각각의 주장들이 함축하는 것이 무엇이고, 그 함축사항들이 그 주장들에 대해 어떤 영향을 미치게 되는지 생각해 보자.

- 어떠한 글이든 비판적으로 분석 평가해야 한다.
- 어떠한 경우에도 폭력은 정당화될 수 없다.
- 고통을 느낄 수 있는 존재는 도덕적으로 배려해야 한다.
- 인간은 특별한 존재가 아니다. 본질적으로 물질과 다를 바 없다.
- 어떠한 명제든 옳다는 근거를 찾을 수 없는 명제는 믿지 말아야 한다.

지금까지 우리는 주장이 포함되어 있는 논변적인 글에 대한 분석 과정에서 파악해야 할 요소들에 관해 알아보았다. 그것들을 간단하게 정리하면 다음과 같다.

●분석을 통해 파악해야할 요소들●

① 명시적 이유

② 생략된 이유

③ 결론적 주장

④ 이유를 뒷받침하는 요소

⑤ 결론적 주장의 함축 사항

여기서 ①, ②, ③은 주어진 글의 핵심 논변을 구성하는 요소들이다. 그리고 ④, ⑤는 그러한 논변과 논리적으로 연결되어 있는 요소들이다. 앞으로 우리는 이러한 요소들을 추려내고 평가하는 연습들을 하게 될 것이다. 이러한 요소들을 추려내는 데에는 글이 다루고 있는 문제 상황에 대한 배경지식이 중요한 역할을 할 수 있다. 우리의 생각이 어떤 맥락이나 배경 속에서 이루어지듯이, 어떤 주장이나 의견을 담고 있는 글 자체도 어떤 맥락이나 배경 속에서 만들어진 것이라 할 수 있기 때문이다. 말하자면, 어떤 글이든지 역사적, 정치적, 사회적, 문화적, 과학적 배경을 가지고 있다는 것이다. 앞서 언급했듯이, 글의 이러한 등장 배경 또는 맥락을 파악하는 것도 글을 철저하게 이해하는 데 도움이 될 것이다. 앞으로 살펴보겠지만, 글이 만들어지게 된 맥락을 파악하지 못할 경우 글의 결론적 주장이나 이유들을 오해하거나 전혀 이해하지 못하게 되는 수도 있다.

주장과 이유 찾아내기

지금까지 우리는 분석 과정에서 기본적으로 찾아내야 할 요소들이 무엇인지 알아보았다. 그 요소들 중 결론적 주장과 이유들을 찾아내는 것이 분석의 일차적 핵심 작업이라 할 수 있다. 그와 더불어 그 이유들을 지지해 주는 사실적 차원의 정보나 중요한 개념들이 무엇인지 파악하는 이차적인 작업을 수행해야 한다.

이제 이런 사항을 염두에 두고 간단한 만화를 통해 분석 작업을 연습해 보도록 하자. 오른쪽의 짧은 만화도 하나의 글로 번역될 수 있는 것이라 할 수 있다. 이 만화 글에 대해 비판적으로 사고해 본다고 하자. 앞서 얘기했듯이, 비판적 사고를 위해서는 그것을 먼저 분석해야 한다. 즉, 그것의 중요한 요소들을 추려내어 체계적으로 정리해야 한다. 그 요소들 중 가장 기본적인 것은 바로 그것에 담겨 있는 결론적 주장이다. 이 만화 글의 결론적 주장은

▲ 박순찬, 〈장도리〉, 《경향신문》, 2007년 1월 6일자 | 그림제공 경향포토

48

무엇인가? 이 만화 글을 읽어본 사람들은 아마도 첫 번째 장면에 나오는 말이 결론적 주장의 역할을 한다고 생각하게 될 것이다. 그 말을 하나의 문장으로 표현하자면, "우리나라는 폭력에 관대한 나라다." 또는 "우리나라 사람들은 폭력에 관대하다." 정도가 될 것이다. 보통 이러한 짧은 만화 글에는 단순히 주장만 담겨 있는 경우가 많이 있다. 그렇지만 이 만화에는 그 주장을 뒷받침하는 역할을 하는 이유들도 담겨 있다. "우리나라 사람들은 폭력에 관대하다."라는 결론적 주장을 뒷받침해 주는 역할을 하는 이유들은 어디서 몇 개나 찾을 수 있는가? 아마 대부분의 사람들은 두 번째 장면부터 마지막 장면까지 차례대로 세 가지 이유들을 찾을 수 있다고 답할 것이다. 그것들을 순서대로 정리해 보면 다음과 같다. 첫째, 우리나라 사람들은 가정폭력에 대해 관대하다. 둘째, 우리나라 사람들은 교육폭력에 대해 관대하다. 셋째, 우리나라 사람들은 국가폭력에 대해 관대하다. 이 만화 글은 이러한 세 가지 이유들에 근거하여 우리나라 사람들은 폭력에 관대하다고 주장하고 있는 글인 셈이다.

그렇다면, 이 각각의 이유들을 지지해 주는 요소들을 이 만화 글에서 찾을 수 있는가? 이 만화 글을 구성하고 있는 두 번째 장면과 세 번째 장면을 보면, 등장인물들이 가정폭력과 교육폭력을 정당화하고 있는 모습을 볼 수 있다. 글쓴이는 이러한 모습에 기대어 첫 번째 이유와 두 번째 이유를 제시하고 있다고 볼 수 있다. 그렇다면, 세 번째 이유를 지지해 주는 요소는 무엇인가? 네 번째 장면을 보면, 박정희 전 대통령의 인기가 1위라는 것과 전두환 전 대통령에게 세배하는 어떤 사람의 모습이 제시되어 있다. 이 만화에는 명시적으로 나와 있지는 않지만, 그 두 전직 대통령은 국가폭력의 대명사라고 할 수 있다. 결국 많은 국민들이 그런 전직 대통령들에 대해 우호적인 태도를 가지고 있다는 것을 보여주면서 세 번째 이유를 제시하고 있는 것이다. 이제 이렇게 추려낸 결론적 주장과 그것을 뒷받침하는 이유들을 체계적으로 정리해 보면 다음과 같다.

> **이유1.** 우리나라 사람들은 가정폭력에 대해 관대하다.
> **이유2.** 우리나라 사람들은 학교폭력에 대해 관대하다.
> **이유3.** 우리나라 사람들은 국가폭력에 대해 관대하다.
> **주장.** 우리나라 사람들은 폭력에 대해 관대하다.

여기서 우리가 염두에 두어야 할 것은 방금 우리가 이유로 파악한 문장들이 다른 글이나 논변에서는 결론적 주장의 역할을 하게 될 수도 있다는 것이다. 가령 세 번째 이유인 "우리나라 사람들은 국가폭력에 대해 관대하다."는 다음과 같은 논변에서는 결론적 주장의 역할을 하고 있다.

> **이유1.** 박정희 전 대통령의 인기는 역대 대통령 중 1위이다.
> **이유2.** 전두환 전 대통령을 숭배하는 사람이 많다.
> **이유3.** 박정희 전 대통령과 전두환 전 대통령은 국가폭력의 대명사이다.
> **주장.** 우리나라 사람들은 국가폭력에 대해 관대하다.

이렇게 논변에 따라 동일한 문장이 주장 역할을 하기도 하고 이유 역할을 하기도 한다. 그렇다면, 주어진 글에 대한 분석 과정에서 이유와 주장을 어떻게 구별할 수 있을까?

주장 지시 표현과 이유 지시 표현

이유에 근거하여 주장을 정당화하는 것은 우리의 일상적인 모습이라고 할 수 있다. 예를 들어, 우리는 직접 경험하지 않은 많은 것들에 대해 판단하고 주장한다. 그러한 판단과 주장은 대부분 어떤 이유에 기대어 있다. 그러한 이유에 기대어 자신의 판단이나 주장이 참이라는 것을 객관적으로 보이려는 것이다. 직접 경험하지 않은 것에 대한 주장인데도 말이다. 일반적으로 이러한 사고 과정은 논리적 추론 또는 추리라 불린다. 결국 분석 과정의 핵심적인 작업은 바로 글쓴이의 논리적 추론 과정의 요소들, 즉 결론적 주장과 이유들을 파악하여 정리하는 것이다. 방금 살펴본 간단한 만화에서 이유와 주장을 식별하여 찾아내는 것은 쉬운 편이다. 그러나 다소 긴 글에서 그것들을 체계적으로 정리하는 것은 그리 만만치 않은 작업일 수 있다. 그 작업을 쉽게 할 수 있는 방법은 있을까?

일상적인 모습을 살펴보면, 우리가 이유와 주장을 제시할 때 특정한 표현을 자주 사용한다는 것을 알 수 있다. 예를 들어, 우리가 어떤 이유를 제시할 때는 그 이유 앞에 '왜냐하면'이라는 표현을 사용한다. 또한 어떤 주장을 제시할 때는 그 주장 앞에 '그러니까'라는 표현을 사용한다. 우리가 분석하고자 하는 글에도 그렇게 이유와 주장을 암시하는 표현들이 사용될 수 있다. 그렇기 때문에 이유와 주장을 식별하여 정리하는 데에 그러한 표현들에 주목하는 것이 도움이 될 수 있다. 다음은 그러한 표현들의 예이다.

이유 지시 표현의 예	주장 지시 표현의 예
왜냐하면~때문이다/~이므로/~이기 때문에/~이니까/~인 까닭에/~라는 이유로/~를 고려한다면/~로부터 추론된다 등.	그러므로/그러니까/그리하여/따라서/그래서/결국/결과적으로/결론적으로/그러한 이유로/그러한 까닭에/~를 함축한다/~라고 결론 내린다/~라고 추론한다 등.

이제 이러한 표현들이 사용된 몇 가지 경우를 살펴보자.

· 지금 큰 함성 소리가 들리는 것을 보니, 우리나라 선수가 득점을 했음에 틀림없어.

· 그 후보가 비난받는 것은 당연하다. 시종일관 부인으로 일관하던 주가조작과 위장전입 혐의가 사실로 드러났기 때문이다.

· 대한민국 선수들은 흠잡을 데 없는 수비력을 갖추고 있다. 결론적으로 많은 연습을 했다고 볼 수밖에 없다.

· 도덕적으로 흠이 있는 사람이 최고 공직자가 되어서는 안 된다. 그러한 까닭에 나는 그 후보를 지지하지 않는다.

결론적 주장과 이유들을 식별하여 정리하는 작업에서 위와 같은 표현들이 도움을 줄 수 있지만, 모든 경우에 그러한 표현들이 포함되어 있는 것은 아니다. 오히려 그러한 표현이 생략되어 있는 경우가 더 많다고 할 수 있다. 그렇다면, 그러한 표현들이 없는 상황에서는 어떻게 이유와 주장을 식별해 낼 수 있을까? 그런 경우에는 어떤 문장이 어떤 문장을 지지하고 있는지 판단해야 한다. 지지하는 역할을 하는 문장이 이유이고 지지

받는 역할을 하는 문장이 주장이다. 이러한 판단을 하기 위해서는 방금 살펴본 표현들을 문장들에 덧붙여 보는 것도 좋은 방법일 수 있다. 예를 들어, 어떤 사람이 "차이를 인정해야 한다. 삶은 어차피 공평하지 않다."라고 얘기했다고 해보자. 두 문장 중 어떤 것이 어떤 것을 지지한다고 보는 것이 좋을까? 이 물음을 해결하기 위해 '그러므로'라는 표현을 덧붙여 볼 수 있다. 다음의 두 경우가 가능할 것이다.

① 차이를 인정해야 한다. 그러므로 삶은 어차피 공평하지 않다.

② 삶은 어차피 공평하지 않다. 그러므로 차이를 인정해야 한다.

어떤 경우가 더 자연스러운가? 물론 ②라고 할 수 있다. 그렇기 때문에 우리는 '삶은 어차피 공평하지 않다.'라는 문장은 이유 역할을 하고, '차이를 인정해야 한다.'는 문장은 주장 역할을 한다고 판단할 수 있다. 다음의 짧은 글을 가지고 다시 한 번 연습해 보자.

평등의식을 과도하게 조장하면 사회적으로 큰 부작용이 발생할 수 있다. 사실상 우리 사회는 그다지 평등하지 않다.

이 두 문장의 지지 관계는 어떠한가? 이번에는 이유를 지시하는 표현인 '왜냐하면'을 가지고 두 가지 경우를 따져보자.

① 평등의식을 과도하게 조장하면 사회적으로 큰 부작용이 발생할 수 있다. 왜냐하면 사실상 우리 사회는 그다지 평등하지 않기 때문이다.

② 사실상 우리 사회는 그다지 평등하지 않다. 왜냐하면 평등의식을 과도하게 조장하면 사회적으로 큰 부작용이 발생할 수 있기 때문이다.

어떤 경우가 더 자연스러운가? ②보다는 ①이 더 자연스럽다고 판단하는 것이 적절할 것이다. 즉, 우리 사회가 그다지 평등하지 않은 사회라는 것을 이유로 평등의식을 과도하게 조장하게 될 경우 사회적으로 큰 부작용이 발생할 수 있다고 주장하는 것이라 판단하는 것이 적절하다는 것이다. 이렇게 이유를 나타내는 표현이나 주장을 나타내는 표현이 없을 경우에는 내용적인 측면을 면밀히 살펴보면서 어떤 문장이 어떤 문장에 의해 지지되는지 파악해야 한다. 지지하는 문장이 이유이고 지지받는 문장이 주장이다. 이제 주장과 이유를 구분하는 연습을 해보자.

※ 이유 역할을 하는 문장과 주장 역할을 하는 문장을 구분해 보자.

(1) 어떤 글이든 꼼꼼하게 따지면서 읽어야 한다. 어떤 글이든 틀린 내용을 담고 있을 가능성이 있다.

(2) 애매한 구석이 있는 문장은 조심스럽게 해석해야 한다. 글쓴이의 의도를 오해해서는 안 된다.

(3) 종교와 과학은 모두 사회적으로 요구되는 것들이다. 어느 한쪽도 폄하되어서는 안 된다.

(4) 참된 지식을 가졌다고 해서 무조건 지식을 가졌다고 볼 수는 없다. 우리는 우연히 참된 믿음을 가질 수도 있다.

(5) 정부의 이번 정책에도 큰 잘못이 있다. 당분간 촛불시위는 계속될 것이다.

(6) 아마 정부의 정책에 뭔가 잘못이 있나 보다. 촛불시위가 연일 계속되고 있다.

(7) 철수의 폭력 행위는 잘못이다. 어떠한 경우에도 폭력은 정당화될 수 없다.

(8) 일반적으로 비판적 사고 능력이 뛰어난 사람은 토론을 잘한다. 철수는 비판적 사고 능력이 뛰어나다. 철수는 이번 토론에서 좋은 성과를 거둘 것이다.

(9) 만화는 우리에게 큰 즐거움과 감동을 가져다준다. 그 뿐만 아니라 유용한 정보를 제공하기도 한다. 만화는 여러모로 우리의 삶에 도움이 된다.

▲ ⓒ 마실 · 배정수

논변에 대한 몇 가지 오해

방금 우리는 논변의 이유와 주장을 구분하는 연습을 해 보았다. 여기서 잠시 논변에 대한 몇 가지 오해에 대해 짚고 넘어갈 필요가 있다. 먼저, 논변의 일차적인 목적이 설득에 있다고 생각하는 것은 잘못이라고 할 수 있다. 논변의 일차적인 목적은 어떤 주장을 정당화하고 뒷받침하는 것이다. 물론 자신의 주장과 관련한 적절한 논변을 제공할 경우 상대방을 잘 설득할 수 있을 것이다. 그러나 어떤 주장과 관련하여 누군가를 설득하려 할 경우, 그 주장과 관련한 논변보다 감정에 호소하는 것이 더 나을 수 있다.

예를 들어, 금연광고를 생각해보자. 암에 걸릴 확률을 통해 금연의 정당성을 지지하려는 논변보다는 암에 걸린 사람이나 폐의 사진을 보여줌으로써 공포의 감정을 불러일으키는 것이 더 설득적이라고 할 수 있다. 또다른 예도 생각해 볼 수 있다. 내가 누군가를 사랑하게 되었을 때, 그 사랑에 대해 논변을 제시하는 것이 상대방에게 어떤 영향을 미칠 수 있을까? 아마도 그러한 논변을 제시하는 것보다 꽃이나 초콜릿을 선물함으로써 감동을 불러일으키는 게 더 큰 설득력을 가질 것이다. 물론 학문적인 영역에서는 논변을 제시하는 것이 큰 설득의 효과를 가져 올 수 있다. 그 설득력은 바로 논변을 통해 어떤 주장을 정당화하고 있는 데서 비롯된 것이다.

　논변과 설명을 같은 것으로 생각하는 것도 논변에 대한 오해에서 비롯된 것이다. 글에는 논변이 아닌 문장들이 있다. 예를 들어, 단순히 믿음이나 의견 등을 나열하는 문장들이 있을 수 있다. 또는 어떤 상황을 기술description하는 문장들도 있다. 어떤 사건이나 상황을 보고report하는 문장들도 있다. 예시illustration를 제공하는 문장들도 있다. 그리고 설명explanation하는 문장들도 있다. 그런데 우리는 설명과 논변이 구조적으로 유사하기 때문에 양자를 같은 것으로 혼동하기 쉽다. 특히, '왜냐하면'이나 '그러므로'와 같이 이유나 주장을 지시하는 표현들이 설명의 구도에서도 사용될 수 있기 때문에 주의할 필요가 있다. 다음은 간단한 설명의 예이다.

철수는 결석했다. 왜냐하면 어제 과음을 했기 때문이다.

여기서 '왜냐하면'이 포함된 문장은 철수가 결석한 사실에 대한 원인을 밝혀줌으로써 철수의 결석 사실에 대한 인과적 설명을 제공하는 역할을 하고 있다. 반면에 다음 예는 논변이다.

철수는 어제 과음을 했음에 틀림없다. 왜냐하면 그는 결석했기 때문이다.

여기서 '왜냐하면'이 포함된 문장은 철수가 어제 과음을 했다는 결론적 주장의 이유를 제공하는 역할을 하고 있다. 이렇게 논변은 우리가 이미 받아들이고 있는 이유로부터 새로운 결론적 주장을 귀결하거나 정당화하는 것이다. 반면에 설명은 이미 받아들이고 있는 결론적 사실의 원인 등을 제공하여 그 사실을 좀 더 자세히 해명하는 것이라 할 수 있다. 물론 논변인지 설명인지 정확히 구분되지 않는 경우도 있다. 그 경우에는 글의 전체적인 맥락을 잘 살펴보는 것이 좋다.

※ 논변이 포함되어 있는지 따져 보고, 논변이 포함되어 있다고 판단되는 경우에는 이유와 주장을 파악하여 정리해 보자.

(1) 학교 도서관에 빈자리가 없이 학생들로 꽉 차 있는 것을 보니 시험기간인 모양이다.

(2) 그는 비판적 사고 과제를 하지 않았어. 수업시간에 선생님의 눈을 계속 피하는 걸 보면 틀림없어.

(3) 어떤 사람이라도 비판적 사고 연습을 열심히 한다면, 합리적인 의사결

정 능력을 기를 수 있을 것이다.

⑷ 우리가 자유주의자라면 자유주의 성향이 반영된 것을 선호할 것이다. 반대로 보수주의자라면 보수주의적 성향이 반영된 것을 선호할 것이다.

⑸ 실제로 우주에 가게 되면 우리 몸은 지상과는 다른 많은 변화를 겪게 된다. 기본적으로 중력이 거의 없는 우주에서 얼굴은 붓고 머리카락은 붕 뜬 산발 상태가 된다. 혈압도 지상과 크게 달라진다.

⑹ 담배가 스트레스 해소에 도움이 되기보다는 오히려 스트레스를 증가시킨다는 연구결과가 나왔습니다. 한국식품연구원은 20~50대 남성 흡연자 49명을 대상으로 흡연 전후의 신체 변화를 분석한 결과 담배가 스트레스를 증가시키는 것으로 나타났다고 밝혔습니다.

⑺ 홈즈와 왓슨이 사건 현장에 도착했을 때 방안은 몹시 어질러져 있었다. 여기저기 빈 술병들이 굴러다녔고, 담배꽁초도 여기저기 흩어져 있었다. 또 창문은 활짝 열려 있었다.

⑻ "여보게 왓슨, 그걸 보고 무엇을 알아냈나?" 홈즈는 이쪽으로 등을 돌리고 있었고, 나는 지금 보고 있는 물건에 대해 한마디도 하지 않은 상태였다. "내가 이걸 살펴보고 있는 걸 어떻게 알았지? 자네는 뒤통수에도 눈이 달렸나 보군." "글쎄, 반들반들 윤이 나는 은제 커피 주전자가

하나 앞에 놓여 있긴 하지." 홈즈가 말했다. [1]

(9) "저는 셜록 홈즈라고 합니다. 이 사람은 저의 절친한 친구이자 동료인 왓슨 박사입니다. 이 친구가 있다고 해서 거리끼실 필요는 없습니다. 이런! 고맙게도 허드슨 부인이 어느새 난로에 불을 지펴 놓았군요. 여기 난로 가까이 앉으십시오. 제가 뜨거운 커피를 한 잔 갖다달라고 하겠습니다. 보아하니 떨고 계시는군요." "내가 자꾸 떠는 건 추워서가 아닙니다." 숙녀는 홈즈가 말한 대로 자리를 바꾸며 낮은 목소리로 말했다. "그럼 왜지요?" "홈즈 선생님, 그건 무섭기 때문입니다. 공포 때문이에요."[2]

(10) 화이트하우스는 아무 문제도 없는 척 투자자를 안심시키는 데 적격인 인물이었다. 그는 톰슨의 가설을 지지하는 몇몇 젊은 과학자들을 위협하여 조용히 입을 다물고 있거나 주장을 번복하도록 만들었다. 심지어 늙은 마이클 패러데이를 공개 모임에 모셔와 필드의 사업을 지지하는 발언을 시키는 염치없는 일까지 벌였다. 패러데이는 벌써 몇 년째 생각이 오락가락하는 증세를 보이고 있었다. 아마 연구실 마룻바닥에서 올라오던 수은 증기 때문이었을 것이다. 수은을 장기간 흡입하면 뇌에 나쁜 영향을 미치기 때문이다.[3]

---

1. 코난 도일, 백영미 옮김, 『바스커빌 가문의 개』(서울: 황금가지, 2002), 9~10쪽.
2. 코난 도일, 백영미 옮김, 『셜록 홈즈의 모험』(서울: 황금가지, 2002), 265쪽.
3. 데이비드 보더니스, 김명남 옮김, 『일렉트릭 유니버스』(서울: 생각의 나무, 20055), 108쪽

배경지식의 중요성

하나의 동일한 글이라 할지라도 어떤 사람에게는 쉽게 느껴지고 다른 어떤 사람에게는 어렵게 느껴질 수 있다. 이렇게 사람마다 글을 이해하는 수준은 다르기 마련이다. 또한 하나의 글을 쉽게 이해하는 사람이라고 해서 다른 모든 글을 다 잘 이해할 수 있는 것은 아니다. 예를 들어, 오늘 신문을 펼쳐서 거기에 있는 칼럼이나 사설들을 살펴보자. 그것들 중 어떤 것은 잘 이해가 되고 다른 어떤 것은 잘 이해가 되지 않을 것이다. 이러한 이해의 차이는 무엇 때문에 발생하는 것일까? 여러 이유가 거론될 수 있겠지만, 글이 다루고 있는 내용에 대한 배경지식을 가지고 있는지의 여부도 중요한 이유라 할 수 있다. 심지어 어떤 글은 배경지식이 없을 경우 전혀 이해되지 않을 수도 있다. 이런 점을 고려하면, 글의 내용에 대한 배경지식은 글을 분석하는 작업에 큰 도움을 준다고 할 수 있다. 그렇

▲ 이홍우, 《나대로 선생》, 《동아일보》,
2003년 6월 21일자 | **그림제공** 동아일보

다면, 그러한 배경 지식을 가지지 못한 상태에서 어떤 글을 철저하게 분석하려면 어떻게 해야 하는가? 답은 간단하다. 그 글의 문제 상황에 대해 관심을 가지고 나름의 조사를 해야만 한다. 이것이 바로 비판적 사고자가 가져야 할 적극적인 태도라고 할 수 있다.

　예를 들어 앞쪽에 있는 간단한 만화 글을 살펴보고 어떤 주장을 하고 있는지 파악해보자. 일단 첫 번째 장면을 보면 초등학생 딸이 유괴될까봐 걱정하는 부모의 모습을 볼 수 있다. 이 첫 번째 장면이 무엇을 의미하는지 잘 모르는 사람은 거의 없을 것이다. 어린 아이나 여성에 대한 유괴사건은 사회적인 문제로서 많은 사람들이 공감하고 있는 내용이라고 할 수 있기 때문이다. 그렇기 때문에 세 번째 장면도 쉽게 이해할 수 있다. 이제 네 번째 장면은 어떠한가? 거기서는 시집간 딸이 가정 폭력에 시달리지는 않을까 걱정하는 부모의 모습을 볼 수 있다. 이 모습을 이해하지 못하는 사람도 거의 없을 것이다. 가정 내의 폭력사건도 사회적인 문제로서 많이 논의되고 있는 사항이라 할 수 있기 때문이다. 그렇다면, 두 번째 장면은 무엇을 의미하는가? 여중생을 자식으로 두고 있는 부모가 왜 장갑차를 걱정하고 있을까? 여중생과 장갑차는 무슨 연관이 있는가? 장갑차가 여중생을 위협한다는 말인가? 우리 중에는 이러한 물음에 쉽게 답하면서 두 번째 장면이 의미하는 것을 금방 파악하는 사람도 있을 것이고, 물론 그렇지 않은 사람도 있을 것이다. 그 차이는 바로 두 번째 장면과 관련된 배경지식을 가지고 있는지의 여부에 의해 발생하게 된다. 2002년 월드컵 열기가 한창이던 어느 날 두 명의 여중생이 주한미군의 장갑차에 치어 숨졌다는 사실을 알고 있는 사람은 두 번째 컷이 의미하는 것이 무엇인지 알수 있지만 그 사건에 대해 모르고 있는 사람은 그 의미를 알 수 없을 것이다. 이렇게 어떤 글을 철저하게 분석하고 평가하기 위해서는 그 글의 문제 상황이나 주장 등과 관련된 배경지식을 가지고 있어야 한다.

그런데 만일 우리에게 그러한 문제 상황에 대한 배경지식이 없다면 어떻게 해야 하는가? 그 문제 상황이 중요한 것이라 판단된다면, 그 문제 상황과 관련된 배경지식을 획득하려고 노력해야 한다. 다시 강조하면, 이러한 적극적인 자세야말로 비판적 사고자가 가져야 하는 중요한 덕목이라 할 수 있다. 아무리 비판적 사고의 기술을 연습한다고 해도, 발생하는 문제 상황에 대해 관심을 가지지 않는다면, 실제적인 비판적 사고는 가능하지 않다. 정치·사회적인 문제에 관심을 갖지 않고서는 그러한 문제에 대해 비판적인 사고를 할 수는 없다는 것이다. 그러한 문제에 관심을 가지고 있을 경우에만, 그 문제를 다루고 있는 다양한 매체의 견해를 잘 분석하고 평가하면서 나름의 견해를 제시할 수 있게 될 것이다.

※ 결론적 주장과 그것을 뒷받침하는 이유들을 파악하여 정리해 보자.

(1) 만약 지구가 움직인다고 생각해보자. 그러면 지구의 무게는 다른 물체보다 엄청나게 무겁기 때문에 지상의 어느 물체보다도 빨리 낙하할 것이다. 동물이나 집같이 상대적으로 가벼운 물체들은 공중에 떠서 뒤에 남게 되고 지구 자체는 굉장한 속도로 낙하해서 우주 밖으로 날아가 버릴 것이다. 그러니 어떻게 지구가 움직이겠는가? 당치도 않은 얘기다.

(프톨레마이오스, 『알마게스트Almagest』중에서)

(2) 누군가가 우주의 맨 끝 경계선이라고 생각되는 지점까지 가서 창을 던

졌다고 가정해보자. 온 힘을 다해서 던진 그 창이 그 지점 밖으로 빠르게 날아가리라고 생각하는가? 아니면 무언가가 그 창을 가로막아 멈추리라고 생각하는가? 우리는 반드시 이 둘 중에 하나를 가정할 수밖에 없다. 그런데 어떤 쪽을 선택하든 우리는 우주가 끝없이 계속된다는 사실에 동의해야만 한다. 창이 경계선 밖으로 날아간다면, 사실상 창을 던졌던 곳은 우주의 끝이 아니다. 또한 어떤 장애물이 놓여있어 창이 멀리 날아가지 못하고 튕겨난다고 하더라도 그곳은 우주의 끝이 아니다. 따라서 우주에 끝이 있다고 생각하는 것은 잘못이다. (루크레티우스, 『사물의 본성에 관하여$^{De\ rerum\ natura}$』 중에서)

(3) 선생님[소크라테스]께서는 우리에게 있어서 배움이란 상기함 이외의 다른 것이 아니라고 하시는데, 그게 사실이라면, 그 주장에 따라서도 지금 우리가 상기하게 되는 것들을 이전에 어느 땐가 우리가 알게 되었을 것(배웠을 것)임이 짐작건대 필연적입니다. 그러나 이는, 만일에 우리의 혼이 지금의 이런 인간적인 모습으로 태어나기 이전에 어딘가에 있었지 않았다면, 불가능한 일입니다. 따라서 이런 면에서도 혼은 죽지 않는 어떤 것인 것 같습니다. (플라톤, 『파이돈^{Phaidon}』 중에서)

(4) 동일성 관계는 답하기 힘든 도전적인 물음을 야기한다. 동일성은 대상들의 관계인가? 아니면 대상을 지칭하는 이름이나 기호들의 관계인가? 나는 후자라고 생각한다. 그 이유는 다음과 같다. 'a=a'와 'a=b'는 분명히 다른 인식적 가치를 가지는 진술이다. 'a=a'는 선험적이지만 'a=b'는 선험적일 수 없다. 만일 우리가 동일성을 이름 'a'와 'b'가 지칭하는 대상들

의 관계로 간주한다면, 'a=b'가 참일 경우 'a=b'는 'a=a'와 다를 수 없어 보인다. (프레게, 「뜻과 지시체」 중에서)

⑸ 내가 영화 〈매트릭스〉의 네오처럼 가상현실 속의 존재일 가능성이 있을까? 내가 지금 만지고 있는 매끄럽고 딱딱한 책상, 저 창밖의 파란 하늘과 몇 점 구름들, 내 옆에서 나를 바라보고 있는 친구들. 만일 내가 〈매트릭스〉의 네오와 같은 가상현실 속의 존재라면, 이 모든 것들은 사실 거대한 컴퓨터가 내 두뇌를 자극해서 꿈꾸게 만든 것에 불과하다. 내가 내 몸이라고 느끼는 것조차도 말이다. 그렇기 때문에 내가 꿈꾸지 않게 된다면, 그러한 존재들은 사라지게 될 것이다. 그렇지만, 나는 사실 내가 지각하고 있는 모든 것들은 내가 꿈꾸지 않아도 존재한다는 것을 알고 있다. 따라서 우리가 가상현실 속의 존재일 가능성은 없다.

⑹ 우리 앞에 도무지 사람의 겉모습이라고 생각할 수 없는 형태를 하고 있는 A라는 생명체가 있다. A의 모습이 너무도 괴이하여, 처음 본 순간 A가 인간일지도 모른다는 생각조차 할 수 없을 정도다. 그래서 우리는 A를 그동안 보지 못했던 동물의 일종으로 간주하게 된다. 우리는 A에 대해 여러 가지 조사를 한다. 그 결과 A는 어떤 질병을 심하게 앓고 난 뒤여서 그러한 모습을 가지게 되었을 뿐, 우리와 같은 감정과 사고를 가지고 있는 사람이라는 것이 밝혀진다. 애초에 내린 판단이 잘못되었다는 것이 밝혀진 셈이다. 이러한 점을 고려하면, 단순한 겉모습은 사람의 여부를 가리는 기준일 수 없다.

⑺ 전 세계에는 약 6500만 년 전에 형성된, 이리듐이 풍부한 지층이 존재한다. 이리듐은 지구에서는 희귀하지만 운석에는 많이 들어 있는 금속이다. 이리듐이 풍부한 지층이 존재한다는 것은 그 지층이 만들어지던 시기에 많은 운석이 지구와 충돌했다는 것을 의미한다. 이런 점을 미루어 볼 때, 공룡의 멸종은 운석과 밀접한 연관이 있다. 공룡이 멸종한 시기도 약 6500만 년 전이기 때문이다. 아마도 많은 운석의 지구 충돌로 인해 생태계가 파괴되면서 갑작스럽게 공룡이 멸종하게 되었을 것이다.

⑻ 최근 미국이 과거에 추진했던 아폴로 계획에 대해 의구심을 가지는 사람들이 늘고 있다. 나 또한 아폴로 11호가 달에 갔었다는 것은 거짓일 것이라 생각한다. 아폴로 11호가 달에서 촬영했다는 동영상이나 여러 사진들은 여러 가지 의문점을 제공한다. 그러한 의문점들 중에는 공기가 없는 달에서 깃발이 펄럭였다는 것과 달착륙선의 분사자국은 없는데 발자국은 선명하다는 것, 그리고 달 주위에 보여야 할 별들이 없다는 것 등이 있다. 따라서 그러한 동영상이나 사진들은 조작되었을 가능성이 높다. 게다가 당시에 달에 갔다가 돌아올 수 있을 확률이 0.0017%에 불과했다고 한다.

⑼ 국민투표 과정에서 우리는 유권자로서 특정 후보를 지지하고 그 후보를 공직자로 만들기 위해 투표한다. 여기서 우리가 반드시 염두에 두어야 할 것은 그러한 일을 적절하게 행하기 위해서는 비판적 사고 능력이 절실하게 요구된다는 것이다. 어찌 보면 이것은 너무도 당연한 얘

기다. '선거판'은 참 거짓을 알기 힘든 복잡하고 다양한 정보들이 짧은 시간에 오가는 공간이고, 우리 유권자는 그러한 공간 속에서 나름의 판단을 통해 투표할 후보를 선택해야 하기 때문이다. 만일 우리가 비판적 사고에 능숙하지 않다면, 그러한 문제 상황 속에서 다양한 정보를 철저하게 분석하고 평가할 수 없다. 그렇게 되면 적절한 이유에 근거한 투표가 이루어지기 힘들 것이다.

(10) 이번 사건에서 내가 특히 주목한 것 중의 하나는 범인이 흉기로 문진을 사용했다는 점이다. 말할 것도 없이 그 문진은 A의 작업실에 있던 것이다. 그렇다면 범인은 A의 집에 방문한 당초에는 A를 살해할 의사가 없었다는 이야기가 된다. 처음부터 살해할 마음이었다면 당연히 그 도구를 준비해왔을 것이기 때문이다. 미리 준비를 해왔지만 뭔가 사정이 여의치 않아 살해 방법을 바꿀 수밖에 없었던 경우도 생각할 수 있지만, 방법을 바꾼 뒤에 선택한 수단이 문진에 의한 타격이라는 건 너무나도 계획성이 부족하다고 생각된다. 역시 범행은 우발적이고 충동적인 것이었다고 추리하는 게 타당할 것이다.[4]

---

4. 히가시노 게이고, 양윤옥 옮김, 『악의』(서울: 현대문학, 2008), 75쪽.

논변의 재구성

지금까지의 논의를 통해 이미 알고 있듯이, 논변이란 이유와 주장으로 구성된 문장들의 집합이다. 논변에 포함되는 문장들은 모두 명제命題여야만 한다. 간단히 얘기하여, 참 거짓을 가릴 수 있는 문장만이 논변에 포함되어야 한다는 것이다. 그러한 문장들만이 이유와 주장의 역할을 할 수 있기 때문이다. 논리학 용어로 이유 역할을 하는 명제를 전제前提라고 하고 주장 역할을 하는 명제를 결론結論이라고 한다. 이러한 전제와 결론은 글쓴이의 논리적 사고과정의 핵심적 요소들이다. 그리고 주어진 글에 대한 비판적 사고의 첫 단계인 분석의 핵심 작업은 그 논리적 사고과정을 체계적으로 정리하여 논변으로 재구성하는 것이다. 이번 장에서는 이 핵심적인 작업에 대해 좀 더 연습하면서 주어진 글을 논변으로 재구성할 때 주의해야 할 사항에 대해 알아보도록 하자.

논변 재구성

주어진 글에서 파악한 이유들과 결론적 주장을 토대로 글을 철저하게 평가하기 위해서는 그것들을 이유와 주장의 순서로 배열하여 아래와 같이 논변 형식으로 재구성하는 것이 좋다. 이 형식에서 R은 이유reason 의 약자이고, C는 결론conclusion 의 약자이다. 이러한 논변 형식으로 정리하게 되면, 글쓴이의 핵심적인 생각이 무엇인지 잘 드러나게 된다. 그런데 이러한 정리 작업에서 반드시 염두에 두어야 할 사항이 있다. 그것은 바로 열린 마음을 가지고 글을 호의적으로 바라보아야 한다는 것이다. 이러한 태도를 가지고 글을 분석하고 평가해야 한다는 것은 보통 '자애의 원리principle of charity'라고 불린다. 우리는 이 원리를 어기지 않도록 주의하면

서 주어진 글을 글쓴이의 의도에 맞춰 세심하게 논변으로 재구성해야 한다. 무엇보다도 중요한 것은 주어진 글의 내용을 변경하거나 왜곡해서는 안 된다는 것이다. 그러한 변경이나 왜곡을 거쳐서 글을 분석하고 비판할 경우, 그 비판은 설득력을 잃게 될 것이다. 예를 들어 다음과 같은 두 정치인의 얘기를 살펴보자.

●논변 재구성 형식 Ⅰ●

R1. 이유1
R2. 이유2
:
Rn. 이유n
─────
C. 결론

정치인 A : 간첩혐의가 있는 사람일지라도 증거인멸이나 도주의 위험이 없는 경우에는 불구속 수사해야한다. 왜냐하면 그러한 사람의 인권도 존중받아야 하기 때문이다.

정치인 B : A는 간첩혐의가 있는 사람에게 면죄부를 주려고 한다. 이것은 국가 정체성 혼란의 증거이다.

여기서 정치인 A는 인권존중을 이유로 간첩혐의가 있는 사람에 대한 불구속 수사를 주장하고 있다. 정치인 B는 그러한 A를 비판하고 있다. 그 이유는 A가 간첩혐의가 있는 사람에게 면죄부를 주려고 한다는 것이다. 그런데 A의 주장이나 이유를 아무리 살펴보아도 면죄부에 관한 것은 없다. B는 A의 논변을 왜곡하고 있는 셈이다. 따라서 A의 주장에 대한 B의 비판은 정당하지 않다. 우리가 주어진 글을 분석할 때에도 이런 점에 유의해야 한다. 글의 내용을 왜곡하거나 약화시킨다면, 그 글에 대한 평가는 올바른 것이 될 수 없을 것이다. 이제 다음 글을 논변으로 재구성하는 연습을 해 보도록 하자.

내가 영화 〈매트릭스〉의 네오처럼 가상현실 속의 존재일 가능성이 있을까? 내가 지금 만지고 있는 매끄럽고 딱딱한 책상, 저 창밖의 파란 하늘과 몇 점 구름들, 내 옆에서 나를 바라보고 있는 친구들. 만일 내가 〈매트릭스〉의 네오와 같은 가상현실 속의 존재라면, 이 모든 것들은 사실 거대한 컴퓨터가 내 두뇌를 자극해서 꿈꾸게 만든 것에 불과하다. 내가 내 몸이라고 느끼는 것조차도 말이다. 그렇기 때문에 내가 꿈꾸지 않게 된다면, 그러한 존재들은 사라지게 될 것이다. 그렇지만, 나는 사실 내가 지각하고 있는 모든 것들은 내가 꿈꾸지 않아도 존재한다는 것을 알고 있다. 따라서 내가 가상현실 속의 존재일 가능성은 없다.

이 글에서 결론적 주장은 무엇인가? 주장을 지시하는 표현이 나온다는 사실과 내용적인 면을 고려하면, 마지막 문장을 결론적 주장으로 보는 것이 적절하다. 그 주장을 다음과 같이 표현하자.

    C. 나는 가상현실 속의 존재가 아니다.

이 주장을 뒷받침하는 이유들은 밑줄 친 문장들에서 찾을 수 있다. 아마 이 글을 분석하는 대부분의 사람들은 세 가지 정도의 이유를 찾아내게 될 것이다. 글쓴이의 의도를 손상시키지 않는 한에서 그것들을 다음과 같이 간단하게 정리해 볼 수 있다.

    ① 만일 내가 〈매트릭스〉의 네오와 같은 가상현실 속의 존재라면, 이 모든 것들은 사실 거대한 컴퓨터가 내 두뇌를 자극해서 꿈꾸게 만든 것에 불과하다.
    → R1. 내가 가상현실 속의 존재라면, 내가 지각하는 모든 것은 꿈이다.

    ② 그렇기 때문에 내가 꿈꾸지 않게 된다면, 그러한 존재들은 사라지게 될 것이다.
    → R2. 내가 지각하는 모든 것이 꿈일 경우, 내가 꿈을 꾸지 않을 때에는 모든 것이 사라지게 된다.

③ 나는 사실 내가 지각하고 있는 모든 것들은 내가 꿈꾸지 않아도 존재한다는 것을 알고 있다.

→ R3. 내가 꿈을 꾸지 않을 때에도 모든 것은 사라지지 않는다.

앞서 찾아낸 결론적 주장과 정리된 이유들을 토대로 논변을 구성하면 다음과 같다.

R1. 내가 가상현실 속의 존재라면, 내가 지각하는 모든 것은 꿈이다.

R2. 내가 지각하는 모든 것이 꿈일 경우, 내가 꿈을 꾸지 않을 때에는 모든 것이 사라지게 된다.

R3. 내가 꿈을 꾸지 않을 때에도 모든 것은 사라지지 않는다.

C. 나는 가상현실 속의 존재가 아니다.

이러한 상태로 구성하게 되면 기본적인 논변 재구성 작업이 완료되었다고 할 수 있다. 이제 다른 예를 통해 연습을 계속해 보자.

정부가 여당에 맡겨 지난 2월 임시국회에서 처리하려다 무산된 비정규직법 개정을 다시 밀어붙이고 있다. 4월 중 개정안을 국회에 내고 6월 말까지 법 개정을 마무리할 계획이라고 한다. 노동계가 크게 반발하고 있고, 사회적 논란도 크다. 그럼에도 정부 여당은 경제 위기를 내세우면서 빠르게 통과시키려 하고 있다. 그러나 정부 여당의 비정규직법 개정안은 철회되어야 한다. 정부 여당의 이번 개정안은 기업주의 입장만 대변하고 있는 개악(改惡)이라 할 수 있기 때문이다. 이번 개정안은 비정규직 노동자가 정규직으로 될 수 있는 통로를 차단하고 있을 뿐만 아니라, 기업이 정규직을 비정규직으로 전환하게 만드는 것을 허용하고 있다. 이러한 개정안이 시행된다고 해보자. 그렇게 되면, 비정규직은 지금보다 훨씬 늘어나게 될 것이다. 물론 기존의 비정규직법은 보완의 필요성을 가진다. 그렇지만, 정부 여당의 이번 개정안에는 큰 문제가 있다. 지금도 과도한 비정규직을 더 늘어나도록 만든다면, 우리 경제의 위기는 더 깊어질 수밖에 없다. 경제 체질이 더 악화되기 때문이다. 경제위기가 더 이상 심각해져서는 안 된다는 것을 받아들이지 않는 사람은 아무도 없을 것이다. [1]

글쓴이가 이러한 글을 통해 결론적으로 주장하고자 하는 것은 무엇일까? 다양한 문장이 포함되어 있는 글에서 결론적 주장을 추려내기 위해서는 문제 상황에 초점을 맞출 필요가 있다. 이 글의 문제 상황은 정부 여당의 비정규직법 개정안에 대한 사회적 논란이라 할 수 있다. 이러한 논란과 관련하여 글쓴이가 주장하고자 하는 것은 다섯 번째 줄에 명시적으로 표현되어 있다. 그것을 정리하면 다음과 같다.

C. 정부 여당의 비정규직법 개정안은 철회되어야 한다.

이제 이러한 결론적 주장을 뒷받침하는 이유는 무엇인가? 어떤 사람은 주장 역할을 하는 문장의 바로 다음 문장을 이유로 추려내면서 다음과 같이 논변을 구성할 수도 있을 것이다.

1.《경향신문》, 2008년 3월 13일자 사설

R1. 정부 여당의 이번 개정안은 기업주의 입장만 대변하고 있는 개악改惡이다.

C. 정부 여당의 비정규직법 개정안은 철회되어야 한다.

이것은 글쓴이의 의도를 반영한 간단한 논변일 수 있다. 그렇지만 이것은 글쓴이의 의도를 세밀하게 반영하고 있는 논변은 아니다. 글쓴이는 좀 더 구체적인 이유들을 제시하고 있기 때문이다. 우리는 그 이유들을 밑줄 친 부분에서 찾을 수 있다. 그것들은 다음과 같이 정리될 수 있다.

① 이러한 개정안이 시행된다고 해보자. 그렇게 되면, 비정규직은 지금보다 훨씬 늘어나게 될 것이다.

→R1. 정부 여당의 비정규직법 개정안이 시행되면, 비정규직이 지금보다 늘어나게 될 것이다.

② 지금도 과도한 비정규직을 더 늘어나도록 만든다면, 우리 경제의 위기는 더 깊어질 수밖에 없다.

→R2. 비정규직이 더 늘어난다면, 경제위기는 더 심각해질 수 있다.

③ 경제위기가 더 이상 심각해져서는 안 된다는 것을 받아들이지 않는 사람은 아무도 없을 것이다.

→R3. 경제위기가 더 이상 심각해져서는 안 된다.

앞서 찾아낸 결론적 주장과 정리된 이유들을 가지고 논변을 구성하면 다음과 같다.

R1. 정부와 여당의 비정규직법 개정안이 시행되면, 비정규직이 늘어나게 될 것이다.

R2. 비정규직이 더 늘어난다면, 경제위기가 더 심각해질 수 있다.

R3. 경제위기가 심각해져서는 안 된다.

C. 정부와 여당의 비정규직법 개정안은 철회되어야 한다.

이렇게 정리된 형태의 논변은 앞서 하나의 이유와 하나의 주장으로 정리된 형태의 논변보다 더 낫다고 할 수 있다. 글쓴이의 생각을 자세하게 반영하고 있기 때문이다. 물론 이러한 정리가 문자 그대로의 정답이라고 할 수는 없다. 글을 분석하는 사람에 따라 다른 방식으로 정리하는 것도 가능할 것이다. 중요한 것은 글쓴이의 의도를 왜곡 없이 세밀하게 반영해야 한다는 것이다.

지금까지 구성해 본 논변들의 명제들은 모두 하나의 역할만 수행하고 있다. 즉, 이유로서의 역할과 주장으로서의 역할 중 하나만을 수행하고 있다는 것이다. 그러나 경우에 따라 두 가지 역할을 모두 하는 명제가 논

변에 포함될 수도 있다. 방금 살펴 본 논변의 R1과 R2를 살펴보자. 우리는 그 두 명제로부터 "정부와 여당의 비정규직법 개정안이 시행되면, 경제위기가 더 심각해질 수 있다."가 논리적으로 귀결된다는 것을 알 수 있다. 이 명제는 R1과 R2의 결론 역할을 한다. 그 뿐만 아니라 이 명제는 R3와 더불어 C를 뒷받침하는 이유 역할도 한다. 말하자면, 결론적인 주장으로 나아가는

●논변 재구성 형식 II●

R1. 이유1
R2. 이유2
⋮
C1. 중간결론1
⋮
Rn.
─────────
Cn. 결론

데 징검다리 역할을 하는 중간결론이라는 것이다. 이 명제를 원래 논변에 포함시킨다면, 글쓴이의 생각을 더 세밀하게 재구성하게 되는 셈이다. 앞으로 이러한 중간결론을 논변에 포함시켜야 할 경우에는 앞의 도식 과 같이 정리하도록 하자. 이제 중간결론 역할을 하는 명제를 위 논변에 포함시킨다면 다음과 같이 정리해 볼 수 있다.

> R1. 정부와 여당의 비정규직법 개정안이 시행되면, 비정규직이 늘어나게 될 것이다.
> R2. 비정규직이 더 늘어난다면, 경제위기가 더 심각해질 수 있다.
> C1. 정부와 여당의 비정규직법 개정안이 시행되면, 경제위기가 더 심각해질 수 있다.
> R3. 경제위기가 심각해져서는 안 된다.
> C2. 정부와 여당의 비정규직법 개정안은 철회되어야 한다.

우리는 앞으로 이렇게 중간결론들이 포함되어 있는 경우를 많이 접하게 될 것이다. 이미 알고 있는 사람들도 있겠지만, 앞서 재구성해 보았던 가상현실 관련 논변도 중간결론을 포함시켜 재구성할 수 있다. 그 중간결론은 "내가 가상현실 속의 존재라면, 내가 꿈을 꾸지 않을 때에는 모든 것이 사라지게 된다." 정도가 될 것이다. 이제 중간결론이 명시적으로 포함되어 있는 글을 통해 논변 재구성 연습을 계속해 보자.

> 아직 우리 사회 일각에서는 장애인이 '비정상인'이라는 편견과 그릇된 인식이 없지 않지만 이들이 '단지 몸이 불편한 정상인'이라는 것은 이제 사회적 합의사항에 속한다. 지하철과 공공기관 등에 장애인들을 위한 편의시설이 갖춰지고, 취업과 진학 등에서도 이들에 대한 차별적 요소가 속속 제거되고 있는 것이 그

증거라 하겠다. 따라서 타당한 이유 없이 장애인을 차별해서는 안 된다. 사회적인 합의사항을 어기는 것이기 때문이다.

이러한 시대적 흐름을 무시한 채 ○○대가 올해 장애인 특별전형에서 휠체어를 이용하는 지원자 김모씨를 불합격처리했다고 한다. 보도에 따르면 ○○대는 "김씨가 수학능력이 현저히 부족하고" "학교 재정이 열악해 교내에 휠체어 이동을 위한 편의시설을 갖추지 못해" 김씨에게 'F'를 줬다는 것이다. 그러나 이는 대학 측의 군색한 변명일 뿐 설득력이 없다. 우선 김씨는 이미 대입 검정고시에 합격해 국가로부터 수학능력을 인정받은 바 있다. 또 교내에 아직 장애인 편의시설이 없다면 '도우미 지원' 등을 통해 얼마든지 공부를 할 수 있다고 본다. 결국 ○○대가 김씨를 불합격 처리한 것은 타당한 이유 없는 차별대우라 할 수 있다. ○○대는 김씨에 대한 불합격 결정을 즉각 철회해야 한다. [2]

이 글을 작성하게 만든 문제 상황은 무엇일까? ○○대가 장애인 특별전형에서 휠체어를 이용하는 장애인인 김 모 씨를 불합격처리한 것이라 할 수 있다. 이러한 문제 상황과 관련하여 이 글의 결론적 주장은 ○○대가 장애인 김씨에 대한 불합격 결정을 철회해야 한다는 것이다.

C. ○○대는 장애인 김씨에 대한 불합격 결정을 철회해야 한다.

그렇다면 글쓴이가 이 결론적 주장을 뒷받침하기 위해 제시하고 있는 이유들은 무엇인가? 이 주장과 관련되어 있을 법한 내용을 추려내 보자.

---

2. 《경향신문》, 2006년 3월 15일자 사설

일단 첫 단락에서 장애인도 정상인이라는 것은 사회적 합의 사항이라는 것을 강조하면서 타당한 이유 없이 장애인을 차별해서는 안 된다고 주장하고 있다. 이러한 주장은 일종의 일반적 원칙으로서 장애인 김씨의 불합격 처리를 철회해야 한다는 주장을 뒷받침하는 이유 역할을 할 수 있다. 두 번째 단락에서는 무엇을 찾을 수 있을까? 두 번째 단락의 내용은 ○○대가 장애인 김씨를 불합격처리했다는 사실적 정보가 제시되어 있고, 그 처리의 근거는 설득력이 없다고 주장하고 있다. 그리고 설득력이 없는 이유에 대해 밝히고 있다. 이러한 내용에서 추려낼 수 있는 것은 아마도 "○○대가 장애인 김씨를 불합격처리한 이유는 변명일 뿐 설득력이 없다." 정도일 것이다. 이러한 사항들을 정리하면 다음과 같다.

① 따라서 타당한 이유 없이 장애인을 차별해서는 안 된다.
→R1. 타당한 이유 없이 장애인을 차별해서는 안 된다.

② 결국 ○○대가 김씨를 불합격 처리한 것은 타당한 이유 없는 차별대우라 할 수 있다.
→R2. ○○대가 김씨를 불합격 처리한 것은 타당한 이유 없는 차별대우이다.

지금까지 추려낸 이유들과 앞서 찾아낸 결론적 주장을 토대로 논변을 구성하면 다음과 같다.

〈논변 A〉
R1. 타당한 이유 없이 장애인을 차별해서는 안 된다.

R2. ○○대가 김씨를 불합격 처리한 것은 타당한 이유 없는 차별대우이다.

C. ○○대는 김씨에 대한 불합격 결정을 철회해야 한다.

이 논변은 글쓴이의 사유과정의 뼈대라 할 수 있다. 그런데 글쓴이의 원래 글을 다시 살펴보면, 〈논변 A〉의 R1이 첫 번째 단락의 결론 역할을 하고 있다는 것을 알 수 있다. 그 단락만 가지고 따져보면, 결론적 주장은 R1 즉, 타당한 이유 없이 장애인을 차별해서는 안 된다는 것이다. 그것을 다음과 같이 정리해 보자.

C. 타당한 이유 없이 장애인을 차별해서는 안 된다.

이것을 뒷받침하는 이유들은 무엇인가? 두 가지를 찾을 수 있다. 하나는 타당한 이유 없이 장애인을 차별해서는 안 된다는 것이 사회적 합의사항이라는 것이고, 다른 하나는 사회적 합의사항을 깨뜨려서는 안 된다는 것이다. 이러한 두 가지 이유를 가지고 논변을 구성하면 다음과 같다.

〈논변 B〉

R1. 타당한 이유 없이 장애인을 차별해서는 안 된다는 것은 사회적 합의사항이다.

R2. 사회적 합의사항을 깨뜨려서는 안 된다.

C. 타당한 이유 없이 장애인을 차별해서는 안 된다.

이제 〈논변 A〉와 〈논변 B〉를 함께 엮어서 다음과 같이 정리할 수 있다.

〈논변 C〉

R1. 타당한 이유 없이 장애인을 차별해서는 안 된다는 것은 사회적 합의사항이다.

R2. 사회적 합의사항을 깨뜨려서는 안 된다.

C1. 타당한 이유 없이 장애인을 차별해서는 안 된다.

R3. ○○대가 김씨를 불합격 처리한 것은 타당한 이유 없는 차별대우이다.

C2. ○○대는 김씨에 대한 불합격 결정을 철회해야 한다.

〈논변 C〉에서 C1은 R1과 R2가 지지하는 결론이자 R3과 더불어 C2를 지지하는 이유 역할을 담당하고 있다. 물론 주어진 글에 대한 분석의 결과물로 제시된 위와 같은 논변은 하나의 모범 사례일 뿐 다른 방식의 논변화도 가능할 것이다. 글을 분석하는 사람에 따라 글의 주장이나 근거를 표현하는 문장이 달라질 수도 있고, 어쩌면 논변 방식도 달라질 수도 있다. 중요한 것은 이러한 분석 과정에서 글의 내용을 약화시키거나 왜곡해서는 안 된다는 것이다. 물론 그러한 약화나 왜곡을 의도해서는 안 되지만, 의도하지 않아도 그러한 약화나 왜곡을 범하게 될 수 있다. 다음 글을 살펴보자.

대통령은 지난 5일 우리 사회를 공정한 사회로 만드는 데 주력하겠다고 말했다. 대통령의 말이 허언이 아니라면, 이제 정부는 취약계층의 복지 문제에 더 많은 관심을 가지리라 예측할 수 있다. 왜냐하면 공정한 사회가 되기 위해서는 기회 균등이 실현되어야 하기 때문이다. 돈이 없어서 학업을 계속할 수 없는 취약계층 문제를 해결하지 않는 한, 실질적인 기회 균등은 이루어질 수 없다. 따라서 앞으로는 복지 문제에 국가 예산을 더 많이 사용하게 될 것이다.

이 글의 결론적 주장은 무엇일까? 글을 세심하게 읽지 않은 사람들은 마지막 문장을 결론적 주장으로 파악하여 다음과 같이 정리할 수 있다.

> C. 정부는 앞으로 복지 문제에 국가 예산을 더 많이 사용하게 될 것이다.

그러나 이것을 결론적 주장으로 파악하는 것은 글쓴이의 생각을 심각하게 왜곡하는 것일 수 있다. 다시 한 번 글을 읽어 보자. 전체적인 맥락을 고려하면, 글쓴이는 공정성에 관한 대통령의 발언이 허언이 아니라는 조건 하에서 그러한 주장을 하고 있다는 것을 확인할 수 있다. 따라서 결론적 주장은 다음과 같이 정리하는 것이 적절하다.

> C. 우리 사회를 공정한 사회로 만들겠다는 대통령의 말이 허언이 아니라면, 앞으로 정부는 복지 문제에 국가 예산을 더 많이 사용하게 될 것이다.

이제 이러한 결론적 주장을 뒷받침하는 이유들을 찾아 논변으로 재구성하는 작업을 스스로 해 본 다음, 63쪽의 연습문제들에 대해서도 논변 재구성 작업을 해 보자.

긴 글일수록 결론적 주장이나 그것을 뒷받침하는 이유를 찾아내는 작업이 어려울 수 있다. 다시 강조하면, 그것들을 정확히 찾아내기 위해서는 글의 문제 상황이나 목적, 그리고 전체적인 맥락을 고려해야 한다. 이제 약간 긴 글을 통해 분석 연습을 한 번 더 해보자.

"아무런 증거도 없는 것을 가지고 최고형까지는 너무나 과하지 않습니까. 넓으신 마음으로 이 못난 소인을 한번 살려주세요. 판사님." 고문에 의한 허위자백으로 사형 판결을 받은 김○○이 1984년 제출한 재심청구서의 마지막 문구다. 그 다음 해 사형이 집행되었지만 아직까지 억울한 죽음에 대해 아무도 책임지지 않았다.

인혁당 관련자 8명도 사형집행 후 40년이 지난 최근에 무죄판결을 받았지만 아무 소용이 없다. 죽은 자가 돌아오는 것도 아니고 그들 가족이 살아서 받은 통한의 상처는 치유할 방법이 없다. 87년까지 10여 년 동안 법원 스스로 잘못된 오판을 한 것으로 판단하고 수집한 공안사건만도 3600건이 넘는다. 사건의 실체를 잘못 해석한 법원의 판결이 그렇게 많다. 재판도 인간이 하는 것이니 완전하게 실체를 밝히는 것은 언제나 불가능하다. 억울하게 사형당한 자를 다시 살릴 수 없다면 사형만은 안 된다. 유엔은 오래 전부터 사형제 폐지를 기본 입장으로 밝혀왔고, 유럽연합에 가입하려면 '야만제도'인 사형제부터 폐지해야 한다. 사형제가 없는 유럽사회보다 매년 사형집행을 하는 미국에 흉악범죄가 훨씬 더 많다는 것은 사형제의 범죄 예방효과가 전무하다는 것을 증명한다.

사형제는 보복이 아니라 범죄자 교화라는 현대 형벌제도의 기본 취지에도 맞지 않는다. 살인범을 국가가 살해하는 것은 강간범을 성폭행하는 것과 다르지 않다. 최근 강씨 사건처럼 용서할 수 없는 흉악범은 죽여도 괜찮을까? 개인들이야 응보관념에 따라 보복을 생각할 수 있지만 국가가 보복감정으로 형벌권을 행사해선 안 된다. 흥분한 여론에 덩달아 이성을 잃는다면 그건 이미 국가로서 자격을 상실한 것이다. 사형집행은 전쟁이나 혁명, 사회불안 등으로 사회구성원이 극도로 흥분하고 이성적 판단이 마비된 시기에 주로 이뤄졌다. 우리가 10년 이상 사형집행을 하지 않은 것은 그동안 이성적 여론이 살아있었다는 것을 방증한다. 여론감정은 냉온탕을 오가듯 언제나 감정과 이성의 양 극단 사이를 왔다

갔다 한다. 흉악범 사건이 터지면 모두가 피해자의 감정이 되어 죽여야 한다고 흥분하다가 〈우리들의 행복한 시간〉 같은 영화가 나오면 사형수에 대한 인간적 동정, 생명에 대한 존중감에 감화되어 사형제 반대가 절반 이상으로 변하는 것이 여론 감정이다. 그래서 국가가 여론 감정에 기대어 정책을 결정해선 안 되는 것이다. 더구나 강씨 사건은 청와대로부터 적극적인 언론홍보지침을 받아 과도하게 보도되고 정부의 흠집을 가리고, 여론의 관심을 왜곡하기 위해 악용되었다는 의혹에 휩싸여 있다. 강씨에 대한 여론의 보복감정을 교묘하게 증폭시켰다는 것이다.

충분히 자극된 여론을 등에 업고 때맞춰 A당은 사형집행을 정부에 권고했다. 연쇄살인범에 비할 만큼 흉악한 작태다. 강력범을 처벌하지 말자는 것이 아니다. 형벌제도 중 사형제만은 교정제도의 목적에도, 야만시대를 지나온 문명사회에도 맞지 않다는 것이다. 유영철 사건의 피해자 가족들도 사형제 폐지를 주장한다. 범죄행위는 용서할 수 없으나 그 사람을 용서함으로써 본인도 해방되었기 때문이다. "여의도 질주범으로 인해 손자를 잃은 할머니도 그 범인을 용서한다는데 왜 나라에서는 그런 것을 받아들이려 하지 않습니까?"라는 고 김수환 추기경의 말씀도 같은 맥락이다.[3]

앞서보다 다소 긴 글이긴 하지만, 이 글을 읽어 본 사람이면 누구나 글쓴이가 사형제도에 반대하고 있다는 것을 알 수 있을 것이다. 글의 곳곳에 사형제도에 대한 반대 견해가 분명하게 드러나 있기 때문이다. 이 점에 착안하여 이 글의 결론적 주장을 다음과 같이 파악하는 사람이 있을 수 있다.

---

3. 송호창, 「사형 부추기는 정부」, 《경향신문》, 2009년 3월 1일자 시론

C. 사형제도는 폐지되어야 할 제도이다.

　물론 글쓴이가 사형제도에 대해 반대하고 있다는 것은 사실이다. 그러나 글의 계기가 된 문제 상황을 고려한다면, 이것을 결론적 주장으로 분석해서는 안 된다. 다시 강조하면, 결론적 주장을 파악하기 위해서는 문제 상황이 무엇인지 고려할 필요가 있다. 결론적 주장이란 그 문제 상황에 대한 최종적인 답변이기 때문이다. 이 글의 계기가 된 문제 상황은 무엇인가? 그것은 마지막 단락에 나와 있다. 말하자면, A당이 흉악범 강씨에 대한 사형집행을 정부에 권고했다는 것이다. 이 문제 상황과 더불어 사형제도에 대한 글쓴이의 반대 견해를 함께 고려한다면, 결론적 주장을 다음과 같이 정리해 볼 수 있다.

C. A당이 흉악범 강씨의 사형집행을 정부에 권고한 것은 그릇된 것이다.

　이제 이러한 결론적 주장을 정당화하기 위해 제시된 이유들을 찾아보자. 물론 그 주장을 지지하는 이유 중에는 "사형제도는 폐지되어야 할 제도이다."가 있다. 따라서 일단 다음과 같은 간단한 논변을 구성해 볼 수 있다.

R1. 사형제도는 폐지되어야 할 제도이다.
C. A당이 흉악범 강씨의 사형집행을 정부에 권고한 것은 그릇된 것이다.

　글쓴이는 왜 사형제도를 폐지되어야 할 제도로 생각하는 것일까? 우리는 이 물음에 대한 다양한 답변을 찾을 수 있다. 글쓴이는 글의 첫 번째 단락과 두 번째 단락을 통해 억울하게 사형당한 자를 다시 살릴 수 없다면 사형만은 안 된다고 주장한다. 다음으로, 사형제도가 없는 유럽연합과 사형제도가 있는 미국의 흉악 범죄율을 비교하면서 사형제도에는 범죄 예방효과가 전무하다고 주장한다. 이어서, 사형제도가 범죄자 교화라는 현대 형벌제도의 기본 취지에도 맞지 않는다고 주장한다. 이러한 이유들을 각각 다음과 같이 정리해 보자.

> 사형제도는 오판을 만회할 수 없는 제도다.
> 사형제도는 범죄 예방효과를 가지지 않는다.
> 사형제도는 범죄자 교화라는 현대 형벌제도의 기본 취지에 맞지 않는다.

글쓴이는 이러한 이유들에 근거하여 사형제도는 폐지되어야 할 제도라고 생각하고 있는 것이다. 지금까지 파악한 것들을 위의 논변에 포함시키면 다음과 같은 논변을 얻을 수 있다.

> R1. 사형제도는 오판을 만회할 수 없는 제도다.
> R2. 사형제도는 범죄 예방효과를 가지지 않는 제도다.
> R3. 사형제도는 범죄자 교화라는 현대 형벌제도의 기본 취지에 맞지 않는다.
> C1. 사형제도는 폐지되어야 할 제도다.
> C2. A당이 흉악범 강씨에 대한 사형집행을 정부에 권고한 것은 잘못이다.

여기서 C1은 R1, R2, R3의 결론이자 C2를 지지하는 이유 역할을 하고 있다. 이러한 논변 재구성은 글쓴이의 생각을 왜곡한 것은 아니지만, 그것을 충분히 드러낸 것도 아니다. 세 번째 단락을 살펴보면, 결론적 주장을 뒷받침하기 위해 글쓴이가 제시하고 있는 이유를 더 찾을 수 있기 때문이다. 이제 그 이유들을 찾아 논변으로 재구성하는 작업을 한 다음 친구들과 비교해보자. 앞으로 우리는 여러 가지 글들을 위와 같은 방식으로 분석하여 논변으로 구성하는 연습을 해 볼 것이다. 동일한 글에 대해 친구와 다른 분석 결과가 나왔다고 실망할 필요는 없다. 친구의 분석과 비교하면서 서로 교정해 나갈 수 있기 때문이다. 이러한 교정의 과정을 통해 분석 능력이 향상될 수 있을 것이다.

논변 구조도

지금까지 우리는 주어진 글에서 이유와 결론적 주장을 찾아내어 논변으로 구성하는 연습을 간단하게 해보았다. 이러한 논변 구성 과정이 끝나면, 논변을 구성하고 있는 문장들의 역할을 좀 더 자세히 파악해야 한다. 특정한 논변을 구성하는 문장들 중 결론을 제외한 모든 문장들은 당연히 그 논변의 결론을 지지하고 정당화하기 위한 이유의 역할을 하고 있다. 그런데 이유로서의 역할은 다양한 방식으로 수행될 수 있다. 이 점을 염두에 둔다면, 주어진 글의 핵심 논변을 한층 더 자세히 이해하기 위해서는 바로 그 방식이 무엇인지 파악해야 한다고 할 수 있다. 그 지지 방식은 논변 구조도라 불리는 다음과 같은 그림으로 표현해 볼 수 있다.

단순형	병렬형	합동형	연쇄형
이유 ↓ 결론	이유1 이유2 ＼／ 결론	{이유1 + 이유2} ↓ 결론	이유1 ↓ 결론1이자 이유2 ↓ 결론2

여기서 화살표는 지지관계를 표현한 것이다. 그림에서 잘 드러나듯이, 단순형은 하나의 이유가 독립적으로 하나의 결론을 지지하고 있는 방식이다. 병렬형은 둘 이상의 이유가 독립적으로 하나의 결론을 지지하고 있는 방식이다. 합동형은 둘 이상의 이유가 합쳐져서 하나의 결론을 지지하고 있는 방식이다. 연쇄형이란 이유이자 결론의 역할을 하는 명제 즉 중간결론에 의해 논변이 연쇄적으로 이루어지는 방식이라 할 수 있다. 이제 다음 논변들을 통해 이러한 구조들을 확인해보자.

〈단순형〉

① 그는 항상 거짓말을 한다. 그러므로 ② 그의 말을 믿을 수 없다.

〈논변 구조도〉

①
↓
②

〈병렬형〉

① 흡연은 나쁜 습관이다. ② 흡연은 타인에게 피해를 준다. 또한 ③ 흡연은 건강에 해롭다.

〈합동형〉

① 스트레스에 시달리고 있는 사람은 술을 많이 마신다. ② 그는 술을 많이 마신다. 그러므로 ③ 그는 스트레스에 시달리고 있다.

〈연쇄형〉

① 그는 거짓말을 자주한다. 따라서 ② 그는 도덕적으로 문제가 있다. 그러므로 ③ 그는 비난받아야 한다.

〈논변 구조도〉

①
↓
②
↓
③

지금까지 우리가 재구성한 논변들을 좀 더 정확히 이해하기 위해서는 이러한 기본적인 논변 구조도를 활용하여 각 명제들의 지지관계를 드러낼 필요가 있다. 앞서 우리는 다음과 같은 논변을 분석해 냈었다.

> R1. 타당한 이유 없이 장애인을 차별해서는 안 된다는 것은 사회적 합의사항이다.
>
> R2. 사회적 합의사항을 깨뜨려서는 안 된다.
>
> C1. 타당한 이유 없이 장애인을 차별해서는 안 된다.
>
> R3. ○○대가 김씨를 불합격 처리한 것은 타당한 이유 없는 차별대우이다.
>
> C2. ○○대는 김씨에 대한 불합격 결정을 철회해야 한다.

이 논변에 대한 구조도는 어떻게 그려야 할까? 이 논변에는 중간결론 C1이 포함되어 있다는 것을 확인할 수 있다. 따라서 연쇄형으로 그려야 한다. 그렇다면, R1과 R2는 C1을 어떤 방식으로 지지하는가? 그리고 C1과 R3는 C2를 어떤 방식으로 지지하는가? 우리는 이 두 물음 모두에 대해 '합동형'이라고 답할 수 있다. 즉, R1과 R2가 합쳐져야만 C1을 뒷받침할 수 있고 C1과 R3가 합쳐져야만 C2를 뒷받침할 수 있다는 것이다. 이러한 사항을 고려하면 논변 구조도는 다음과 같은 형태가 되어야 한다. 앞서 살펴

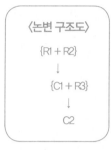

〈논변 구조도〉

{R1 + R2}
↓
{C1 + R3}
↓
C2

본 기본적인 논변 구조들은 글 안에서 이렇게 다양하게 섞여서 복합적으로 구성된다. 주어진 글에서 자애의 원리에 따라 뽑아낸 논변을 철저하게 분석하고 평가하기 위해서는 그 논변의 복잡한 구조를 파악하는 것이 필수적이다. 구조도를 통해 드러나는 각 명제들의 관계가 적절하지 않을 경우, 그 논변을 담고 있는 글의 설득력은 떨어질 것이다. 이 점을 염두에 두고, 논변 구조도를 그리는 연습을 해보자.

※ 다음 논변에 대한 구조도를 그려보자.

⑴ ① 내가 가상현실 속의 존재라면, 내가 지각하는 모든 것은 꿈이다. ② 내가 지각하는 모든 것이 꿈일 경우, 내가 꿈을 꾸지 않을 때에는 모든 것이 사라지게 된다. 결국 ③ 내가 가상현실 속의 존재라면, 내가 꿈을 꾸지 않을 때에는 모든 것이 사라지게 된다. 그러나 ④ 내가 꿈을 꾸지 않을 때에도 모든 것은 사라지지 않는다. 그러므로 ⑤ 나는 가상현실 속의 존재가 아니다.

⑵ ① 우리 사회의 대학은 생존만을 위한 삶을 강요하고 있다. 그러나 ② 자아실현은 인간다운 삶을 위한 필요조건이다. ③ 생존의 문제가 해결되더라도 자아를 실현할 수 없다면, 인간다운 삶을 사는 것이 아니기 때문이다. 그렇다면, ④ 우리 사회의 대학은 인간답지 않은 삶을 강

요하고 있는 셈이다.

⑶ ① 인터넷 실명제는 기본적으로 표현의 자유를 침해하게 될 가능성이 매우 크다. 더욱이 ② 인터넷 실명제가 실시되면 다른 사람의 주민번호를 도용한 가짜 아이디가 사용되는 범죄의 가능성이 크다. ③ 표현의 자유를 침해하게 될 가능성이나 범죄의 가능성을 높이는 제도는 바람직하지 않다. 따라서 ④ 인터넷 실명제를 확대 실시해서는 안 된다.

⑷ ① 그 의사가 취할 수 있는 선택지는 둘뿐으로, 그 환자에게 몇 개월 밖에 살지 못할 것이라고 정확한 정보를 제공하거나 제공하지 않는 것이다. ② 만일 그 의사가 그 환자에게 그 정확한 정보를 제공한다면, 그 환자는 충격을 받아 건강이 더 악화될 수 있다. ③ 만일 그 의사가 그 환자에게 그 정확한 정보를 제공하지 않는다면, 그 환자는 남은 소중한 삶에 대해 적절하게 계획하지 못하게 된다. 결국 ④ 그 환자는 충격을 받아 건강이 더 악화될 수 있거나, 남은 소중한 삶에 대해 적절하게 계획하지 못하게 될 것이다.

⑸ ① A당은 야간집회를 허용하면 서울 등 도심에서 무질서한 폭력집회와 시위가 빈발할 것이라는 근거에 기대어 집시법 개정을 주장하고 있다. 그러나 ② 야간집회가 전면 허용된 지난 7월부터 지금까지 A당이 생각하는 폭력사태는 전혀 일어나지 않았다고 할 수 있다. ③ 경찰청에 따르면 지난 7월과 8월에 열린 야간집회는 각각 229건과 220건이었으나 폭력으로 흐른 집회는 하나도 없었기 때문이다. 그렇다면, ④ A당

의 집시법 개정 주장의 근거는 그릇된 것이다. ⑤ 그릇된 근거에 따른 주장은 철회하는 것이 마땅하다. 따라서 ⑥ A당은 집시법 개정 주장을 철회해야 한다.

(6) ① 우리의 고전인 한문기록들은 우리말로 번역되어야 한다. ② 그렇지 않을 경우, 우리는 우리의 고전을 바르게 이해할 수 없다. ③ 고전을 바르게 이해할 수 없게 된다면, 인문학을 세계적인 수준으로 발전시킬 수 없게 된다. 따라서 ④ 고전이 우리말로 번역되지 않는다면, 인문학을 세계적인 수준으로 발전시킬 수 없게 된다는 것은 너무도 자명하다. ⑤ 인문학을 세계적인 수준으로 발전시켜야 한다는 것을 부정할 사람은 없을 것이다. 그런데 ⑥ 고전번역 사업에 대한 정부의 지원 없이는 우리의 고전인 한문기록들을 우리말로 번역하는 일은 이루어지기 힘들다. 따라서 ⑦ 정부는 고전번역 사업을 지원해야 한다.

(7) ① 고문은 살인보다 덜 심각한 잘못이다. 그런데 ② 때때로 살인이 정당화되는 경우가 있다. 예컨대 ③ 전쟁을 수행하는 군인이 저지른 살인 행위는 도덕적인 것으로 평가받기도 한다. 또한 ④ 범죄자를 살인한 경찰이 표창까지 받는 경우도 있다. ⑤ 살인이 도덕적으로 정당화되는 경우가 있다면 고문이 정당화되는 경우도 있을 것이다. 따라서 ⑥ 고문이 언제 어디서나 부당한 것은 아니다.

(8) ① 이 신사는 의사 같지만 그러면서도 ② 군인 같은 분위기를 풍긴다. 그러면 ③ 군의관이 분명하다. ④ 얼굴빛이 검은 것으로 보아 ⑤ 열대

지방에서 귀국한 지 얼마 안 되는 것 같다. ⑥ 손목이 흰 걸 보면 ⑦ 살 빛이 원래 검지 않다는 것을 알 수 있다. ⑧ 얼굴이 해쓱한 것은 ⑨ 고생을 많이 하고 병에 시달렸기 때문이겠지. ⑩ 왼팔에 부상을 입은 것이 있나 보다. ⑪ 왼팔의 움직임이 뻣뻣하고 부자연스럽다. ⑫ 열대 지방에서 그렇게 심하게 고생하고 팔에 부상까지 입을 만한 곳은 분명히 아프가니스탄이다. 그러므로 ⑬ 이 신사는 아프가니스탄에서 귀국한 군의관이다.[4]

(9) ① 전능한 존재인 신이 세계를 창조한다면, 그 존재는 모든 가능한 세계 중 최선의 것을 창조할 것이다. 따라서 ② 전능한 존재인 신이 우리 세계를 창조했다면, 우리 세계는 모든 가능한 세계 중 최선의 세계일 것이다. ③ 모든 가능한 세계 중의 최선의 세계는 괴로움과 고통의 악이 없는 세계이다. 결국 ④ 전능한 존재인 신이 우리 세계를 창조했다면, 우리 세계에는 괴로움과 고통의 악이 없어야 한다. 그러나 ⑤ 우리 세계에는 괴로움과 고통의 악이 있다. 따라서 ⑥ 전능한 존재인 신이 우리 세계를 창조한 것이 아니다. 결론적으로, ⑦ 우리 세계를 창조한 전능한 존재인 신이 존재한다고 믿는 것은 합당하지 않다.

(10) ① 우리는 UFO^{미확인비행물체}가 있다는 것을 알고 있다. 그런데 ② UFO가 있다면, 그것을 만든 지적인 존재가 있음에 틀림없다. 따라서 ③ UFO를 만든 지적인 존재가 있음에 틀림없다. ④ UFO를 만든 지

---

4. 코난 도일, 백영미 옮김, 『주홍색 연구』(서울: 황금가지, 2002), 35~36쪽.

적인 존재가 있다면, 그 존재는 지구인이거나 지적인 외계인일 것이다. 결국 ⑤ 지구인이나 지적인 외계인이 UFO를 만들었다고 할 수 있다. 그러나 ⑥ 지구인은 아니라 할 수 있다. ⑦ 지구인은 아직 UFO와 같은 것을 만들 능력이 없기 때문이다. 그렇다면, ⑧ UFO는 지적인 외계인에 의해 만들어졌다고 보아야 한다. ⑨ UFO가 지적인 외계인에 의해 만들어졌다는 것은 지적인 외계인이 존재한다는 것을 함축한다. 따라서 ⑩ 지적인 외계인이 존재한다고 결론짓는 것이 합당하다.

지지의 강도

방금 우리는 화살표를 사용하여 논변을 구성하는 명제들 사이의 지지관계를 표현해 보았다. 그런데 우리가 주의해야 할 점은 이러한 화살표가 지지의 강도를 표현하지는 못한다는 것이다. 동일한 구조도로 표현될 수 있는 두 논변이라 할지라도 이유와 주장을 지지하는 강도는 서로 다를 수 있다. 어떤 논변에서는 이유가 결론적 주장을 아주 강하게 지지할 수 있다. 반면에 다른 어떤 논변에서는 이유가 결론적 주장을 다소 약하게 지지할 수 있다. 따라서 동일한 화살표를 사용하여 지지관계를 표현하긴 하지만, 지지의 강도는 논변에 따라 다를 수 있다는 점을 염두에 두어야 한다. 다음의 두 대화를 통해 지지의 강도에 대해 이해해 보자.

〈대화 A〉

홈즈: 당신은 A 지역에서 오셨군요?

의뢰인: 네. 거기서 왔는데, 어떻게 아셨어요?

홈즈: 당신의 말투를 보고 알았습니다. 당신은 A 지역 사람들의 말투를 사용하고 계시잖아요. A 지역 사람들의 말투를 가진 사람들은 대부분 A 지역 출신이지요.

〈대화 B〉

홈즈: 당신은 A 지역에서 오셨군요?

의뢰인: 네. 거기서 왔는데, 어떻게 아셨어요?

홈즈: 당신의 말투를 보고 알았습니다. 당신은 A 지역 사람들의 말투를 사용하고 계시잖아요. A 지역 사람들의 말투를 가진 사람들은 모두 A 지역 출신이지요.

이러한 두 경우에서 홈즈의 얘기를 논변 형식으로 재구성해보면 각각 다음과 같다.

〈논변 A〉

R1. A 지역 사람들의 말투를 사용하는 사람들은 대부분 A 지역 출신이다.

R2. 당신은 A 지역 사람들의 말투를 사용하고 있다.

C. 당신은 A 지역 출신이다.

〈논변 B〉

R1. A 지역 사람들의 말투를 사용하는 사람들은 모두 A 지역 출신이다.

R2. 당신은 A 지역 사람들의 말투를 사용하고 있다.

C. 당신은 A 지역 출신이다.

〈논변A〉와 〈논변B〉의 구조도

$$\{ R1 + R2 \}$$
$$\downarrow$$
$$C$$

이 두 논변의 구조도는 모두 왼쪽과 같은 형태로 그려질 수 있겠지만, 이유가 주장을 지지하는 강도는 다르다는 것을 쉽게 알 수 있다. 말하자면, 〈논변A〉의 경우보다 〈논변B〉의 경우가 더 강하다. 〈논변B〉에서는 이유들이 참일 경우 결론적 주장은 반드시 참이 되지만 〈논변A〉에서는 그렇지 않다. 논변 재구성 작업을 할 때, 이러한 강도의 차이에 대해서도 유념할 필요가 있다. 앞으로 우리는 연역적 논변과 귀납적 논변에 관해 논의할 때 이러한 지지의 강도에 대해 다시 논의하게 될 것이다.

※ 다음 글의 결론적 주장과 그것을 뒷받침하는 이유들을 찾아 논변으로 구성하고, 그것에 기초하여 논변 구조도를 그려보자.

(1) 수학능력시험과 학력고사의 차이를 모르는 부모는 자식에게 공부하라고 소리칠 자격이 없다. 학력고사는 1982년부터 1993년까지 시행되었다. 많은 부모들은 이 시험을 잘 보려고 애썼던 추억을 갖고 있다. 성적을 올리는 비법은 열심히 외우는 것이다. 얼마나 알고 있는지 평가하

는 시험이기 때문이다. 하지만 1994년 시작된 수능은 대학교육에 필요한 수학능력을 평가하는 시험이다. 지식을 묻는 것이 아니다. 학력고사와 수능의 결정적인 차이는 여기에 있다.

올해 수능에서 언어영역 46번 문제를 놓고 논란이 벌어진 배경도 이와 관련이 있다. 채권 가격과 금리의 관계에 관한 문제였다. 한국재무학회가 "금리에 대한 정확한 정의가 기술돼 있지 않으므로 이 문제는 오류가 있다."고 지적했지만 수능을 잘 아는 사람일수록 문제 지적이 타당하지 않다고 반박한다. 언어 이해에서 요구하는 것은 지문을 읽고 추론하는 능력이므로 주어진 문제 그대로 풀면 된다는 것이다.

수능에서 지식은 요구되지 않을 뿐 아니라 오히려 배제되고 있다. 공부해서 지식이 는다고 성적이 올라가지 않는다. 무턱대고 자식에게 공부하라고 소리치는 부모는 먼저 스스로 반성해야 한다.

법조인 양성에서도 비슷한 일이 벌어지고 있다. 사법시험과 로스쿨 차이를 모르는 부모는 자식이 젊은 날 허송세월하는 것을 지켜보고 있어야만 한다. 부모가 알고 있는 사법시험은 법에 관한 지식을 평가하는 시험이다. 암기해야 할 내용이 엄청나다. 시험에 떨어지고 나서 보이는 반응은 한결같다. 조금 더 공부하면 될 것 같다는 것이다. 지식을 테스트하기 때문에 조금 더 하면 될 것 같고, 또 실제 되기도 한다. 하지만 법조인 양성의 새로운 기관인 법학전문대학원에 입학하는 방법은 전혀 다르다. 여기에 입학하기 위해 반드시 봐야 하는 시험이 법학적성시험, 즉 리트LEET다. 리트는 언어 이해와 추리 논증으로 구성되었다. 이 시험 역시 수능처럼 지식을 묻지 않고, 주어진 지문을 읽고 답을 고르는 형식이다. 이해력, 논리력, 추론력 등 능력을 평가한다. 이러한 능력은 공부한다고 크게 늘지 않는다. 몇 년째 낮은 리트 성적 때문에 법학 전문대학원에 입학하지 못하는 학생들을 보면 안타깝다.

행정고시나 외무고시는 이미 유사한 시험으로 공무원을 선발하고 있다. 외무고시나 행정고시는 1차 시험에서 지식을 전혀 묻지 않는다. 공직적격성테스트PSAT라는 시험을 통해 1차 합격자를 뽑는데 이 시험 역시 언어논리영역, 자료해석영역, 상황판단영역이라는 세 영역에서 능력을 평가한다.

어느새 우리 사회 곳곳에 침투되어 있는 능력 평가제는 과연 타당한 것인가? 능력만 검증해 선발하는 인재가 과연 우리의 미래를 이끌어갈 수 있을 만큼 믿음직한 인물인가? 능력제 선발은 두 가지 점에서 심각한 결함을 가지고 있다. 첫째, 능력제는 인생 뒤집기를 어렵게 하고, 평가를 고착화한다. 능력을 평가하는 시험에서 좋은 성적을 받으려면 부모에게서 좋은 유전자를 물려받거나 어려서부터 그러한 능력을 키워주는 부모의 도움이 절대적으로 필요하다. 둘째, 능력평가제는 영혼이 없는 교육이다. 인간 본성에 대한 성찰과 사회 작동 원리에 대한 이해를 요구하지 않기 때문이다. 대학마다 언어, 수학, 외국어에서 좋은 성적을 받은 학생들을 경쟁적으로 뽑고 있는데, 세 과목의 공통점은 도구적 과목이라는 점이다. 무엇을 이루고자 하는지에 대해서는 무관심하다. 사회탐구와 과학탐구는 여러 과목으로 쪼개져서 그중 2~3개만 선택하면 되니 종합적인 지식은 요구되지 않는다. 대학에 들어가는 데 국사를 공부할 필요가 없고, 고위 공무원이 되는 데 헌법을 공부할 필요가 없다. 영혼이 없는 시험제는 영혼이 없는 인재, 영혼이 없는 공무원을 만든다. 심각하게 재검토할 때다.[5]

(2) 밀^{Mill}은 + 기호가 물체나 무더기의 부분들과 전체가 지니는 관계를 표현한다고 생각한다. 그러나 그런 관계가 이 기호의 뜻은 아니다. 5+2=7 은 부피 5인 액체에 부피 2인 액체를 부으면 부피 7인 액체를 얻는다는 사실을 의미하지 않는다. 오히려 이 사실은 그 문장의 응용 사례로서 어떤 특정한 화학 작용이 일어나도 부피가 변하지 않는 경우에만 성립한다. 밀은 언제나 산수 문장의 응용 사례, 흔히 물리적이고 관찰된 사실이 전제가 되는 응용 사례와 순수 수학 문장 자체를 혼동한다. 덧셈 기호는 여러 응용 사례에서 무더기를 만드는 것과 같은 것처럼 보이지만, 무더기의 형성이 덧셈 기호의 의미는 아니다. 왜냐하면 예를 들어 사건들에 계산을 적용하는 경우처럼 다른 응용 사례에서는 그 문장이 무더기나 모임, 또는 물체와 그 부분들의 관계에 관해 아무것도 말해주지 않기 때문이다. 물론 이 경우에도 우리는 부분이란 말을 할 수 있다. 그러나 그 경우 우리는 그 말을 물리적인 뜻이나 기하학적 뜻으로 사용하는 것이 아니라, 국가 원수의 살해를 살인 일반의 부분이라고 부르는 것처럼 논리적인 뜻으로 사용한다. 여기서 우리는 논리적 종속을 문제 삼는다. 마찬가지로 덧셈은 일반적으로 물리적 관계와는 일치하지 않는다. 따라서 덧셈의 일반 법칙도 자연 법칙일 수 없다.⁶

(3) 물질적인 것들이 존재한다는 데 대하여 확신하고 있지 못한 사람은 아무도 없다. 그러나 우리는 앞에서 이를 의심스러운 어린 시절의 선입견으로 간주했기 때문에, 이제 그것을 확실하게 인식할 수 있는 근거들

---

5. 문재완, 「영혼없는 시험으로 인재 선발하기」, 《매일경제》, 2010년 11월 28일자 시평
6. 프레게, 최원배 옮김, 『산수의 기초』(서울: 아카넷, 2003), 61~62쪽.

을 찾아야 한다. 우리가 감각하는 것은 그것이 무엇이든 간에 우리의 정신과는 다른 것으로부터 오는 것이 확실하다. 왜냐하면 우리가 무엇을 감각하게 되느냐 하는 문제는 우리에게 달려 있는 문제가 아니라 전적으로 우리의 감관을 자극하는 것에 달려 있는 문제이기 때문이다. 당연히 우리는 그것이 신인지 아니면 신과 다른 어떤 것인지 물을 수 있다. 우리는 길이, 너비, 깊이로 연장된 어떤 물질을 감각한다. 더 정확히 말하자면 감관이 자극되어 명석 판명하게 지각한다. 그 물질의 부분들은 다양한 모양을 지니고 있고 다양한 운동을 하며 또 우리로 하여금 색과 냄새와 통증 등의 다양한 감각을 가지게 한다. 그렇기 때문에 만일 신이 직접 우리의 정신에 연장된 물질의 그런 관념을 드러나게 하거나, 연장과 모양과 운동을 지니지 않은 어떤 것으로 하여금 그런 관념을 드러내도록 하는 것이라면, 신이 사기꾼이 아니라고 믿어야 할 하등의 이유가 없다. 왜냐하면 우리는 그 물질을 신이나 우리 그리고 우리의 정신과는 완전히 다른 것으로 이해하고 있으며, 그것의 관념이 우리 외부에 있는 것들에게서 오고, 그 관념이 그것들과 대체로 유사하다는 것을 명석하게 보는 것 같기 때문이다. 그러나 우리는 이미 신이 사기꾼이라는 것은 분명히 신의 본성에 위반된다는 것을 알고 있다. 그렇기 때문에 우리는 길이, 너비, 깊이로 연장된, 그리고 우리가 연장 실체에 속한다고 명석하게 지각하는 모든 성질들을 가진 것이 존재한다고 결론지어야 한다. 그것이 바로 우리가 물체 또는 물질이라고 부르는 연장 실체이다.[7]

---

7. 르네 데카르트, 원석영 옮김, 『철학의 원리』(서울: 아카넷, 2002), 67~68쪽.

※ 다음 글에는 스티븐 호킹(S. Hawking)의 생각이 담겨 있다. 분석적으로 읽고
　요구사항에 답해보자.

자, 이제 여러분이 우주가 임의적이지 않으며 명확한 법칙들에 의해서 지
배된다고 믿는다면, 여러분은 궁극적으로 부분 이론들을 하나의 완전한
통일이론으로 통합시켜야 할 것이다. 그 이론은 우주 속의 모든 것을 기
술할 것이다. 그러나 이러한 완전한 통일이론에 대한 탐색에는 근본적인
역설이 들어 있다. 앞에서 개괄적으로 언급한 과학이론에 대한 개념들은
우리들 인간이 합리적인 존재이며, 우리가 원하는 대로 우주를 관측하고
우리가 본 것을 통해서 논리적인 추론을 이끌어낼 수 있는 존재라고 가정
한다. 이러한 구도에서는, 우리가 우주를 지배하는 법칙들을 향해서 점차
가까이 다가갈 수 있다는 생각이 합리적이다. 그러나 만약 완전한 통일이
론이 실제로 존재한다면, 그 이론은 아마도 우리의 행동 또한 결정하게
될 것이다. 따라서 이론 자체가 그 이론에 대한 우리의 연구결과를 미리
결정할 것이다! 그렇다면 우리가 증거를 통해서 올바른 결론에 도달하도
록 결정되어야만 할 이유가 도대체 어디에 있단 말인가? 우리가 잘못된
결론을 이끌어내도록 결정되어 있을 가능성은 똑같이 있는 것이 아닌가?
아니면 아무런 결론도 내지 못할 가능성은?
　이 물음에 대해서 내가 줄 수 있는 유일한 대답은 다윈의 자연선택설에
근거한 것이다. 그 이론의 요점은 자기 복제하는 유기체의 모든 개체군에
는 유전물질의 변이가 존재하며, 그 속에서 서로 다른 개체들이 자라난다
는 것이다. 이러한 개체간의 차이는 일부 개체들이 다른 개체들에 비해서
주위 세계에 대하여 올바른 결론을 내리고 그에 따라 더 적절하게 행동할

능력을 가지고 있음을 뜻한다. 이러한 개체들은 살아남아서 번식할 가능성이 더 높기 때문에, 그들의 행동 및 사고양식이 그 개체군을 지배하게 될 것이다. 분명히 과거에는, 우리가 지능이나 과학적 발견이라고 부른 것이 생존에 도움을 준 것이 사실이다. 그러나 지금도 그런 말이 유효한지는 그리 분명치 않다. 우리의 과학적 발견이 우리 모두를 파멸시킬 수도 있고, 설령 그 정도는 아니라고 해도, 완전한 통일이론이 우리가 생존할 가능성에 별 차이를 가져오지 않을 수도 있다. 그러나 만약 우주가 규칙적인 방식으로 전개되어왔다면, 자연선택이 우리에게 부여한 사유능력이 완전한 통일이론을 탐색하는 데에도 유효할 것이며, 따라서 우리를 잘못된 결론으로 이끌지 않을 것이라고 예상할 수 있다.[8]

(1) 호킹이 제기하는 물음의 근거가 되는 내용을 추려내어 논변으로 구성하고, 논변 구조도를 그려보자.

(2) 호킹이 제안하는 답변 내용을 추려내어 논변으로 구성하고, 논변 구조도를 그려보자.

---

8. 스티븐 호킹, 김동광 옮김, 『그림으로 보는 시간의 역사』(서울: 까치방, 1998), 18~21쪽.

생략된 요소들

우리가 주장이 담겨 있는 글을 분석할 때 최종적인 결과물은 바로 그 글로부터 추려낸 명제들에 기초한 핵심 논변이다. 앞서 우리는 이러한 논변에 관한 기본적인 사항들에 대해 살펴보았다. 이미 강조했듯이, 주어진 글을 논변 형식으로 재구성할 때 중요한 것 중의 하나는 바로 생략된 요소들을 찾아내는 것이다. 이번 장에서는 생략된 요소에 관해 좀 더 알아보고, 글을 분석하는 작업에서 이와 관련하여 유의해야 할 몇 가지 사항에 관해 살펴보려 한다.

우리는 일상적으로 어떤 주장을 할 때 그 주장과 관련된 많은 것들을 생략한다. 그것들을 모두 얘기하는 것은 불가능할 뿐만 아니라 그럴 필요도 없다고 생각하기 때문이다. 우리가 분석하고자 하는 글의 경우도 마찬가지이다. 글에도 주장과 관련된 모든 사항이 다 제시되어 있는 것은 아니다. 일일이 열거하기 힘든 배경적 사항들이나 우리 모두가 당연한 것으로 받아들이고 있다고 간주되는 원리나 규범, 누구나 공유하고 있다고 생각되는 사실적 정보 등은 생략되기 마련이다. 우리는 일상적으로 그렇게 생략된 요소들을 '가정'이라 부르고, 그 용어를 자주 사용한다. "네가 그렇게 주장하는 것은 A를 가정하고 있기 때문이야." 여기서 '가정'이란 어떤 주장이 성립하기 위해 필요한 요소이지만 명시적으로 드러내지 않은 것을 의미한다고 할 수 있다. 이러한 의미를 가지는 '가정'은 앞서 우리가 '생략된 이유'라고 불렀던 것과 동일하다. '가정' 또는 '생략된 이유'를 찾아내는 것은 글을 분석할 때 매우 중요한 것이다. 글쓴이가 당연시하면서 생략한 것이라고 해서 모든 사람이 그것을 당연한 것으로 생각하는 것은 아니기 때문이다. 예를 들어 다음의 짧은 글을 살펴보자.

> 강의시간에 모자를 쓰고 강의를 들어서는 안 돼. 왜냐고? 강의시간에 부적절한 행위를 해서는 안 되기 때문이지.

이러한 짧은 얘기도 하나의 논변을 포함하고 있다. 이 얘기를 그대로 받아들여 논변 형식으로 재구성하면 다음과 같다.

> R1. 강의시간에 부적절한 행위를 해서는 안 된다.
> C. 강의시간에 모자를 쓰고 강의를 들어서는 안 된다.

이 논변은 하나의 이유가 하나의 결론적 주장을 지지하고 있는 형태다. 그러나 R1만을 가지고는 C를 충분히 지지해주지 못하는 듯하다. 이 논변에는 생략된 요소가 있다. 그것은 무엇일까? 누구나 알 수 있듯이, 그것은 "강의시간에 모자를 쓰고 강의를 듣는 것은 부적절한 행위다." 정도의 명제라 할 수 있다. 위와 같은 논변을 제시한 사람은 이 명제를 당연시하고 있고, 그래서 생략했을 것이다. 이제 생략된 이유를 포함하여 논변을 구성하면 다음과 같다.

> R1. 강의시간에 부적절한 행위를 해서는 안 된다.
>
> R2. 강의시간에 모자를 쓰고 강의를 듣는 것은 부적절한 행위다.
>
> C. 강의시간에 모자를 쓰고 강의를 들어서는 안 된다.

이러한 논변에서 R2는 논란의 대상이 될 것이다. R2를 받아들일 수 있는 사람은 C를 받아들일 것이고, 그렇지 않은 사람은 C를 받아들이지 않을 것이다.

앞서 우리는 주어진 글을 분석하고 평가하는 과정에서는 항상 '자애의 원리'를 염두에 두어야 한다고 했었다. 이러한 원리를 지키려면 글쓴이의 의도에 맞춰 세심하게 논변을 구성해야 한다. 그렇기 때문에 글쓴이가 미처 생각하지 못하고 빠뜨렸지만 글쓴이의 생각을 드러내는 데 중요한 요소가 있다면, 그것을 반드시 논변에 포함시켜야 한다.

논변이 이유들과 결론적 주장으로 이루어진 집합이라는 것을 염두에 두면, 논변에서 생략될 수 있는 요소들도 두 종류라 할 수 있다. 당연히 그것은 이유와 주장이다. 전자를 생략된 이유(또는 가정)라 하고 후자를 생략된 결론적 주장이라 하자. 이유와 마찬가지로 결론적 주장도 생략되곤 한다. 말하자면, 결론적 주장이 명시적으로 드러나지 않은 경우들이 있다는 것이다. 그 경우에는 글로부터 추려낸 이유들을 토대로 결론적 주장이 무엇인지 파악해야만 한다. 예를 들어 다음 글을 살펴보자.

> 비판적 사고에 능숙한 사람은 그런 실수를 범하지 않아. 그런데 철수는 그런 실
> 수를 범했잖아.

이렇게 두 문장으로 구성된 논변에서 생략된 것은 결론적 주장이라 할 수 있다. 말하자면, "철수는 비판적 사고에 능숙한 사람이 아니다." 정도의 주장이 생략된 것이다. 글을 논변으로 재구성할 때 이렇게 결론적 주장이 생략되어 있다면 그것을 찾아내어 논변에 포함시켜 다음과 같이 정리해야 한다.

> R1. 비판적 사고에 능숙한 사람은 그러한 실수를 범하지 않는다.
> R2. 철수는 그러한 실수를 범했다.
> C. 철수는 비판적 사고에 능숙한 사람이 아니다.

또 다른 사례를 살펴보자.

> '도깨비는 뿔이 있다.'라는 문장은 유의미한 것일까? 만일 이 문장이 유의미한 것
> 이라면, 이 문장은 참이거나 거짓이다. 그런데 도깨비가 정말 존재할 경우에만
> '도깨비는 뿔이 있다.'라는 문장은 참이거나 거짓일 수 있다. 그러나 도깨비는 존

재하지 않는다. 도깨비의 존재는 증명된 적이 없기 때문이다.

이 글의 결론적 주장은 무엇일까? 앞서 강조했듯이, 결론적 주장이란 글에서 다루고 있는 문제 상황에 대한 최종적인 답변이라고 할 수 있다. 우리는 이 글을 통해 글쓴이가 해결하고자 하는 문제가 무엇인지 알 수 있다. 그것은 바로 '도깨비는 뿔이 있다.'라는 문장의 유의미성 여부이다. 글쓴이는 그 문제에 대해 어떤 답변을 내리고 있는가? 그 답변이 생략되어 있긴 하지만 누구나 쉽게 알 수 있다. 그것은 바로 "'도깨비는 뿔이 있다.'는 문장은 유의미하지 않다."는 것이다. 위 사례를 논변으로 재구성하려 한다면, 이렇게 생략된 결론적 주장을 찾아내어 정리해야 한다.

일반적으로 결론적 주장보다는 이유가 생략되는 경우가 더 많다. 이제 이유 역할을 하는 명제가 생략되는 경우에 관해 다음의 사례를 통해 자세히 알아보도록 하자.

거짓말하는 것은 도덕적으로 그릇된 것이야. 그런데 그 친구는 거짓말을 했어. 그러니까 그는 비난받아 마땅해.

이 얘기를 논변으로 구성하면 다음과 같다.

R1. 거짓말하는 것은 도덕적으로 그릇된 것이다.

R2. 그 친구는 거짓말을 했다.

C. 그 친구는 비난받아야 한다.

이 논변은 받아들일만한 것인가? 그렇게 생각하는 사람이 대부분일 것이다. 그런데 누군가가 이렇게 물어볼 수도 있다. "거짓말하는 게 왜 도덕적으로 그릇된 거지?" 이렇게 물어보는 사람은 R1의 이유를 제시하라고 요구하고 있는 것이다. 이런 물음에 우리는 어떻게 답변할 수 있을까? 거짓말하는 것은 도덕적으로 그릇된 것이라는 명제를 우리가 당연시하는 이유는 무엇일까? 물론 R1은 정당화가 필요하지 않은 원초적인 명제라 생각하는 사람도 있겠지만, 뭔가 이유를 대면서 R1을 정당화하려는 사람도 있을 것이다. 그런 사람들 중에 거짓말은 우리 사회를 불행하게 만들기 때문이라고 답하는 사람이 있다고 해보자. 그렇다면, 그 사람은 "거짓말은 우리 사회를 불행하게 만든다."라는 명제에 기대어 R1을 제시한 것이다. 그리고 그는 그 명제를 당연하게 생각해서 생략했을 것이다.

R2를 문제시하는 사람도 있을 수 있다. 그 친구가 거짓말을 했다는 것을 어떻게 알았느냐고 물어보면서 말이다. 그 사람의 물음을 해결해주기 위해서는 R2를 지지하는 요소가 필요한데, 위 논변에는 그것이 생략되어 있다. 이러한 사항을 염두에 둔다면, 하나의 논변을 구성하는 각각의 전제는 어떤 명제에 기대고 있다는 것을 알 수 있다. 어떤 경우에는 그러한 명제가 글 안에 명시적으로 드러나 있을 수도 있지만, 생략되어 있을 수도 있다. 분석의 단계에서 논변을 구성하는 이유들을 지지하는 요소들이 무엇인지 미리 파악해 놓는다면, 평가의 단계에서 각 전제들의 옳고 그름을 가리는 작업을 용이하게 수행할 수 있을 것이다.

이제 또 다른 종류의 생략된 이유들을 찾아보자. 위 논변을 잘 살펴보면, R1과 R2로부터 곧바로 C가 도출되지는 않는다는 것을 쉽게 알 수 있다. 사실 그 두 이유로부터 도출되는 것은 바로 "그 친구는 도덕적으로 그릇된 행동을 했다."는 것이다. 이것은 위 논변의 결론적 주장으로 나아가기 전에 나오는 중간 결론으로서, R1과 R2를 받아들이면 당연하게 도출되는 것이다. 주어진 글을 논변으로 구성할 때 이러한 종류의 생략된 요소도 찾아낼 필요가 있다. 글에 대한 철저한 평가를 위해서는 최종 결론으로 나아가는 논변의 구조를 상세하게 그려보아야 하기 때문이다. 이제 이 중간결론 역할을 하는 명제를 포함시켜 논변을 다시 꾸며보면 다음과 같다.

R1. 거짓말하는 것은 도덕적으로 그릇된 것이다.

R2. 그 친구는 거짓말을 했다.

C1. 그 친구는 도덕적으로 그릇된 행동을 했다.

C2. 그 친구는 비난받아야 한다.

이제 우리는 C1에서 C2로 나아가기 위해 반드시 필요한 명제를 생각해볼 수 있다. 이 명제도 너무 당연한 것으로 생각되어 생략되었겠지만, 논변을 구성하는 과정에서 포함시켜줄 필요가 있다. 아마도 그 명제는 "도덕적으로 그릇된 행동을 했다면, 비난받아야 한다." 정도가 될 것이다. 이 명제를 포함시켜 논변을 구성하면 다음과 같다.

R1. 거짓말하는 것은 도덕적으로 그릇된 것이다.

R2. 그 친구는 거짓말을 했다.

C1. 그 친구는 도덕적으로 그릇된 행동을 했다.

R3. 도덕적으로 그릇된 행동을 했다면, 비난받아야 한다.

C2. 그 친구는 비난받아야 한다.

이 논변에서 C1은 R1과 R2로부터 당연히 귀결되는 것으로서 원래 글에서 생략되어 있었던 것이고, R3는 글의 내용으로부터 귀결되는 것은 아니지만 글의 최종 결론으로 나아가기 위해 반드시 포함되어야 하는 것이다. 논변 재구성 작업에서 가장 중요한 것은 바로 R3와 같은 종류의 생략된 이유를 찾아내는 것이다. 그렇지만 C1과 같은 중간결론을 찾아내는 것이 중요한 경우도 있다. 지금까지 살펴본 것에 따르면, 우리는 생략된 이유를 세 종류로 구분해 볼 수 있다.

●생략된 이유의 종류●

① 논변의 각 이유들을 지지하기 위해 필요한 명제

② 논변의 이유로부터 귀결되지만 생략되어 있는 명제 (중간 결론)

③ 이유들로부터 최종 결론으로 나아가기 위해 반드시 필요한 명제

이러한 생략된 이유들 중 분석의 단계에서 중요시해야 하는 것은 ②와 ③이다. ②와 ③을 적절하게 파악해내지 못한다면, 글의 핵심 논변을 구성할 수 없기 때문이다. ①은 평가의 단계에서 논변을 구성하고 있는 이유들 중 의심스러운 것이 있을 경우 그것의 옳고 그름을 따져볼 때 중요하다. 그렇기 때문에 ①도 분석의 단계에서 미리 정리해 놓을 필요가 있다.

※ 생략된 이유가 무엇인지 찾아내고 그것을 당연한 것으로 받아들일 수 있을지 생각해보자.

⑴ 촛불시위가 몇 주째 계속되는 것을 보니 시위의 배후세력이 있음에 틀림없어.

⑵ 대통령의 정책에 반대하는 것은 잘못이야. 대통령은 국민투표에 의해 당선된 사람이잖아.

⑶ 그가 행한 선택 때문에 그를 도덕적으로 비난하는 것은 옳지 않아. 그에게는 선택의 여지가 없었잖아.

⑷ 우리는 크든 적든 뇌물을 받은 적이 있다. 따라서 뇌물을 받았다는 이유로 그를 비난할 수 없다.

⑸ 인간복제는 자연적인 것이 아니기 때문에 도덕적으로 옳지 못하다.

⑹ 인간은 멸종하지 않을 것이다. 인간은 과학을 존중하는 존재이기 때문이다.

⑺ 인간도 원숭이도 자연 선택에 의해 진화되어 왔다. 그러니까 원숭이의 행동이나 인간의 행동은 이기적일 수밖에 없다.

⑻ 염색체 결함이 있는 태아들은 대부분 자연적으로 유산된다. 따라서 염색체 결함이 있는 태아들을 인공적으로 유산시키는 것은 도덕적으로 허용가능하다.

⑼ 대뇌피질이 활동하지 않는다면, 유기체는 살아 있을 수 있지만 의식은 영원히 소실된다. 결국 대뇌피질이 활동하지 않는 사람은 죽은 사람이다. 따라서 대뇌피질이 활동하지 않는 사람의 장기를 이용하는 것은 합법적이다.

⑽ 이번 동전 던지기 게임에서는 뒷면에 돈을 거는 것이 합당하다. 왜냐하면 방금 전까지 앞면이 열한 차례나 연속해서 나왔기 때문이다.

이제 몇개의 짧은 글을 분석하면서 생략된 이유나 결론적 주장을 찾는 연습을 본격적으로 해보도록 하자. 아래 제시되어 있는 글은 아인슈타인 A. Einstein의 것이다. 그는 양자역학에 의해 제시된 비결정적인 세계관에 반대하면서 결정론적 세계관을 옹호하기 위해 "신은 주사위 놀이를 하지 않는다!"라는 유명한 주장을 하였다. 그런데 다음에 제시된 신에 관한 그의 얘기는 신에 대한 관념의 문제점에 관한 것이다. 이 글을 논변으로 구성하면서 생략된 이유를 찾아내는 연습을 해 보자.

전능하고 정의롭고 공정한 인격적 신이 존재한다는 관념이 인간에게 위로와 도움과 길잡이가 되어줄 수 있을 것이라는 점은 분명히 아무도 부인하지 않을 것이다. 그러나 반대로 이 관념 자체에는 결정적인 약점이 따라다니는데, 그것은 태초부터 고통스럽게 느껴져 왔던 것이다. 만일 이 존재가 전능하다면, 인간의 모든 행동, 인간의 모든 사고, 인간의 모든 감정 및 열망을 포함한 모든 일들은 또한 그의 작품이다. <u>어떻게 그와 같은 전능한 존재를 앞에 두고서 인간에게 그들의 행위와 사고에 대해 책임을 묻는 것을 생각할 수 있단 말인가?</u>[1]

이 글에서 아인슈타인의 결론적 주장은 무엇인가? 간단하게 얘기하여, 전능한 신이 존재한다는 생각에는 약점이 있다는 것이다. 그것을 다음과 같이 정리해 보자.

C. 전능한 신이 존재한다는 생각에는 문제가 있다.

그렇다면, 아인슈타인은 무엇을 이유로 이러한 주장을 하고 있는가? 밑줄 친 부분에서 가장 직접적인 근거를 찾을 수 있다. 그것은 다음과 같이 정리될 수 있을 것이다.

어떻게 그와 같은 전능한 존재를 앞에 두고서 인간에게 그들의 행위와 사고에 대해 책임을 묻는 것을 생각할 수 있단 말인가?
→ 만일 전능한 신이 존재한다면, 행동에 대한 책임을 인간에게 물을 수 없다.

일단 이러한 이유와 앞서 찾아낸 결론적 주장을 토대로 논변을 구성하면 다음과 같다.

---

1. 앤터니 플루 외, 안세권 옮김, 『행위와 필연』(서울: 철학과 현실사, 2006), 115쪽.

R1. 만일 전능한 신이 존재한다면, 행동에 대한 책임을 인간에게 물을 수 없다.

C. 전능한 신이 존재한다는 생각에는 문제가 있다.

누구나 알 수 있듯이, 이 논변에는 R1과 C를 연결시켜주는 중요한 이유가 생략되어 있다. 그것은 아마도 "행동에 대한 책임을 인간에게 물을 수 없게 만드는 생각에는 문제가 있다." 정도가 될 것이다. 이러한 생략된 이유를 위의 논변에 포함시키면 다음과 같은 논변을 얻을 수 있다.

R1. 만일 전능한 신이 존재한다면, 행동에 대한 책임을 인간에게 물을 수 없다.

R2. 행동에 대한 책임을 인간에게 물을 수 없게 만드는 생각에는 문제가 있다.

C. 전능한 신이 존재한다는 생각에는 문제가 있다.

우리는 아인슈타인의 글 안에서 R1을 뒷받침하는 이유를 찾을 수 있다. 그것은 다음과 같이 정리될 수 있다.

만일 이 존재가 전능하다면, 인간의 모든 행동, 인간의 모든 사고, 인간의 모든 감정 및 열망을 포함한 모든 일들은 또한 그의 작품이다.

→ 만일 전능한 신이 존재한다면, 인간의 모든 행동은 신의 작품이다.

이제 이 이유를 위 논변에 덧붙이면 다음과 같이 정리될 수 있다.

R1. 만일 전능한 신이 존재한다면, 인간의 모든 행동은 신의 작품이다.

C1. 만일 전능한 신이 존재한다면, 행동에 대한 책임을 인간에게 물을 수 없다.

R2. 행동에 대한 책임을 인간에게 물을 수 없게 만드는 생각에는 문제가 있다.

C2. 전능한 신이 존재한다는 생각에는 문제가 있다.

이 논변에서 R1이 C1을 지지하는 역할을 한다는 것은 분명한 듯이 보이지만, R1으로부터 C1이 곧바로 나오는 것은 아니라고 할 수 있다. 어떤 명제가 당연한 것으로 생략되어 있다. 그것은 무엇일까? 그것은 아마도 "만일 인간의 모든 행동이 신의 작품이라면, 행동에 대한 책임을 인간에게 물을 수 없다." 정도의 전제일 것이다. 이 이유를 위 논변에 덧붙이면, 다음과 같은 형태의 논변을 얻게 된다.

R1. 만일 전능한 신이 존재한다면, 인간의 모든 행동은 신의 작품이다.

R2. 만일 인간의 모든 행동이 신의 작품이라면, 행동에 대한 책임을 인간에게 물을 수 없다.

C1. 만일 전능한 신이 존재한다면, 행동에 대한 책임을 인간에게 물을 수 없다.

R3. 행동에 대한 책임을 인간에게 물을 수 없게 만드는 생각에는 문제가 있다.

C2. 전능한 신이 존재한다는 생각에는 문제가 있다.

이제 아인슈타인의 글에 대한 분석이 끝났다고 할 수 있다. 물론 이러한 분석이 윗글에 대한 유일한 정답은 아닐 것이다. 하나의 모범답안에 불과하다. 다른 방식의 정리도 가능할 것이기 때문이다. 스스로 아인슈타인의 글을 논변으로 재구성해 보고 이 책의 재구성 형태와 비교해 보자. 어떤 것이 더 낫다고 판단되는가? 중요한 것은 글쓴이의 의도를 왜곡해서는 안 되고 글쓴이의 생각을 세밀하고 정확하게 드러내야 한다는 원칙을 지키는 것이다. 이제 우리가 일상적으로 쉽게 접할 수 있는 글을 하나 살펴보자.

> 우리나라는 한강의 기적을 이뤄 세계 10위권의 경제 강국으로 발돋움했지만, 지식이 경쟁력인 세계화시대에 계속 낙오하지 않고 발전할 수 있을지 미지수다. 책을 덜 읽는 국민, 아니 '안 읽는 나라'라고 해도 과언이 아니기 때문이다. 책을 읽고 싶어도 책이 없거나 마땅한 공간이 없어 독서의 기쁨을 누리지 못하는 낙후지역 소외인구도 많다. 우리나라의 공립 도서관은 564개로 미국 9211개, 일본 2825개에 비해 부족하다. 도서관 당 인구도 8만6865명으로 프랑스(1만4501명), 미국(3만1253명)에 못 미친다. 그마저도 거리가 멀어 쉽게 이용하기 어렵다.[2]

이 글의 결론적 주장은 무엇일까? 명시적으로 나와 있는 것만을 결론적 주장을 생각한다면, '우리나라는 세계화시대에 낙오할 우려가 있다.'는 것이라 할 수 있다. 그 이유는 독서를 소홀히 할 경우 세계화시대에 낙오할 우려가 있는데, 우리나라는 독서를 소홀히 하고 있다는 것이다. 그렇다면, 왜 독서를 소홀히 할 경우 세계화시대에 낙오할 우려가 있다고 생각하는 것일까? 물론 그것은 세계화시대는 지식이 경쟁력인 시대라고 생각하고 있기 때문이다. 글쓴이의 생각에 대한 이러한 분석 내용을 토대로 논변을 구성하면 다음과 같다.

R1. 세계화시대는 지식이 경쟁력인 시대이다.

---

2. 《동아일보》, 2007년 9월 11일자 사설 중에서

C1. 우리나라가 독서를 소홀히 할 경우 세계화시대에 낙오할 우려가 있다.

R2. 우리나라는 독서를 소홀히 하는 나라다.

C2. 우리나라는 세계화시대에 낙오할 우려가 있다.

이 논변 재구성은 글쓴이의 왜곡한 것이 아니다. 그러나 여기서 다시 한 번 생각해 볼 것이 있다. 글쓴이가 최종적으로 주장하려는 것이 '우리나라는 세계화시대에 낙오할 우려가 있다.'는 것일까? 그것이 아니고 결론적 주장은 생략되어 있다고 생각하는 사람이 많을 것이다. 그렇게 생각하는 사람은 '우리나라는 독서 습관을 기르고 독서 시설을 늘려야 한다.'는 것 즉 '우리나라는 독서를 소홀히 해서는 안 된다.'는 것을 결론적 주장으로 파악할 것이다. 물론 글쓴이가 그러한 결론적 주장을 생략한 이유는 명시적으로 제시한 내용을 가지고 충분히 드러난다고 생각했기 때문일 것이다. 이제 이러한 분석을 토대로 다른 논변을 구성해 볼 수 있다.

R1. 세계화시대는 지식이 경쟁력인 시대이다.

C1. 우리나라가 독서를 소홀히 할 경우 세계화시대에 낙오할 우려가 있다.

C2. 우리나라는 독서를 소홀히 해서는 안 된다.

이 논변의 C1은 중간결론으로서 R1의 뒷받침을 받고 C2를 뒷받침해주는 역할을 한다. 그런데 C1로부터 C2으로 나아가는 것이 자연스럽다고 생각하는 것은 '우리나라가 지식이 경쟁력인 세계화시대에 낙오해서는 안 된다.'는 것을 당연하게 생각하기 때문일 것이다. 이 점을 고려하여 논변을 보충하면 다음과 같다.

R1. 세계화시대는 지식이 경쟁력인 시대이다.

C1. 우리나라가 독서를 소홀히 할 경우 세계화시대에 낙오할 우려가 있다.

R2. 우리나라가 세계화시대에 낙오해서는 안 된다.

C2. 우리나라는 독서를 소홀히 해서는 안 된다.

결국 주어진 글에는 두 가지 논변이 포함되어 있다고 볼 수 있다. 방금 확인한 것처럼, 그 하나는 '우리나라는 독서를 소홀히 해서는 안 된다.'는 것을 주장으로 하는 논변이다. 다른 하나는 '우리나라는 세계화시대에 낙오할 우려가 있다.'는 것을 주장으로 하는 논변이다. 이렇듯 하나의 글에 여러 논변이 포함되어 있는 경우도 많다.

이제 소크라테스의 얘기를 가지고 연습을 계속해 보자. 다음 글을 보면, 소크라테스는 침묵을 하고 조용히 지내서는 안 된다고 생각하고 있다는 것을 알 수 있다. 그는 왜 그렇게 생각하는 것일까? 그 이유를 찾아 논변으로 구성해 보자.

… 아마도 누군가가 말함 직합니다. "소크라테스여! 그대가 침묵을 하고 조용히 지낸다면, 추방되어 나가서도 살아갈 수 있지 않겠소?" 하고 말입니다. 이것이 야말로 여러분 가운데 몇몇 분께 납득시키기가 무엇보다도 가장 어려운 점입니다. 만약에 제가 그건 신한테 불복하는 것이고 또한 그 때문에 조용히 지낼 수는 없다고 말하면, 여러분께서는 제가 시치미를 떼고 있는 것으로 보고서 납득을 하지 않을 것이기 때문입니다. 반면에 제가 사람에게 있어서 가장 좋은 것이기도 한 것은 이것이라고, 즉 [사람의] 훌륭한 상태(훌륭함, 덕)에 관해서 그리고 그 밖

의 것들로서, 제가 대화를 하며 제 자신은 물론 다른 사람들을 캐물어 들어가는 중에 여러분께서 듣게 되시는 것들에 관해서 날마다 논의를 하는 것이라고, 그러니 캐묻지 않은 삶은 사람에게는 살 가치가 없는 것이라고 말하면, 이런 말을 하는 저에 대해서 여러분께서는 더더욱 납득하지 못할 것입니다. 이것들은 제가 주장하는 그대로입니다만, 여러분, 이를 납득시키기가 쉽지 않군요.[3]

소크라테스는 침묵을 하고 조용히 지내서는 안 되는 이유를 두 종류로 제시하고 있다. 그 하나는 침묵을 하고 조용히 지내는 것은 신에게 불복하는 것이라는 것이다. 다른 하나는 캐묻지 않은 삶은 사람에게 살 가치가 없다는 것이다. 그는 이러한 두 이유에 근거하여 침묵을 하고 조용히 지내서는 안 된다고 생각하고 있다. 침묵을 하고 조용히 지내서는 안 된다는 것을 소크라테스의 주장으로 간주하고, 첫 번째 이유를 가지고 논변을 구성해 보면 다음과 같다.

R1. 침묵을 하고 조용히 지내는 것은 신에게 불복하는 것이다.
C. 침묵을 하고 조용히 지내서는 안 된다.

R1을 통해 C를 주장하는 소크라테스가 당연하게 생각하고 있는 것은 무엇일까? 그것은 '신에게 불복해서는 안 된다'는 것이라 할 수 있다. 이러한 생략된 이유를 보충하여 논변을 구성하면 다음과 같다.

---

3. 플라톤, 박종현 역주, 『소크라테스의 변론』, (서울: 서광사, 2003), 175~176쪽.

〈논변A〉

R1. 침묵을 하고 조용히 지내는 것은 신에게 불복하는 것이다.

R2. 신에게 불복해서는 안 된다.

C. 침묵을 하고 조용히 지내서는 안 된다.

이제 C를 지지하는 두 번째 이유 즉 '캐묻지 않은 삶은 사람에게 살 가치가 없다'를 가지고 새로운 논변을 구성해 보면 다음과 같다.

R1. 캐묻지 않은 삶은 사람에게 살 가치가 없다.

C. 침묵을 하고 조용히 지내서는 안 된다.

우리는 소크라테스의 얘기에서 R1을 지지하는 명시적 이유를 찾을 수 있다. 그것을 '사람으로서 가장 좋은 것은 훌륭한 상태 등에 대해 논의하는 것이다.' 정도로 정리해 보자. 이를 통해 위 논변을 보충하면 다음과 같다.

R1. 사람으로서 가장 좋은 것은 훌륭한 상태 등에 대해 논의하는 것이다.

C1. 캐묻지 않은 삶은 사람에게 살 가치가 없다.

C2. 침묵을 하고 조용히 지내서는 안 된다.

이제 이렇게 물음을 던져보자. R1을 통해 C1을 정당화하려는 소크라테스가 당연하게 여기고 있지만 생략해 버린 이유는 무엇일까? 그것은 아마도 '사람으로서 가장 좋은 것을 행하지 않은 삶은 살 가치가 없다' 정도라 할 수 있다. 이제 이러한 생략된 이유를 보충하여 논변을 구성하면 다음과 같다.

120

R1. 사람으로서 가장 좋은 것은 훌륭한 상태 등에 대해 논의하는 것이다.

R2. 사람으로서 가장 좋은 것을 행하지 않은 삶은 살 가치가 없다

C1. 캐묻지 않은 삶은 사람에게 살 가치가 없다.

C2. 침묵을 하고 조용히 지내서는 안 된다.

이제 이 논변의 C1과 C2를 연결시켜주는 역할을 하는 것이 무엇인지 생각해 보자. 그것은 아마도 '가치 있는 삶을 살아야 한다.' 또는 '가치가 없는 삶을 살아서는 안 된다.' 정도의 명제일 것이다. 이 명제를 포함시켜 다시 논변을 보충하면 다음과 같다.

〈논변B〉

R1. 사람으로서 가장 좋은 것은 훌륭한 상태 등에 대해 논의하는 것이다.

R2. 사람으로서 가장 좋은 것을 행하지 않은 삶은 살 가치가 없다.

C1. 캐묻지 않은 삶은 사람에게 살 가치가 없다.

R3. 가치 없는 삶을 살아서는 안 된다.

C2. 침묵을 하고 조용히 지내서는 안 된다.

〈논변B〉는 위 글에 담겨 있는 소크라테스의 생각을 체계적으로 분석한 결과물이라 할 수 있다. 소크라테스의 그 생각은 오늘날 우리의 모습을 되돌아보게 만든다. 훌륭한 상태에 대한 논의는 차치하고서라도, 사회적인 논란거리들에 대해 우리는 어떤 태도를 취하는가? 아마도 그것들에 대해 아무런 판단도 하지 않은 채 침묵을 지키는 경우가 많이 있을 것이다. 물론 침묵의 대가는 개인적 편안함일 수 있다. 잘 알려져 있는 것처럼,

소크라테스는 그러한 편안함을 선택하지 않았다. 과연 어떤 삶이 가치 있는 것일까?

※ 생략된 이유나 주장을 보충하여 논변을 구성해 보자.

(1) 소크라테스는 아테네가 인정하는 신을 거부하고 새로운 신을 끌어들이는 범죄를 저질렀다. 뿐만 아니라 그는 젊은이들을 타락시키는 범죄도 저질렀다. 처벌은 사형이다.

(2) 사형 제도가 살인을 억제한다면, 사형 제도를 가진 나라는 그렇지 않은 나라에 비해 살인 비율이 낮아야 할 것이다. 그러나 사형 제도를 가진 나라는 그렇지 않은 나라에 비해 살인 비율이 낮지 않다.

(3) 우리가 강한 유형의 합리적 이기주의 입장을 받아들이면, 자기 자신의 최대선을 추구하는 것은 언제나 도덕적으로 옳고, 그렇게 하지 않는 것은 언제나 도덕적으로 옳지 않다고 보아야 한다. 왜냐하면 강한 유형의 합리적 이기주의자는 자기 자신의 최대선을 추구하는 것은 언제나 합리적이고 그렇게 하지 않는 것은 언제나 비합리적이라고 주장하기 때문이다.

(4) 우리는 지구와 매우 유사한 환경을 가진 별이 발견되었다는 뉴스를 접하곤 한다. 말하자면, 쌍둥이 지구를 발견했다는 것이다. 그러나 지구와 환경이 정말 유사한 쌍둥이 지구가 존재할 수 있을까? 이 물음에 대

한 답변은 부정적일 수밖에 없다. 왜 그런지 생각해 보자. 지구와 환경이 유사한 쌍둥이 지구가 있다면 쌍둥이 지구에는 나와 유사한 쌍둥이가 있을 것이다. 쌍둥이 지구에 나와 유사한 쌍둥이가 있다면 나와 쌍둥이 지구의 나는 사고방식이 유사해야 한다. 결론적으로 지구와 환경이 유사한 쌍둥이 지구는 존재할 수 없다.

(5) 도파민 분비 억제 약물은 정신분열증 완화에 도움이 될 수 있다. 그러나 정신분열증 환자를 치료하기 위해 도파민 분비 억제 약물을 사용할 경우 뇌의 흑질에 이상이 생기게 될 수 있다. 따라서 정신분열증 환자를 치료하기 위해 도파민 분비 억제 약물을 사용할 경우 환자의 운동능력이 떨어지게 될 수 있다.

(6) 초식성의 거대 공룡은 포유류처럼 씹지 않고 조류처럼 먹이를 통째로 삼켰다는 가설A가 참이거나 조류와는 달리 먹이를 씹어 삼켰다는 가설B가 참일 것이다. 그런데, 가설 A가 더 나은 설명력을 가진다. 따라서 초식성의 거대 공룡이 먹이를 씹지 않고 통째로 삼켰다는 가설A를 참으로 받아들이는 것이 합당하다.

(7) 우리가 합리적 존재인 이유는 자신의 욕구와 믿음에 따라 행동할 수 있기 때문이다. 예를 들어, 스트레스를 해소하고 싶은 욕구와 흡연이 스트레스를 해소하는 데 도움이 될 것이라는 믿음을 가지고서 흡연을 하는 사람은 합리적인 사람이라고 할 수 있다. 또한 흡연이 건강에 큰 문제가 되지 않는다고 믿으면서 흡연을 하는 사람은 합리적인 사람이라

고 할 수 있다. 결국 흡연자가 합리적인 존재라면 흡연이 건강에 해롭다고 믿을 경우 흡연을 자발적으로 선택하지는 않아야 한다. 따라서 대부분의 흡연자는 합리적인 존재가 아니라고 할 수 있다.

⑻ 최근 들어 철학 전공의 인기가 높아졌다는 소문이 있다. 철학을 전공으로 선택하는 학생들이 많아졌을 뿐만 아니라, 전공으로 선택하지는 않더라도 철학을 부전공이나 복수전공으로 선택하는 학생들이 늘고 있다고 한다. 게다가, 철학 전공 수업의 청강생들도 많아졌다고 한다. 원래 인기 높은 전공도 아니었고, 학부제 도입 후 인기가 점점 하락하고 있었는데, 도대체 무엇 때문일까? 학생들이 철학적인 문제에 관심을 많이 가지게 되었기 때문은 아니다. 그러한 모습은 전혀 보이지 않기 때문이다. 그렇다면 남은 답은 한가지뿐이다. 그것은 바로 철학 전공의 수업이 비판적 사고를 배우고 연습하는 데 유용하기 때문이다.

⑼ 사람은 스스로 귀하게 되고 싶은 정치적 욕망과 잘 살고 싶은 경제적 욕망을 가졌다. 이러한 욕망은 무조건 나쁜 것인가? 그렇지 않은 듯이 보인다. 물론 다른 사람의 희생을 바탕으로 쟁취하는 욕망은 나쁘다고 할 수 있다. 그렇지만 타인과 공유할 수 있는 욕망은 오히려 사회 전체를 발전시키는 동력으로 작용할 수 있다.

⑽ 그가 과연 사회적 소외자나 약자에게 관심을 가지고 있는 공직자일까? 그는 서울광장을 막아 비판적 견해를 무시하는 정부를 만드는 데 일조했고, 시민들의 집회와 시위를 아예 막겠다고 선언했다. 불법적

이고 폭력적인 집회가 우려된다고 하면서 말이다. 뿐만 아니라 비영리 민간단체들은 촛불시위에 참여했다는 이유로 지원 대상에서 배제시켰다. 게다가 국가인권위원회 축소를 강행해서 사회적인 반발을 불러일으켰다. 그가 사회적 소외자와 약자들에게 관심을 가지고 귀를 열고 있는 공직자라면 취할 수 없는 조치들이다.

※ 다음 논변의 구조도를 그려보자(구조도에 포함될 필요가 없다고 판단되는 문장이 있다면 제외하고, 필요하지만 생략되어 있다고 생각되는 문장이 있다면 포함시킬 것).

(1) ① 무거운 물체는 가벼운 물체보다 빨리 낙하한다. ② 지구는 여타의 물체보다 엄청 무겁다. 따라서 ③ 만일 지구가 움직인다면, 지구는 우리를 남겨두고 우주 밖으로 떨어져 버릴 것이다. 그러나 ④ 지구는 우주 밖으로 떨어져 버리지 않는다. 따라서 ⑤ 지구는 움직이지 않는다.

(2) ① 우리는 지금까지 세계에 관해 올바른 결정을 내려왔다. ② 우리가 지금까지 세계에 관해 올바른 결정을 내려왔고 세계가 미래에도 규칙적으로 전개된다면, 앞으로도 우리는 세계에 관해 올바른 결정을 내리게 될 것이다. 따라서 ③ 우리는 앞으로도 세계에 관해 올바른 결정을 내리게 될 것이다. ④ 우리가 세계에 관해 올바른 결정을 내리게 된다면, 우리는 완전한 통일이론에 도달할 수 있다. 따라서 ⑤ 우리는 완전한 통일이론에 도달할 수 있을 것이다.

(3) ① 이성을 가지고 있어야만 도덕에 대해 생각할 수 있고 도덕적 의무를

가질 수 있다. ② 도덕에 대해 생각할 수 있고 도덕적 의무를 가질 수 있는 존재만이 도덕적 권리를 가질 수 있다. 따라서 ③ 동물은 도덕적 권리를 가질 수 없다. ④ 도덕적 권리를 가지지 않는 존재를 이용하는 것은 도덕적으로 문제가 되지 않는다. 결국 ⑤ 동물을 이용하는 것은 도덕적으로 문제가 되지 않는다고 할 수 있다.

(4) ① 회의에 참석한 사람들이 모두 이번 사업안에 동의한다면, 그 사업은 반드시 추진될 것이다. 그런데 ② 철수가 이번 사업안을 반대할 이유는 없다. ③ 영수와 지수도 이미 이번 사업안에 동의할 것이라고 밝혔다. 따라서 ④ 철수, 영수, 지수는 모두 이번 사업안에 동의할 것이다. 결국 ⑤ 그 사업은 반드시 추진될 것이다.

(5) ① 산전 검사에 기초하여 장애가 예상된다는 이유만으로 태아를 낙태하는 경우가 빈번하게 발생하고 있다. 그러나 ② 그러한 이유에 근거한 낙태 행위는 허용되어서는 안 된다. ③ 그러한 낙태 행위는 장애인들이 가지는 삶의 가치를 부정하는 것이다. ④ 장애인들의 삶의 가치를 부정해서는 안 된다는 것은 너무도 당연하다. 왜냐하면 ⑤ 모든 인간은 동등한 가치를 가지기 때문이다.

(6) ① 추상적 대상이 존재한다면, 그것은 시공간 밖에 있다. 따라서 ② 수학적 대상이 추상적인 것이라면, 그것은 시공간 밖에 있다. ③ 시공간 안의 존재는 시공간 밖에 있는 대상에 대한 지식을 가질 수 없다. 그런데 ④ 인간은 시공간 밖의 존재가 아니다. 따라서 ⑤ 수학적 대상이 추상

적인 것이라면, 인간은 수학적 지식을 가질 수 없다. 결국 ⑥ 수학적 대상이 추상적인 것이라는 생각은 잘못된 것이다.

⑺ ① 요즘 '놀토'라는 말이 흔하게 사용되고 있다. 그런데 ② '놀토'라는 말은 시간을 헛되이 보내며 논다는 뉘앙스를 풍긴다. ③ 우리가 잊지 말아야 하는 것은 언어에는 모름지기 사고를 규율하는 측면이 있다는 것이다. 결국 ④ '놀토'라는 말이 많이 쓰일 경우 토요일에는 일하지 않고 놀아야만 정상인 것처럼 생각될 수 있다. 하지만 ⑤ 원래 토요일은 개개인이 유익한 일을 하도록 할애된 시간이라 할 수 있다. ⑥ '놀토'라는 말이 자주 쓰인다면, 그러한 토요일의 진정한 의미가 훼손될 수 있다. 이런 점을 고려하여, ⑦ '놀토'를 다른 말로 대체했으면 한다.

⑻ ① 우리는 스스로를 속일 수 있을까? ② 스스로를 속이는 것이 가능하기 위해서는 스스로 모순된 믿음을 가지는 것이 가능해야 한다. ③ 우리가 누군가를 속인다는 것은 그로 하여금 우리의 믿음과 모순되는 것을 믿도록 만드는 것이기 때문이다. ④ 우리가 '대한민국의 수도는 서울이다'라는 믿음과 '대한민국의 수도는 서울이 아니다'라는 믿음을 동시에 가지는 것은 불가능하다. 또한 ⑤ '1+1=2'라는 것을 믿으면서 동시에 '1+1≠2'라는 것을 믿는 것도 불가능하다. 이런 점을 고려하면, ⑥ 스스로 모순된 믿음을 가지는 것은 불가능하다고 할 수 있다. 따라서 ⑦ 자기기만은 불가능하다.

⑼ ① 공리주의는 정당화될 수 있는 도덕이론일까? ② 공리주의가 정당화

될 수 있는 도덕이론이라면 선험적 원리로부터 도출되거나 도덕적 직관에 어긋나지 않아야 한다. ③ 공리주의가 선험적 원리로부터 도출된다면 공리주의는 경험적 주장이 아니어야 한다. 또한 ④ 공리주의가 도덕적 직관에 어긋나지 않는다면 정의감에 반하면서 최선의 결과를 낳는 행위가 없어야 한다. 하지만 ⑤ 우리는 정의감에 반하면서도 최선의 결과를 낳는 행위가 있다는 것을 알고 있다. 따라서 ⑥ 공리주의는 도덕적 직관에 어긋난다. 결론적으로 ⑦ 공리주의는 도덕이론으로 정당화될 수 없다.

⑽ ① 우리는 지식을 얻는 다양한 방법을 가지고 있다. ② 우리가 가장 흔히 사용하는 방법은 귀납이다. ③ 귀납은 귀납 이외의 방법들보다 신뢰할 만한 방법인가? ④ 자연이 한결같다면 귀납의 신뢰성은 보장된다. ⑤ 자연이 한결같지 않다면 귀납은 신뢰할 만하지 않다. ⑥ 자연이 한결같다고 가정하더라도 귀납 이외의 방법들이 신뢰할 만하다는 것을 입증할 수 없다. 그러므로 ⑦ 자연이 한결같을 경우, 귀납은 신뢰할 만하다는 것이 보장되지만 귀납 이외의 방법들은 신뢰할 만하다는 것이 보장되지 않는다. ⑧ 귀납이 신뢰할 만하지 않을 경우 귀납 이외의 방법들도 마찬가지로 신뢰할 만하지 않다. 따라서 ⑨ 자연이 한결같지 않다면 귀납 이외의 방법들도 신뢰할 만하지 않다. 결국 ⑩ 자연이 한결같던 한결같지 않던, 귀납 이외의 방법이 귀납보다 더 신뢰할 만한 경우는 없다.

사고의 명료화

미국 드라마 〈엑스파일〉의 '세 가지 소원' 편을 보면 주인공인 멀더 요원이 요정 지니야에게 소원을 비는 장면이 나온다. 거기서 멀더는 이렇게 얘기한다. "내 소원은 지구의 평화입니다." 지니야는 그 소원을 곧바로 들어준다. 지구상에 사람들을 모두 없애 버린 것이다. 아주 평화로운 지구가 된 셈이다. 물론 멀더가 의도한 것은 전쟁이나 분쟁 없는 세상을 만들어 달라는 것 정도였다. 우리의 논의 맥락에서 이러한 에피소드는 하나의 교훈을 준다. 말하자면, 동일한 문장이 맥락에 따라 다양한 의미를 가질 수 있다는 것이다. 우리가 주어진 글을 분석하는 작업을 하는 데에도 이 점에 유의해야 한다. 즉, 주어진 글로부터 추려낸 문장들이 담고 있는 의미를 분명하고 명료하게 파악해야 한다는 것이다. 어떤 글을 분석하는 과정에서 그 의미를 정확히 파악하지 못한다면, 그 분석 결과에 대한 평가는 그 글에 대한 올바른 평가일 수 없을 것이다. 그렇기 때문에 주어진 글을 논변으로 재구성할 때 문장의 의미를 분명하고 명료하게 파악해야 한다는 것은 너무도 당연한 일이라 할 수 있다.

우리는 지금까지 다양한 경로를 통해 수많은 글을 접해왔다. 그동안 읽어 보았던 다양한 서적이나 신문 기사나 인터넷 자료 등에 대해 떠올려보자. 그러한 모든 매체에 담겨 있는 문장의 의미를 전부 이해했었는가? 아마 이 물음에 자신 있게 그렇다고 답변할 수 있는 사람은 거의 없을 것이다. 정말로 우리는 글의 의미를 제대로 이해하지 못하는 경우가 많이 있다. 왜 그런 일이 발생하는 것일까? 우리가 가장 먼저 떠올릴 수 있는 것은 글의 문제 상황에 대해 충분한 배경지식을 가지고 있지 않기 때문에 그러한 일이 발생한다는 것이다. 우리는 이미 배경지식의 중요성에 대해 생각해 보았다. 그런데 주어진 글을 제대로 이해하지 못하는 것은 이렇게 독자로서의 우리 탓일 수도 있지만 글쓴이의 탓일 수도 있다. 예를 들어, 어떤 글에 구체적인 정보는 거의 없고 추상적인 얘기만 제시되어 있다면, 그 글에 대해 철저하게 이해하기는 힘들 것이다. 또한 글에 사용되는 단어나 문장들이 애매하거나 모호할 경우에도 마찬가지일 것이다.

애매성

어떤 단어나 문장이 애매하다는 것은 그 단어나 문장이 다양한 방식으로

해석될 수 있다는 것을 의미한다. 마치 왼쪽의 그림처럼 말이다. 이 그림을 새로 해석하는 사람도 있을 수 있고 토끼나 여우로 해석하는 사람도 있을 수 있다. 아마 다른 것으로 해석하는 사람도 있을 것이다. 이제 우리가 심심풀이로 보게 되는 '오늘의 운세'와 같은 것을 생각해 보자. 구체적인 정보가 나와 있지 않기 때문에 우리는 '오늘의 운세'에 제시되어 있는 문장을 여러 가지로 해석할 수 있게 된다. 가령 오늘 아침 신문의 '오늘의 운세'란에서 오랜 친구인 갑과 을이 함께 다음과 같은 문장을 보았다고 해보자.

결단은 빠를수록 좋다. 과감하게 결단하라.

갑과 을은 이 문장을 보고 어떤 생각을 하게 될까? 구체적인 정보는 전혀 나와 있지 않기 때문에 갑과 을은 각각 자신이 처해 있는 구체적인 상황을 그 문장과 연결시킬 수밖에 없을 것이다. 예를 들어, 사랑하는 사람이 생긴 갑은 사랑고백과 관련하여 그 문장을 해석하게 되고 주식투자에 관심을 가지고 있는 을은 주식투자와 관련하여 그 문장을 해석하게 될 수 있다는 것이다. 당신은 이 문장을 어떻게 해석하게 되는가? 아마도 당신이 처한 상황에 따라 여러 가지로 해석하게 될 것이다. 인터넷 시대에 살고 있는 우리는 잘 다듬어지지 않은 수많은 글을 접하게 된다. 그러한 글 중에는 '오늘의 운세'와 같이 그 의미가 분명하지 않은 것들도 많이 포함되어 있을 것이다. 그러한 글을 적절하게 평가하기 위해서는 일단 그 글의 의미를 분명하게 파악할 수 있어야 한다는 것은 너무도 당연한 사항이다.

문장의 구조가 가지는 특성 때문에 전체적인 문장의 의미를 제대로 파악하지 못하는 경우도 있다. 예를 들어, 어떤 글로부터 다음과 같은 문장을 중요한 요소로 추려냈다고 해보자.

현 정부는 내년에 조세정책을 강화하는 방안을 논의하려 한다.

이 문장은 두 가지 의미로 해석될 수 있어 애매하다. '내년에'라는 구절이 '조세정책 강화'와 연결되는 것으로 해석될 수도 있고, '논의하려 한다'와 연결되는 것으로 해석될 수도 있다. 그렇기 때문에 우리는 글을 쓴 사람이 그 두 의미 중 어떠한 것을 의도했는지 생각하면서 그 문장의 의미를 하나로 고정해야 한다. 그리고 이러한 작업을 하기 위해서는 글의 전체적인 맥락을 고려해야 한다. 그런데 글의 맥락을 고려해도 과연 어떤 의미인지 분명하지 않아서 그 애매성이 제거되지 않는 경우도 있을 수 있다. 그럴 경우에는 두 가지 의미를 모두 고려하면서 글을 평가해야 한다.

하나의 단어가 여러 의미를 가지기 때문에 문장 전체가 애매하게 되는 경우도 있다. 다음과 같은 문장들을 예로 들 수 있겠다.

문정이는 책임 있는 사람이다.

은경이는 비를 좋아한다.

정수는 좋은 눈을 가졌다.

이번 대통령은 말을 정말 좋아한다.

지금 그는 매우 높은 위치에 있다.

그 음악가는 항상 가사 일 때문에 바쁘다고 얘기한다.

그 가수는 어제 밤 일로 목이 좋지 않은 상태다.

이러한 문장들에서 애매성을 가지는 단어가 어떠한 의미로 사용되고 있는지는 글의 전체적인 맥락을 통해 결정할 수 있을 것이다. 물론 글의 전후 맥락을 통해서도 의미가 하나로 고정되지 않는 경우도 있을 수 있다. 앞서 얘기한 대로, 그러한 경우에는 두 가지 의미를 모두 고려하여 글을 평가해야 한다. 이제 다음 글에서 애매성이 제거되어야 할 단어가 있는지 생각해 보자.

너에게 윤리적인 것이라 해서 반드시 나에게 윤리적인 것은 아니다. 예를 들어, 우리 앞에 물에 빠져 허우적대고 있는 어린 아이가 있다고 해보자. 너는 그 아이를 구하기 위해 물에 뛰어드는 것이 윤리적인 것이라 할지 몰라도 나에게는 그렇지 않다. 왜냐하면 나는 수영을 전혀 할 수 없기 때문이다. 이렇듯 각자의 능력에 따라 윤리적인 것에는 차이가 있게 마련이다. 게다가 나라마다 윤리적인 것에 차이가 있다는 것은 잘 알려진 사실이다. 극단적인 경우 어떤 나라에서는 도둑질을 하는 것도 전혀 비윤리적인 것이 아니다. 또한 과거에 비윤리적인 것이 지금은 윤리적인 것으로 허용되는 것들도 허다하다. 그렇다면 사람마다, 시대마다, 나라마다 윤리적인 원칙은 다르다고 할 수 있다. 보편적인 윤리적 원칙은 없다.

일단 이 글에서 결론적 주장과 그것을 뒷받침하는 이유들을 파악하여 논변으로 구성하면 다음과 같은 형태가 될 것이다.

R1. 개인마다 윤리적인 것에는 차이가 있다.

R2. 나라마다 윤리적인 것에는 차이가 있다.

R3. 시대마다 윤리적인 것에는 차이가 있다.

C. 보편적인 윤리적 원칙은 없다.

이 논변에서 '윤리적인 것'이 무엇을 의미하는지 애매하다. 즉, '것'이 의미하는 것이 '행동'일 수도 있고 '원칙'일 수도 있기 때문이다. 만일 그 의미가 후자일 경우, 이 논변에서 이유들에서 결론적 주장으로 나아가는 과정에는 별 문제가 없어 보인다. 그러나 만일 그 의미가 행동일 경우에는 문제가 있다. 행동 상 차이가 있다고 하더라도 원칙은 하나일 수 있기 때문이다. 원칙을 실현하는 방법은 여럿일 수 있고 상황에 따라 다를 수 있다. 그런데 위 글을 살펴보면 '것'이 의미하는 것은 원칙이 아니라 행동이라 할 수 있다. 그렇기 때문에 위와 같은 세 이유들로부터 결론적 주장으로 나아가는 것에는 문제가 있다고 평가할 수 있다. 그렇다면, 글의 맥락을 통해 애매성을 제거할 수 없는 경우는 어떻게 해야 할까? 앞서 강조한 것처럼, 각각의 의미에 따라 평가해 보아야 한다. 다음 글을 살펴보자.

A씨는 틈날 때마다 정부의 교육 정책에 대해 비판해왔다. 그 비판의 핵심은 정부의 정책이 사교육 시장을 강화하는 결과를 초래했다는 것이다. 그는 토론에서나 인터뷰에서나 개인 블로그를 통해서나 이런 입장을 고수해왔다. 그랬던 그가 특목고 입시학원 광고에 출연했다. 지금까지 그가 행했던 모든 주장은 우스갯소리가 되어 버린 것이다. 따라서 지금까지 그가 행했던 정부의 교육정책에 대한 비판은 모두 잘못된 것이다.

이 글의 결론적 주장은 정부의 교육 정책에 대한 A씨의 비판은 잘못되었다는 것이다. 그 주장을 뒷받침하는 이유를 한 마디로 정리하면, A씨가 정부의 교육 정책과 관련하여 자기모순적인 행동을 했다는 것이다. 이러한 점을 고려하여 이 글을 다음과 같이 논변으로 재구성해 볼 수 있다.

> R1. A씨는 정부의 교육 정책과 관련하여 자기모순적인 행동을 했다.
>
> C. 정부의 교육 정책에 대한 A씨의 비판은 잘못되었다.

여기서 'A씨의 비판'이라는 말은 A씨의 비판 '행위'를 의미할까, 아니면 A씨의 비판 '내용'을 의미할까? 만일 전자라면 이 논변을 어떻게 평가해야 할까? 후자라면 이 논변을 어떻게 평가해야 할까? 앞으로 우리는 비판적 평가에 대해 연습하게 될 것이지만, 각각의 의미에 따라 평가 내용이 달라질 것이라 예상할 수 있다.

코난 도일의 소설 『주홍색 연구』에 나오는 살인 사건 현장에는 피로 쓴 'Rache'라는 글씨가 남겨져 있었다. 이 글씨를 근거로 두 가지 추리가 제안된다. 그 하나는 살인 사건 현장을 조사한 형사의 추리로서 다음과 같다.

> R1. 살인범이 〈레이첼 Rachel〉이라는 이름을 쓰려던 것이다.
>
> C. 살인 사건 해결을 위해서는 레이첼이라는 사람을 찾아야 한다.

그러나 형사들과 함께 있던 주인공 셜록 홈즈는 다른 추리를 제안한다.

R1. 살인범이 독일어로 복수를 의미하는 Rache를 쓴 것이다.

C. 살인 사건 해결을 위해서는 피해자와 원한 관계를 가진 사람을 찾아야 한다.

이러한 간단한 사례를 통해 확인할 수 있는 것은, 주어진 자료의 애매성으로 인해 수사의 방향이 전혀 달라질 수 있다는 것이다. 우리가 일상적인 사고 내용을 분석하고 평가하는 작업을 할 때도 마찬가지이다. 분석 과정에서 애매성을 제거하지 못한다면, 잘못된 평가를 하게 될 수 있다.

모호성

지금까지 우리는 글로부터 추려낸 문장이 가지는 애매성에 초점을 맞춰 왔다. 그런데, 논변을 철저하게 이해하고 평가하기 위해서 염두에 두어야 할 사항이 하나 더 있다. 그것은 바로 단어나 문장의 의미가 분명하긴 해도 그 단어나 문장이 의미하는 것의 범위가 명료하지 않을 수 있다는 것이다. 왼쪽의 그림처럼 말이다. 대

부분의 사람들은 이 그림의 아래 부분을 들판이라고 생각할 것이다. 그런데 그들에게 들판과 하늘의 경계를 그려보라고 해보면 제각각 그 경계를 달리 그리게 될 것이다. 이와 마찬가지로 '대머리'라는 단어는 하나의 의미만을 가지지만 그 단어를 적용시킬 수 있는 대상의 범위는 그다지 명료하지는 않다고 할 수 있다. 사실상 우리가 사용하고 있는 단어나 문장들은 어느 정도의 모호성을 가지고 있다. 예를 들어, 정치인들이 자주 구사하는 같은 얘기를 보자.

> 우리 당이 이번에 내어 놓은 조세 정책은 많은 국민이 찬성하고 있는 것이다. 그러니 우리의 조세 정책을 자꾸 비판하는 것은 국민의 뜻에 반하는 것임을 알아야 한다.

여기서 도대체 '많은' 국민이라는 것은 어느 정도의 수를 의미하는가? 1/3의 국민인가 1/2의 국민인가? 아니면, 2/3의 국민인가? 그 점을 명료하게 밝히지 않는다면, 이러한 정치인의 주장은 힘을 가지기 힘들 것이다. 사실 정치인들은 '국민의 뜻', '많은 국민이 반대하는 것', '국민을 위한 결단' 등 다분히 수사적인 말을 사용하여 자신의 정치적 주장이 정당하다고 주장한다. 그렇지만, 그러한 주장 속에 포함되어 있는 '국민'이 의미하는 것은 모호하다. 비판적 사고자는 이러한 수사적 용어에 담겨 있는 모호성을 파악하고 그 의미를 명료하게 정리해야 한다. 특히 글이 다루고 있는 문제가 중요하면 중요할수록 주장이나 이유의 모호성을 제거할 필요성은 더더욱 커진다. 다음 글을 살펴보자.

> 요즘 한방치료의 인기가 높아지면서, 양약과 한약을 함께 복용하는 사람들이 늘
> 고 있다. 좀 더 빠르고 효과적인 치료를 위해서 좋은 방법일 수 있다. 양약과 한
> 약은 함께 복용해도 대체로 무방하기 때문이다.

이 글에는 건강이나 생명과 관련된 중요한 사안에 대한 주장이 담겨 있다. 이 글에서 우리가 눈여겨보아야 하는 것은 바로 '대체로'라는 말이다. 대체로 무방하다는 것은 심각한 부작용이 생길 수도 있다는 것과 양립할 수 있다. 그렇기 때문에 그냥 넘겨서는 안 된다. 어느 정도 무방한지, 질병에 따라 차이는 없는지 꼼꼼히 따져보아야 한다. 이제 다음의 경우도 살펴보자.

> 우리 학교는 A 학교에 비해 교수 1인당 학생 수가 많은 편이다. A 학교에 뒤처지
> 지 않기 위해서는 그 격차를 줄여야 한다. 따라서 다음 학기에는 신규교수를 많
> 이 채용해야 한다.

여기서의 주장은 다음 학기에 신규교수를 많이 채용해야 한다는 것이지만, 얼마나 많이 채용해야 한다고 주장하고 있는지는 알 수 없다. 그 이유는 사실적 정보를 담고 있는 첫 문장이 모호하기 때문이다. 즉, 우리 학교가 A 학교에 비해 교수 1인당 학생 수가 얼마나 적은지 명료하게 드러나 있지 않기 때문이다. 따라서 우리 학교가 A 학교에 비해 교수 1인당 학생 수가 얼마나 많은 편인지 명료화시켜 줄 필요가 있다. 예를 들어 다음과 같은 형태가 될 수 있겠다.

A 학교의 경우 교수 1인당 학생 수는 20명인데 비해 우리 학교는 교수 1인당 학생 수는 30명이다.

물론 우리가 구사하는 문장들은 대부분 모호한 구석이 있다. 그렇기 때문에 문장의 모호성을 무조건 문제시할 수는 없다. 그렇지만, 글로부터 추려낸 결론적 주장과 그것을 뒷받침하는 이유들, 그리고 그 이유들을 지지해 주는 요소들에 해당하는 것에 대해서는 모호한 점들을 명료화시켜 줄 필요가 있다. 또한 우리가 잊지 말아야 할 것은 문제 상황이 중요할수록 명료화 작업의 중요성도 커진다는 것이다.

다음은 지하철 O호선에 있었던 한 사건 A에 대한 기술들이다.

1. 지하철 O호선에서 폭력사건이 벌어졌다.
2. 지하철 O호선에서 어떤 학생과 어떤 할머니 사이에 폭력사건이 벌어졌다.
3. 지하철 O호선에서 어떤 할머니가 어떤 학생을 구타하는 사건이 벌어졌다.
4. 지하철 O호선에서 어떤 70세 할머니가 여고생의 머리를 몇 차례 때리는 사건이 벌어졌다.

여기서 가장 명료하지 않은 진술은 물론 진술 1이다. 우리가 1정도의 진술을 가지고 사건 A를 명료하게 이해하긴 힘들다. 취객들 사이의 다툼이나 학생들 사이의 다툼 등 다양한 해석이 가능하기 때문이다. 진술 1에 비해 명료한 진술 2에도 다양한 해석의 가능성이 열려 있다. 학생이 할머니에게 폭력을 행사했을 가능성도 있고, 그 반대일 가능성도 있기 때문이다. 진술 3은 진술2에 비해 명료하긴 하지만 진술 4에 비해서는 그렇지 않다. 가장 명료한 진술은 4이고, 우리는 4를 통해 사건 A가 무엇인지 1, 2, 3에 비해 명료하게 알 수 있다. 그리고 그 정도의 명료성이면 충분하다고 생각할 수 있다. 그러나 우리가 사건 A와 관련된 법정 소송의 맥락에 있다면, 당연히 진술 4보다 더 명료한 진술을 필요로 하게 될 것이다. 이처럼 주어진 맥락에 따라 요구되는 진술의 명료성은 다를 수 있다.

※ 애매성이나 모호성이 제거되어야 할 부분이 있는지 생각해 보고, 있다면 그것은 무엇인지 밝혀보자.

⑴ 우리 학교 학생들은 대부분 유학에 관심이 많다.

⑵ 포도주를 적당히 마시는 것은 건강 유지를 위해 권장할 만하다.

⑶ 학교 폭력이 크게 증가하고 있다. 통계조사 결과 학교폭력 건수가 작년에 비해 2배나 늘었다.

⑷ 반국가적인 행위를 한 사람은 모두 처벌받아야 한다. 그의 행위는 반국가적인 행위이다. 따라서 그는 처벌받아야 한다.

⑸ 역시 만화책을 읽는다는 건 시간낭비야. 어제 동네에 있는 만화방에

가서 만화책을 몇 권 훑어보았는데 아무것도 얻을 게 없더라고.

⑹ 이번 방송법 개편안은 지금까지 많은 논의와 수차례의 공청회를 거쳐 나온 합의의 산물이다. 이제 와서 방송법 개편안에 반대하는 것은 잘못된 것이다.

⑺ 기획재정부가 지난 2일 국회에 제출한 〈2014년도 조세지출예산서〉에 따르면, 내년도 소득계층별 세금 감면액은 서민·중산층이 13조 453억 원, 고소득층이 8조 4624억 원인 것으로 드러났다. 따라서 고소득층보다 서민·중산층이 더 많은 혜택을 본다.

⑻ 지난해 범죄 예방을 목적으로 A 지역 전역에 도입된 CCTV가 예상과 달리 범죄 예방 효과가 그다지 크지 않은 것으로 드러났다. A 지역에 있는 경찰서들의 범죄 통계를 분석한 결과, A 지역의 범죄 감소율은 20%에 불과했다. 참고로 인근에 있는 B 지역에는 CCTV가 없는데, 지난해 범죄 감소율이 무려 50%였다.

⑼ 노조는 민영화가 되면 수익성 나쁜 철길이 폐지돼 산간벽지 국민은 발이 묶인다고 주장한다. 그런 국민 불편을 막겠다는 게 파업 명분이다. 하지만 바로 그 불법 파업 때문에 이 추운 겨울 수많은 국민이 철길에서 하염없이 열차를 기다리고 있다. 이런 국민 불편은 아랑곳하지 않는 철도노조가 산간벽지 주민 불편은 걱정한다니 소도 웃을 일이다.

(10) 우리나라에서 기초생활수급자나 차상위계층 등 취약계층의 학업에 관심을 기울이는 대학교는 거의 없다고 할 수 있다. 그런데, A대가 내년부터 취약계층 입학생에게 등록금뿐 아니라 생활비까지 지원하는 장학금 제도를 실시한다고 밝혔다. 선발된 학생들은 등록금 전액과 연간 600만 원 정도의 생활비를 지원받을 뿐만 아니라, 지방 학생은 기숙사까지 무료로 제공받는다고 한다. A대는 이러한 새로운 장학금 제도에 약 2억 원을 배정했다. 취약계층의 많은 학생들이 학업에 열중할 수 있는 길이 열리게 된 셈이다.

배경지식 부족

마지막으로 글 내용에 대한 배경지식의 부족으로 어떤 글을 제대로 이해하지 못하게 되는 경우에 관해 생각해 보자. 어떤 글에 대한 배경지식이 없을 경우 우리는 그 글에 담겨 있는 핵심적인 용어들의 의미를 모를 수 있다. 또한 용어의 의미를 안다고 해도, 그러한 용어를 왜 사용하고 있는지 파악하지 못할 수도 있다. 아마도 이런 일은 앞으로도 계속될 것이다. 우리가 모든 것에 대해 다 알 수는 없기 때문이다. 주어진 글을 분석하는 작업에서 생소한 단어가 등장한다면 어떻게 해야 하는가? 예를 들어, 어떤 글을 분석하고 있는 과정에 다음과 같은 문장이 등장했다고 해보자.

담당의사에 따르면, 그녀는 '코타드 증후군Cotard Syndrome'을 앓고 있다. 증세가 점점 심해질 경우 그녀는 정상적인 생활을 하기 힘들 것이다.

만일 우리가 '코타드 증후군'에 대해 전혀 모르고 있는 상태에서 위와 같은 문장을 접하게 된다면, 그 문장을 충분히 이해하기 힘들 것이다. 코타드 증후군이 무엇인지 설명해 달라는 누군가의 요청에 우리는 그것이 어떤 질병이라는 것 외에는 거의 아무런 얘기도 하지 못하게 될 것이다. 그 요청을 충족시키기 위해서는 코타드 증후군이 무엇이고, 왜 그녀가 정상적인 생활을 하기 힘든지 설명해야만 한다. 이를 위해 가장 먼저 할 수 있는 일은 그 문장이 담겨 있는 글의 전체 내용 속에서 그 의미를 찾아보는 것이다. 예를 들어 그 글에 다음과 같은 내용이 포함되어 있다고 해보자.

> 코타드 증후군Cotard Syndrome이라는 희귀한 정신질환을 가진 사람들은 자신이 존재하지 않는다고 믿으며, 몸의 일부가 존재하지 않는다거나 그 자신이 죽었다고 믿기도 한다. 이들은 허무망상의 매우 극단적인 양상을 보이고 있는 것이다. 또한 자신들이 존재하지 않는다고 확신하는 것처럼, 다른 이도 존재하지 않는다거나, 이 세상이 존재하지 않고, 심지어 존재하는 것은 아무도 없다는 믿음도 보이게 된다. 코타드 증후군Cotard Syndrome은 거의 모든 연령에서 나타날 수 있지만, 주로 중년 환자에게서 확인되고 있다. 또한 남자보다 여자에게 빈번하게 나타난다. 코타드 증후군의 발병은 매우 급작스러우며, 이전에 그와 유사한 질환을 앓은 병력이 없는 경우도 많다. 그렇기 때문에 코타드 증후군에 대비하는 것은 거의 불가능하다.[1]

만일 '코타드 증후군'이라는 용어를 처음 접하게 된 사람일지라도 위와

---

1. 스티븐 주안, 배도희 옮김, 『뇌의 기막힌 발견』(서울: 네모북스, 2006), 85~86쪽.

같은 정도의 정보를 주어진 글에서 찾을 수 있다면, '코타드 증후군'이 무엇이고, 어째서 그 질환을 앓고 있는 사람이 정상적인 생활을 할 수 없는지 설명할 수 있을 것이다. 그런데 항상 이렇게 주어진 글을 통해 생소한 단어의 의미를 찾을 수 있는 것은 아니다. 그럴 수 없을 경우에는 어떻게 해야 하는가? 물론 다양한 경로를 통해 그 의미를 명료하고 분명하게 파악하기 위해 노력해야 할 것이다. 우리에게는 이러한 작업을 위한 다양한 도우미들이 있다. 어학사전, 백과사전, 담당교수, 전문가 등. 비판적 사고자라면, 이러한 도우미들을 잘 활용할 수 있어야 한다.

명료화와 자애의 원리

우리가 사고 내용을 분석할 때 명료화 작업을 해야 하는 이유 중의 하나는 바로 '자애의 원리'를 지켜야하기 때문이다. 그 원리에 따라 분석을 진행하고자 한다면, 열린 마음을 가지고 주어진 글을 글쓴이의 의도에 맞춰 세심하게 재구성해야 한다. 그러한 과정에 사고를 명료화시키는 작업이 포함되어야 하는 것은 너무도 당연하다. 그런데 명료화 작업을 할 때 특히 주의해야 할 것이 있다. 그것은 의도하지 않았는데도 글쓴이의 생각을 변경하거나 왜곡하게 되는 경우가 발생할 수 있다는 것이다. 그렇게 될 경우 글쓴이의 생각에 대해 잘못된 평가를 하게 될 것이다. 예를 들어, 다음 글을 살펴보자.

요즘 우리 사회에서는 학계, 종교계, 노동계 등 다양한 분야의 여러 단체의 시국선언이 연일 이어지고 있다. 6월 한 달만 해도 각계 인사 만 명 이상이 시국선언에 동참했다. 그렇지만, 정부 여당은 그러한 선언에 대해 눈과 귀를 막고 있는 상황이다. 이러한 정부 여당의 모습은 왜 각계각층의 인사들이 시국선언에 동참하고 있는지를 잘 보여주고 있다. 사실 정부 여당의 이러한 독선적이고 독단적인 태도가 바로 시국선언의 근본적인 원인이라 할 수 있기 때문이다. 정부 여당은 틈날 때마다 국민의 뜻에 따르겠다고 말해왔다. 그러나 이렇게 비판의 목소리를 외면한다면, 국민의 뜻에 따른 정치를 할 수 없다. 국민의 뜻에 따른 정치를 할 수 없다면, 민주주의를 하지 못하게 되는 셈이다. 민주주의란 국민의 뜻에 의한 정치이기 때문이다. 민주주의는 절대가치로서 우리가 포기해서는 안 되는 것이다. 정부 여당은 비판의 목소리를 외면하지 말아야 한다. 지금이라도 독단적인 태도를 버리고 비판의 목소리에 귀 기울여야 한다.

우리는 이 글을 결론적 주장과 그것을 뒷받침하는 이유들을 찾아내어 다음과 같은 논변으로 재구성해 볼 수 있다.

R1. 정부 여당이 국민의 비판적 의견을 외면한다면, 국민의 뜻에 따른 정치를 할 수 없다.

R2. 국민의 뜻에 따른 정치를 할 수 없다면, 민주주의를 실현할 수 없다.

C1. 정부 여당이 국민의 비판적 의견을 외면한다면, 민주주의를 실현할 수 없다.

R3. 민주주의를 포기해서는 안 된다.

C. 정부 여당은 국민의 비판적 의견을 외면해서는 안 된다.

글 전체의 맥락을 볼 때, '국민의 비판적 의견'이나 '국민의 뜻'은 학계, 종교계, 노동계 등의 시국선언 내용이라 할 수 있다. 그런데 여기서 '민주주의'란 무슨 의미일까? 아마도 절차적 의미의 민주주의를 의미하는 것은 아닐 것이다. 만일 절차적 의미의 민주주의를 의미한다고 한다면, R2를 쉽게 반박할 수 있다. 각계각층에서 나오고 있는 비판을 무시한다고 해도, 정부 여당은 법에 정해져 있는 민주적 절차에 따라 정책을 채택하고 시행할 수 있기 때문이다. 그러나 글쓴이가 '민주주의를 실현할 수 없다.'는 말로 의미하는 것은, 국민의 뜻을 제대로 반영하지 못하게 된다는 것이라고 보아야 한다. 따라서 이 글의 등장하는 중요 개념인 '민주주의'를 절차적 민주주의로 간주하면서 평가해서는 안 된다. 그렇게 한다면 글쓴이의 생각을 왜곡하게 되어 자애의 원리를 어기게 되는 것이다. 이처럼 사고 내용을 명료화하는 작업을 할 때는 글쓴이의 생각을 왜곡하지 않도록 유의해야 한다.

※ 명료화시켜야 할 부분을 확인하면서 다음 글을 논변 형식으로 재구성해 보자(생략된 요소가 있다면 포함시킬 것).

⑴ 요즘 정부와 여당의 교육정책을 살펴보면 사교육을 줄이는 것이 최대 목표인 것처럼 보인다. 지난해에는 '사교육과의 전쟁'이라는 살벌한 이름으로 심야학원 교습금지 등을 밀어붙이더니, 얼마 전에는 외국어고 등학교 등 특목고와 자율형·자립형 사립고의 입시에 대해 시시콜콜 간섭하는 정책을 내놓았다. 최근에는 교육방송^{EBS} 강의에서 대학수학 능력시험의 70%를 내겠다고 발표한 바 있다. 이 모든 것이 사교육비를

경감하겠다는 명분하에 이루어지고 있다. 사실 이 중 많은 정책은 원래 이 정부가 내세우는 원칙과 충돌하고 있다. 왜냐하면, 학교 자율성과 다양성 확대라는 것이 바로 이 정부의 원칙이기 때문이다. 그 원칙은 반드시 지켜져야 한다. 따라서 정부와 여당은 이번 교육정책을 철회해야 한다.

(2) ○○○ 대통령은 지난 5일 우리 사회를 공정한 사회로 만드는 데 주력하겠다고 말했다. ○○○ 대통령의 말이 허언이 아니라면, 이제 정부는 취약계층의 복지 문제에 더 많은 관심을 가지리라 예측할 수 있다. 왜냐하면, 공정한 사회가 되기 위해서는 기회 균등이 실현되어야 하기 때문이다. 돈이 없어서 학업을 계속할 수 없는 취약계층 문제를 해결하지 않는 한, 실질적인 기회 균등은 이루어질 수 없다. 따라서 앞으로는 복지 문제에 국가 예산을 더 많이 사용하게 될 것이다.

(3) 누구나 수업시간에 부적절한 행위를 해서는 안 된다는 것에 동의할 것이다. 그런데 요즘 대학교의 수업시간에 부적절한 행위를 하는 학생들이 점점 늘어나고 있다. 이렇게 부적절한 행위를 하는 학생들이 점점 늘어난다면, 수업이 원활하게 진행될 수 없을 것이다. 물론 수업시간에 부적절한 행위를 제한하는 것은 학생들의 권리를 침해하는 것이 아니다. 따라서 수업시간에 부적절한 행위를 금지하기 위한 교칙을 시급히 마련해야 한다.

(4) 우리 사회는 민주주의 사회이고 민주주의 사회의 기본적인 원칙은 바

로 자유이다. 이 점을 부정하는 사람은 아마도 없을 것이다. 신문사가 공중파 방송을 겸하는 것을 허용하는 이번 방송법 개정은 바로 이러한 기본적인 원칙에 근거한다. 그런데 이번 방송법 개정에 반대하고 있는 사람들이 있다. 그들은 자유라는 민주주의의 기본 원칙을 무시하고 있는 셈이다. 다시 한 번 강조하자면, 이번 방송법 개정안에 반대하는 것은 민주주의의 기본 원칙을 무시하는 것이라는 점을 깨달아야 한다.

(5) 헌법은 '모든 국민은 양심의 자유를 가진다'는 조항(19조)과 '법관의 양심' 조항(103조)을 별도로 두고 있다. 개인의 기본권에 속하는 '학문·양심의 자유'와 검증된 법리에 따라 예측가능하고 국민이 납득할 수 있는 재판을 해야 하는 법관의 직업상 윤리가 구별되기 때문이다. 재판에 적용할 법률과 판례가 마땅히 없을 경우 법관은 국민 다수가 생각하는 정의와 사회의 건전한 상식을 기준으로 삼아야 한다. 그런데 이번 재판은 그것을 기준으로 삼지 않았다. 따라서 이번 재판은 잘못된 것이다.

다음 장에서 우리는 체계적인 분석에 도움이 되는 연역적 논변 형식들에 대해 살펴볼 예정이다. 연역적 논변을 다룰 때에 중요한 것 중의 하나는 바로 조건문이다. 조건문에 대한 기본적인 이해를 위해 다음 퀴즈를 풀어보자.

다음 카드의 한 면에는 네 명의 학생들이 비판적 사고 수업에서 받은 학점이 적혀 있다. 다른 한 면에는 그 학생들의 결석 회수가 적혀 있다. 그 학생들에 대한 학점 부여가 다음의 규칙을 지키고 있는지 확인하기 위해 반드시 뒤집어 보아야 할 카드는 무엇인가?

〈규칙: 어떤 학생이 결석 2회 이상이라면, 그 학생은 B학점 이하이다.〉

| 2 | 1 | B | A |

위의 규칙은 조건문 형태로 이루어져 있다. 그렇다면, 위의 퀴즈를 풀기 위해서는 조건문이 어떤 경우에 거짓이 되는지 알아야만 한다. 일단 위의 조건문을 다음과 같이 기호화해 보자.

p라면, q이다.

여기서 p는 '어떤 학생은 결석 2회 이상이다.'라는 명제를, q는 '어떤 학생은 B학점이다.'라는 명제를 의미한다. 이러한 조건문에서 p는 전건前件이라고 하고 q는 후건後件이라고 한다. 그렇다면, 이 조건문은 어떤 경우에 거짓이 되는가? 누구나 쉽게 알 수 있듯이, 어떤 학생이 결석을 2회 이상 했는데 A학점을 받는 경우가 발생했다면, 위의 조건문은 거짓이 된다. 이렇게 어떤 조건문의 전건은 참인데, 후건이 거짓인 경우에 그 조건문은 거짓이 된다. 그렇다면, 위의 조건문 규칙을 잘 지키고 있는지의 여부를 확인하기 위해서는 어떤 카드를 뒤집어 보아야 할까? 조건문이 거짓이 되는 경우를 염두에 둔다면, 일단 2 카드를 뒤집어서 그 뒷면에 A가 적혀 있는지 확인해 보아야 한다. A가 적혀 있다면, 위의 조건문 규칙을 어기고 있는 셈이기 때문이다. 또한 A 카드를 뒤집어서 뒷면에 2 이상의 숫자가 적혀 있는지 확인해 보아야 한다. 2 이상의 숫자가 적혀 있다면, 위의 조건문 규칙을 어기고 있는 셈이기 때문이다. 결국 정답은 2 카드와 A 카드이다.

part 2

논변의 종류

다시 한 번 강조하지만, 논변은 학자들이나 논리학 전문가들만의 특별한 전유물이 아니다. 우리가 일상적으로 사용하고 있는 것이다. 물론 일상적으로 사용한다고 해서 항상 제대로 사용한다는 것을 의미하는 것은 아니다. 이제부터 우리는 논변 재구성 작업을 좀 더 체계적으로 수행하는 데 도움이 될 수 있는 몇 가지 논변 형식들에 대해 살펴보고 그것들에 대해 연습하게 될 것이다. 이러한 연습은 주어진 글을 논변으로 재구성하는 분석 작업뿐만 아니라, 앞으로 우리가 연습하게 될 비판적 평가 작업을 이해하는 데에도 큰 도움이 될 것이다.

연역적 논변

논변의 종류

논변은 전제를 통해 결론을 어느 정도의 강도로 지지하길 의도하느냐에 따라 두 종류로 구분될 수 있다. 그 하나는 연역적 논변이고 다른 하나는 귀납적 논변이다. 연역적 논변은 전제가 참일 경우 결론은 반드시 참이라는 것을 보이려는 의도로 구성되는 논변이다. 따라서 이러한 의도를 성공적으로 실현한 연역적 논변은 전제가 참일 경우 결론은 의심의 여지가 없이 참이라 할 수 있다.

예를 들어, 기초 논리학 시간에 자주 접하게 되는 다음과 같은 논변은 연역적이라 할 수 있다.

R1. 모든 사람은 죽는다.

R2. 소크라테스는 사람이다.

C. 소크라테스는 죽는다.

이 논변에서 R1과 R2가 모두 참일 경우 C는 필연적으로 참이 된다는 것을 쉽게 알 수 있다. 연역적 의도를 성공적으로 실현하고 있는 논변인 셈이다.

이에 반해 귀납적 논변은 이유가 참일 경우 결론적 주장은 참일 가능성이 매우 높다는 것을 보이려는 의도로 구성되는 논변이다. 따라서 이러한 의도를 성공적으로 실현한 귀납적 논변은 이유가 참일 경우 결론적 주장은 받아들일 만한 것이라 할 수 있다. 반드시 참이라는 보장은 없지만 말이다.

예를 들어, 다음과 같은 논변은 귀납적이라 할 수 있다.

R1. 지금까지 발견된 모든 까마귀는 검다.

C. 모든 까마귀는 검다.

이 논변에서는 R1이 참이라 할지라도 C는 필연적으로 참이 되지는 않는다. 당장 오늘이라도 검지 않은 까마귀가 발견될 수 있고, 그러한 가능성은 C가 거짓일 수 있다는 것을 보여준다. 그렇지만, R1이 참일 경우 C가 참일 개연성은 상당히 높다고 할 수 있다. 그렇기 때문에 위와 같은 논변은 귀납적 의도를 성공적으로 실현하고 있다고 볼 수 있다. 우리가 주어진 글로부터 추려낸 논변을 올바르게 평가하기 위해서는 이러한 귀납적 논변과 연역적 논변의 차이점을 반드시 염두에 두고 있어야 한다.

앞서 얘기한 것처럼, 사실 우리는 이러한 두 종류의 논변을 일상적으로 사용하고 있다. 그렇지만, 이러한 연역적 논변과 귀납적 논변의 차이를 잊고 논변의 성격에 맞는 적절한 의도를 가지지 못한 채 논변들을 사용하곤 한다. 말하자면, 연역적 논변의 의도를 가진 채로 귀납적 논변을 사용하는 경우가 있다는 것이다. 그러한 경우에는 논리적 잘못을 범하게 된다. 예를 들어, 전문가의 권위에 의존하여 어떤 주장을 펼치면서 그 주장을 100% 신뢰하는 경우가 있다. 어떤 유명한 우주과학자가 화성에는 생명체가 살지 않는다고 주장했다고 하자. 만일 그 우주과학자가 신뢰할만한 사람이라면, 그 우주과학자의 전문가적 권위에 기대어 그 주장을 참으로 받아들이는 것은 합당한 일일 것이다. 그렇지만 그 전문가의 권위가 그 주장이 참이라는 것을 100% 보증해준다고 생각해서는 안 된다. 즉, 틀릴 수 있는 가능성을 완전히 배제해서는 안 된다는 것이다. 또 다른 경우를 생각해보자. 우리는 어떤 정치인의 발언은 절대로 믿을 수 없다고 주장하곤 한다. 그 정치인이 과거에 계속적으로 거짓된 발언을 해왔다는 이유로 말이다. 물론 그러한 이유는 그 정치인의 이번 발언도 신뢰할 수 없다는 주장을 강하게 지지하는 것일 수 있다. 그렇지만, 이 경우에도 그러한 이유가 그 정치인을 절대로 믿을 수 없다는 결론적 주장을 100% 보증해 주지는 않는다.

이제 우리가 글을 논변으로 재구성할 때 알아두면 유용하게 사용할 수 있는 몇 가지 논변 형식들에 대해 살펴보려 한다. 먼저 연역적 논변의 형식들에 대해 살펴보도록 하자.

연역적 논변

앞서 얘기한 것처럼, 연역적 논변이란 전제가 모두 참이고 결론이 거짓인 경우는 모순임을 뜻하는 형식의 논변이다. 이제 글을 분석하는 과정에서 유용하게 사용할 수 있는 연역적 논변의 타당한 형식들 몇 가지를 살펴보려 한다. 글쓴이의 사유과정을 이러한 형식들로 정리할 수 있다면, 글쓴이는 연역적 의도를 성공적으로 실현하고 있다고 할 수 있다.

1. 전건긍정식

어떤 사람이 다음과 같이 얘기한다고 해보자.

> 꿀벌이 사라지면 인류도 4년 내에 사라지게 된다고 해. 그런데 유럽이나 미국 쪽의 조사 결과를 보니까 꿀벌이 사라지고 있는 게 맞는 것 같아. 큰일 났어.

이런 얘기를 하는 사람이 주장하고자 하는 것은 무엇일까? 그것은 다름 아니라, 큰일 났다는 것이다. 큰일 났다는 것이 의미하는 것은 무엇인가? 전체적인 맥락을 통해 그 주장을 이렇게 정리해 볼 수 있을 것이다. "인류는 곧 사라지게 된다." 그 이유는 조건문인 첫 번째 문장과 두 번째 문장에서 추려낼 수 있다. 그러한 이유와 주장을 가지고 논변을 구성하면 다음과 같다.

R1. 꿀벌이 사라지면, 인류도 4년 내에 사라지게 된다.

R2. 꿀벌이 사라지고 있다.

C. 인류는 곧 사라지게 된다.

이 논변을 잘 살펴보면, R1과 R2가 참일 경우 C는 반드시 참이 된다는 것을 알 수 있다. 조건문인 R1과 이 조건문의 전건에 해당하는 R2가 모두 참이라면, 이 조건문의 후건에 해당하는 C는 무조건 참이 될 수밖에 없다. 이렇게 이유의 참이 결론적 주장의 참을 100% 보장하는 형식의 논변을 타당한 연역적 논변이라 한다. 타당한 연역적 논변에 해당하는 형식은 많이 있는데, 그 중에서 위와 같은 형식의 논변을 '전건 긍정식'이라고 한다. 이 형식은 왼쪽처럼 표현해 볼 수 있다. 물론 이유가 참일 경우 결론적 주장이 반드시 참인 타당한 논변이라고 해서 결론적 주장을 무조건 받아들여야 한다는 것은 아니다. 이유에 문제점이 있을 수도 있기 때문이다. 즉, 개념을 적절치 않게 사용하고 있을 수도 있고 사실에 부합하지 않은 내용을 포함하고 있을 수도 있는 등 다양한 잘못을 저지르고 있을 수 있다는 것이다. 앞으로 우리는 비판적 평가에 대해 연습하는 과정에서 이러한 잘못들에 대해 논의하게 될 것이다. 여기서는 타당한 연역적 논변 형식에만 초점을 맞춰 연습하도록 하자. 다음의 만화에도 전건 긍정식이 포함되어

> 〈전건 긍정식〉
>
> p라면, q이다.
>
> p이다.
>
> 그러므로 q이다.

있다. 결론적 주장은 생략되어 있지만, 우리는 그것을 "외교는 삼류이다." 정도로 생각할 수 있다. 우리가 이러한 생각을 할 수 있는 이유는 전건 긍정식을 자연스럽게 받아들이고 있기 때문이다. 즉, 세 번째 장면과 네 번째 장면을 통해 "번역이 오류일 경우 외교는 삼류이다." 정도의 조건문을 추려내고, 첫 번째 장면과 두 번째 장면을 통해 "번역이 오류이다." 정도의 명제를 추려냄으로써 다음과 같은 논변을 금방 떠올릴 수 있기 때문이다.

▲ 조기영, 〈대추씨〉, 《서울신문》, 2011년 3월 9일자 | 그림제공 서울신문

R1. 번역이 오류일 경우 외교는 삼류이다.

R2. 번역이 오류이다.

C. 외교는 삼류이다.

이제 다음의 간단한 글을 전건긍정식을 이용하여 논변으로 재구성해보자.

당신은 그 사람을 신뢰하고 있지 않잖아? 그러면, 그 사람과의 합의 사항을 서면에 기록할 필요가 있어. 신뢰하지 않는 사람과 어떤 일을 해야 할 경우에는 반드시 그래야 해.

R1.

R2.

C.

2. 후건부정식

다음 얘기에는 또 다른 형식의 타당한 연역적 논변이 포함되어 있다.

> 이렇게 가다가는 큰일 나겠어. 우리나라가 커다란 경제적 위기에 봉착하게 될
> 거란 말이야. 새로운 경제 정책이 시급해. 빨리 마련해야 해.

이 짧은 글에서 결론적 주장은 새로운 경제 정책을 빨리 마련해야 한다는 것이다. 그렇다면, 그것을 뒷받침하는 이유는 무엇인가? 그것은 첫 번째 문장과 두 번째 문장에서 추려낼 수 있다. 전체적인 맥락을 고려하면서 그것들을 정리하여 논변 형식으로 구성하면 다음과 같다.

> R1. 새로운 경제 정책을 마련하지 않는다면, 우리나라는 커다란 경제적 위기에
> 봉착하게 될 것이다.
> R2. 우리나라가 커다란 경제적 위기에 봉착하게 되어서는 안 된다.
> C. 새로운 경제 정책을 마련해야 한다.

이 논변도 잘 살펴보면, R1과 R2가 참일 경우 C는 반드시 참이 된다는

> ⟨후건 부정식⟩
>
> p라면, q이다.
>
> q가 아니다.
>
> 그러므로 p가 아니다.

것을 알 수 있다. 조건문인 R1과 이 조건문의 후건에 대한 부정인 R2가 모두 참이라면, 조건문의 전건에 대한 부정인 C는 반드시 참이 될 수밖에 없다. 이 논변은 '후건 부정식'이라는 타당한 연역논변 형식을 취하고 있는 것으로서, 그 형식은 왼쪽과 같이 표현해 볼 수 있다.

어떤 글의 내용을 후건부정식으로 재구성할 수 있다면, 형식적인 차원에서는 문제가 없다고 볼 수 있다. 앞서 얘기했던 것처럼, 내용적 차원에서는 엄격한 평가가 이루어져야 하겠지만 말이다. 이제 다음 글을 읽고 전건긍정식이나 후건부정식을 이용하여 논변으로 재구성해 보자.

인터넷 강국인 한국에서 인터넷을 통한 정치적 의사표현의 자유가 심각하게 위축되고 있다. 대선을 앞두고 벌어지는 당국의 강력한 단속 때문이다. 문제는 이런 온라인상의 위축이 정치적 의견을 자유롭게 표현할 권리의 침해로 이어질 수 있다는 점이다. 표현의 자유는 민주주의의 핵심적 권리이다. 민주사회의 인터넷은 자유로운 정치적 의사소통의 공간이 돼야 한다.

R1.

R2.

C.

3. 선언적選言的 삼단논법

이제 또 다른 타당한 연역적 논변의 형식들에 관해 알아보기 위해 다음 글을 살펴보자.

> 자! 이제 정리해볼까? 지금까지 조사 결과, 이번 사건의 용의자는 리처드와 제임스로 압축되잖아. 그런데 리처드는 범행 발생 시각에 범행 장소에서 멀리 떨어져 있었다는 게 밝혀졌잖아. 그러니까 리처드가 범인일 리는 없어. 결국, 제임스가 범인임에 틀림없지.

이런 얘기는 다음과 같은 간단한 논변으로 재구성해 볼 수 있다.

> R1. 범인은 리처드이거나 제임스이다.
>
> R2. 리처드는 범인이 아니다.
>
> C. 제임스가 범인이다.

〈선언적 삼단논법〉

p이거나 q이다.

p가 아니다.

그러므로 q이다.

이 논변은 '선언적 삼단논법'이라는 타당한 연역적 논변의 형식을 취하고 있다. 이런 형식의 논변도 일상적으로 자주 사용된다. 예를 들어, 미국산 쇠고기 수입을 반대하는 촛불집회가 한창일 때 외교통상부에서 미국의 사료 정책 자료를 번역하는 과정에서 초보적인 오역을 하여 결과적으로 국민을 속이게 된 적이 있었다. 수많은 전문가들이 참여하여 검토했을 그 번역문에 중학생 수준이면 알 수 있는 초보적인 실수가 포함되어 있었던 것이다. 말하자면, 'unless(~가 아니라면)'를 'even though(~일지라도)'로 번역한 것이다. 그 실수를 보면서 많은 사람들은 그것이 단순한 실수가 아니라 의도적인 오역이라고 생각했다. 이러한 생각을 논변으로 구성하는 데에 방금 살펴본 선언적 삼단 논법을 사용해 볼 수 있다.

> R1. 이번 오역은 단순한 실수이거나 의도적인 것이다.
> R2. 이번 오역은 단순한 실수가 아니다.
> C. 이번 오역은 의도적인 것이다.

앞서 우리가 분석해 보았던 다음 글에도 선언적 삼단논법이 포함되어 있다는 것을 확인할 수 있다.

> 동일성 관계는 답하기 힘든 도전적인 물음을 야기한다. 동일성은 대상들의 관계인가? 아니면 대상을 지칭하는 이름이나 기호들의 관계인가? 나는 후자라고 생각한다. 그 이유는 다음과 같다. 'a=a'와 'a=b'는 분명히 다른 인식적 가치를 가지는 진술이다. 'a=a'는 선험적이지만 'a=b'는 선험적일 수 없다. 만일 우리가 동일성을 이름 'a'와 'b'가 지칭하는 대상들의 관계로 간주한다면, 'a=b'가 참일 경우 'a=b'는 'a=a'와 다를 수 없어 보인다.

이 논변의 결론적 주장은 "동일성 관계는 대상들을 지칭하는 이름이나 기호들의 관계이다." 정도이다. 우리는 이것을 결론으로 하는 선언적 삼단논법을 다음과 같이 구성해 볼 수 있다.

R1. 동일성 관계는 대상들의 관계이거나 대상들을 지칭하는 이름이나 기호들의 관계이다.

R2. 동일성 관계는 대상들의 관계가 아니다.

C. 동일성 관계는 대상들을 지칭하는 이름이나 기호들의 관계이다.

물론 이 논변의 R2를 중간결론으로 하여 좀 더 세밀한 논변을 다음과 같이 구성해 볼 수 있다.

R1. 동일성 관계가 대상들의 관계라면, 'a=a'와 'a=b'는 서로 다른 인식적 가치를 가진 진술이 아니다.

R2. 'a=a'와 'a=b'는 서로 다른 인식적 가치를 가진 진술이다.

C1. 동일성 관계는 대상들의 관계가 아니다.

R3. 동일성 관계는 대상들의 관계이거나 대상들을 지칭하는 이름이나 기호들의 관계이다.

C2. 동일성 관계는 대상들을 지칭하는 이름이나 기호들의 관계이다.

누구나 알 수 있듯이, 이 논변의 R1, R2, C1에는 조금 전에 언급했던 후건부정식의 형식이 반영되어 있다. 또한 C1, R3, C2에는 선언적 삼단논법의 형식이 반영되어 있다. 결국 연역적 의도를 성공적으로 실현하고 있는 논변인 셈이다. 이제 선언적 삼단논법을 사용하여 다음 글을 논변 형식으로 재구성해보자.

사람들은 샐타이어 경을 마지막으로 목격한 것은 5월 13일, 즉 지난 월요일 밤이었지요. 아드님의 방은 2층에 있는데 다른 큰방을 통해서만 들어갈 수 있는 구조로 되어 있습니다. 바깥방에서는 두 아이가 자는데, 이 아이들은 아무것도 보거나 듣지 못했다고 합니다. 그러니 아드님이 큰방을 통해 나가지 않았다는 것은 분명하지요. 그런데 그 방 창문이 열려 있었습니다. 창 밖에는 굵은 담쟁이 덩굴이 지면과 이어져 있지요. 창문 밑에서 발자국을 발견하지는 못했지만, 나갈 수 있는 길이 그곳뿐이라는 것은 분명합니다.[1]

R1.

R2.

C.

그가 그렇게도 아끼는 파이프를 두고 간 걸 보니 마음이 어지간히 급했나 보네. 원래 건망증을 가진 사람은 아닌데 말이야.

R1.

R2.

C.

4. 가언적假言的 삼단논법

이제 다음 얘기를 통해 또 다른 타당한 연역적 논변에 관해 살펴보자.

---

1. 코난 도일, 백영미 옮김, 『셜록 홈즈의 귀환』(서울: 황금가지, 2002), 163쪽.

우리의 마음이 물질에 불과하다는 주장이 있다. 정말 그럴까? 만일 우리의 마음이 물질에 불과한 것이라면, 그것도 여타의 다른 물질들과 마찬가지로 자연법칙의 지배를 받을 것이다. 그리고 만일 우리의 마음이 자연법칙의 지배를 받는다면, 우리의 마음은 예측 가능한 것이 될 것이다. 그러나 우리의 마음은 예측 가능한 것이 아니라는 것은 누구나 인정하는 것이다. 따라서 우리의 마음은 물질에 불과한 것이 아니다.

이 글의 결론적 주장은 마지막 문장에 담겨 있다. 즉, 우리의 마음은 물질이 아니라는 것이다. 이 주장을 뒷받침하기 위한 이유들은 세 개 정도 추려낼 수 있다. 그것들을 토대로 논변을 구성하면 다음과 같다.

R1. 만일 우리의 마음이 물질이라면, 우리의 마음은 자연법칙의 지배를 받을 것이다.

R2. 만일 우리의 마음이 자연법칙의 지배를 받는다면, 우리의 마음은 예측 가능한 것이 된다.

R3. 우리의 마음은 예측 가능한 것이 아니다.

C. 우리의 마음은 물질이 아니다.

여기서 우리가 눈여겨보아야 할 것은 R1과 R2로부터 중간 결론이 도출된다는 것이다. 그것은 바로 "만일 우리의 마음이 물질이라면, 우리의 마음은 예측 가능한 것이 된다."이다. 이것을 포함시켜 논변을 다시 정리하면 다음과 같다.

R1. 만일 우리의 마음이 물질이라면, 우리의 마음은 자연법칙의 지배를 받을 것이다.

R2. 만일 우리의 마음이 자연법칙의 지배를 받는다면, 우리의 마음은 예측 가능한 것이 된다.

C1. 만일 우리의 마음이 물질이라면, 우리의 마음은 예측 가능한 것이 된다.

R3. 우리의 마음은 예측 가능한 것이 아니다.

C2. 우리의 마음은 물질이 아니다.

> **〈가언적 삼단논법〉**
>
> p라면 q이다.
>
> q라면 r이다.
>
> 그러므로 p라면 r이다.

이러한 논변에서 R1과 R2가 참일 경우 C1은 반드시 참이다. 이 세 문장으로 구성된 논변은 '가언적 삼단 논법'이라는 타당한 연역적 논변의 형식을 취하고 있다. 이러한 가언적 삼단논법은 왼쪽처럼 형식화할 수 있다. 물론 위 논변에서 C1과 R3가 참일 경우 C2도 반드시 참이다. 이 세 문장으로 구성된 논변은 앞서 살펴본 후건 부정식에 해당하는 것이다. 이제 가언적 삼단논법과 전건긍정식을 사용하여 다음 글을 논변 형식으로 재구성해보자.

나는 이번 대통령 선거에서 원래 ○○○ 후보에게 투표하고 싶었다. 그러나 그에게 도덕적으로 큰 흠이 있다는 것을 알게 되었다. 나는 그에게 도덕적으로 큰 문제가 있다면, 그에게 투표하지 않아야 한다고 생각한다. 그에게 도덕적으로 큰 문제가 있다면, 그는 대통령이 될 자격이 없고, 그가 대통령이 될 자격이 없다면, 당연히 그에게 투표해서는 안 되기 때문이다.

R1.

R2.

C1.

R3.

C2.

5. 딜레마 논변

우리가 흔히 '딜레마'라고 부르는 상황도 타당한 연역적 논변 형식으로 정리될 수 있다. 일반적으로 딜레마 상황이란 이러지도 못하고 저러지도 못하는 상황을 일컫는다. 달리 말해, 어떤 경우에나 문제가 발생하는 상황이라는 것이다. 예를 들어, 오른쪽의 만화를 살펴보자. 이 만화에는 자식을 군대에 보낸 어머니의 걱정이 표현되어 있다. 일단 두 번째 장면의 내용을 토대로 결론적 주장을 다음과 같이 표현해 보자.

▲ 조기영, 〈대추씨〉, 《서울신문》,
2014년 9월 4일자 ㅣ 그림제공 서울신문

군대 간 아들을 걱정할 수밖에 없다.

어머니의 걱정은 무엇에 근거한 것일까? 첫 번째 장면과 세 번째 장면의 내용을 통해 그 근거 중 하나를 다음과 같은 명제로 표현해 볼 수 있다.

군대 간 아들이 훈련 중일 경우 (사고 가능성 때문에) 걱정할 수밖에 없다.

물론 다른 근거도 있다. 그것은 마지막 장면의 내용을 통해 다음과 같은 명제로 표현해 볼 수 있다.

군대 간 아들이 훈련 중이 아닐 경우 (선임병의 폭행 가능성 때문에) 걱정할 수밖에 없다.

물론 군대 간 아들은 지금 훈련 중이거나 훈련 중이 아닐 것이다. 이런 점을 포함시켜 어머니의 걱정을 논변으로 재구성하면 다음과 같다.

R1. 군대 간 아들은 훈련 중이거나 훈련 중이 아닐 것이다.

R2. 군대 간 아들이 훈련 중일 경우 (사고 가능성 때문에) 걱정할 수밖에 없다.

R3. 군대 간 아들이 훈련 중이 아닐 경우 (선임병의 폭행 가능성 때문에) 걱정할 수밖에 없다.

C. 군대 간 아들을 걱정할 수밖에 없다.

바로 이런 형식의 논변을 '딜레마 논변'이라 한다. 이것도 전제가 모두 참일 경우 결론은 반드시 참일 수밖에 없는 타당한 연역적 논변 형식이다. 앞서 언급한 것처럼, 일반적으로 '딜레마'라는 용어는 해결하기 어려운 상황을 표현하기 위해 사용되곤 한다. 그렇게 표현된 상황이 정확히

〈딜레마 논변〉

p이거나 q이다.

p라면 r이다.

q라면 s이다.

그러므로 r이거나 s이다.

어떠한지 파악하고 평가하기 위해서는 왼쪽과 같이 논변으로 구성하는 것이 도움이 될 것이다. 나중에 이 딜레마 논변에 대해 자세히 알아보겠지만, 기본적인 연습으로 다음 글에 포함되어 있는 딜레마 상황들을 논변으로 재구성해보자.

휘강이는 혼자 동굴을 탐사하다가 지진으로 인해 동굴이 무너지면서 고립되어 있다. 세 시간 정도 동굴에 머물 예정이었기 때문에 먹을 음식은 하나도 챙기지 않았다. 동굴 한 쪽에는 이끼처럼 보이는 식물만 가득하다. 전에는 본 적도 없는 것으로 그 식물에 대한 정보는 하나도 가지고 있지 않다. 외부에서도 동굴이 무너졌다는 것을 알고 있기 때문에 구조대가 구성되겠지만, 구조되려면 얼마나 많은 시간이 걸릴지 모르는 상황이다. 시간은 흐르고 일주일이 지났다. 움직일 힘조차 없다. 이대로 가다가는 굶어 죽을 수 있다. 먹을 수 있다고 생각되는 것은 저 쪽에 가득한 이끼처럼 보이는 식물이다. 그러나 그 식물을 먹었다가 죽게 될 수 있다. 치명적인 독성을 가지고 있는 식물일지도 모르기 때문이다.

R1.

R2.

R3.

C.

이럴 수도 저럴 수도 없는 상황을 흔히 딜레마dilemma라고 한다. 하지만 구어체

영어에선 희랍어에서 유래한 이 단어보다 더 많이 쓰는 관용어법이 있다. 즉 "I'm in a catch-22 situation."(난 진퇴양난에 빠졌다.)라는 표현이 그것이다. 'catch-22'는 제 2차 세계대전 당시 지중해의 미 공군기지를 배경으로 한 조지프 헬러의 소설 제목이었다. 전사율이 높은 폭격기를 그만 타려면 정신병자 판정을 받아야 하는데, 비행기를 그만 타겠다고 신고하는 순간 미치지 않았다고 간주되는 주인공의 처지가 소설의 핵심이었다.

북한 체제가 개혁·개방에 관한 한 이 소설 주인공과 같은 처지라는 것은 잘 알려진 사실이다. 당면한 경제난을 해결하려면 과감히 개방을 해야 하나 그럴 경우 외부 사조의 유입으로 체제가 흔들릴 위험을 감수해야 한다는 점에서다. 북한이 금강산특구를 열어놓고도 남측 관광객과 현지 북한주민의 접촉을 철저히 차단하는 것도 이 때문이다. 개성공단의 남측 중소기업으로 출퇴근하는 북한 노동자들이 '콩나물 시루'같은 만원버스에 시달리는 사정도 이와 무관치 않다. 북측이 경의선 통근열차 운행을 거부하는 이면에도 개방에 대한 불안감이 깔려 있는 것이다.[2]

〈첫 번째 단락의 딜레마 논변〉

R1.

R2.

R3.

C.

2. 《서울신문》, 2007년 6월 20일자 칼럼

〈두 번째 단락의 딜레마 논변〉

R1.

R2.

R3.

C.

　지금까지 살펴본 타당한 연역적 논변 형식들은 모두 연역적 의도를 성공적으로 실현하는 데에 사용될 수 있는 것들이다. 물론 그 형식들은 우리가 주어진 글을 분석할 때에도 유용하게 사용될 수 있다. 이제 타당한 연역적 논변 형식을 하나만 더 살펴보면서 이번 장의 논의를 마무리하려 한다. 다음 글에는 귀류 논변reductio ad absurdum argument이라 불리는 타당한 연역적 논변이 포함되어 있다. 이 논변은 보통 상대방의 주장을 무력화시키는 데 유용하게 사용될 수 있는 것이다. 다음 글을 살펴보자.

　　왓슨은 심슨이 범인일 거라고 강하게 주장하고 있다. 이번 사건으로 이득을 보는 사람이 바로 심슨이라는 게 밝혀졌기 때문이다. 그러나 홈즈는 심슨이 범인일 수 없다고 주장하면서 왓슨에게 이렇게 얘기한다. "여보게, 자네 주장대로 심슨이 범인이라고 가정해 보도록 하지. 그가 범인이라면, 그는 범행 시각에 범행 현장에 있어야만 하네. 그런데, 그 시각에 심슨은 무려 50km나 떨어져 있는 술집에서 여러 사람들과 어울려 술을 마시고 있었다는 게 사실로 밝혀졌네. 결국 심슨이 범인이라면, 그는 동일한 시각에 서로 다른 두 장소에 있었다는 불합리한 일이 발생하게 되지. 그렇기 때문에 심슨이 범인이라는 자네 생각은 잘못이네."

여기서 홈즈가 왓슨에게 제시하고 있는 것이 바로 귀류 논변이다. 홈즈는 왓슨의 주장을 무력화시키려고 하고 있다. 즉, 심슨이 범인이라는 생각은 잘못이라는 것을 보이려 한다는 것이다. 이를 위해 홈즈는 왓슨의 주장에 따라 심슨이 범인이라고 가정해 본다. 그런 다음, 그 가정으로 인해 불합리한 일이 발생한다는 것을 지적한다. 결국 그러한 불합리성에 근거하여, 심슨이 범인이라는 생각은 그릇된 것이라 주장한다. 즉, 심슨은 범인이 아니라는 것이다. 이러한 귀류 논변의 형식적 절차는 왼쪽과 같이 정리해 볼 수 있다. ③의 조건문 R1의 후건에는 모순뿐만 아니라 비합리적이거나 거짓으로 판명된 사실 등이 포함될 수 있다. 재미있는 것은, ③의 논변을 앞서 살펴본 후건 부정식을 이용하여 다음과 같이 구성해 볼 수도 있다는 것이다.

〈귀류논변〉

① 정당화하려는 주장: p이다.

② 반대 가정: p가 아니다.

③ 반대 가정을 통한 논변 구성

R1. p가 아니라면, 모순(또는 여러 가지 문제점들)이 발생한다.

C. p이다.

R1. 심슨이 범인이라면, 범행 시각에 범행 현장에 있어야 한다.

R2. 심슨은 범행 시각에 범행 현장에 없었다.

C. 심슨은 범인이 아니다.

이제 다음 글을 귀류 논변이나 후건 부정식으로 재구성해 보자.

네가 주장하는 것처럼, 인간 생명의 시작이 수태되는 순간이라고 가정해보자.

논의를 위해 그 인간 개체를 A라고 해보자. 그런데 우리는 수정 후 배아가 일란성 쌍둥이로 분할될 수 있다는 것을 잘 알고 있다. 만일 그렇게 분할된다면, 분할된 두 쌍둥이는 누구인가? A와 B인가? 아니면 B와 C인가? 만일 A와 B라면 두 쌍둥이 중 어느 쪽이 원래의 A인가? 답하기 어려운 물음이다. 만일 B와 C라면, A는 어디로 간 것일까? 역시 답하기 어려운 물음이다. 따라서 인간 생명의 시작은 수태되는 순간이 아니라 할 수 있다.

※ 다음 논변들이 타당한 연역적 논변의 형식을 취하고 있는지 평가해 보자.

(1) 은서는 틀림없이 논변 능력이 향상될 것이다. 은서가 비판적 사고 수업을 듣는다면, 논변 능력이 향상될 텐데, 은서는 비판적 사고 수업을 듣고 있기 때문이다.

(2) 당신과 당신 배우자가 서로 협력하며 아끼고 있다면, 당신 부부는 화목하다. 그런데 당신 부부는 화목할 리가 없다. 당신과 당신 배우자는 서로 협력하며 아끼고 있지 않기 때문이다.

(3) 철수가 다른 사람을 속인다면, 그는 사기죄를 짓는 것이다. 철수가 다른 사람을 속인다면, 그는 다른 사람의 선택을 교묘하게 조종하고 있는 것이다. 철수는 다른 사람을 속이고 있다. 따라서 철수는 다른 사람의 선택을 교묘하게 조종하고 있거나 사기죄를 짓고 있다.

(4) 용균이는 비판적 사고 수업에 참석하거나 축제에 참가하게 될 것이다.

그런데 용균이는 비판적 사고 수업에 참석하지 않기로 했다. 따라서 용균이는 축제에 참가할 것이다.

⑸ 준표가 잔디를 사랑하고 있다는 것은 확실하다. 준표가 잔디를 사랑한다면, 그는 그녀에게 꽃을 줄 것인데, 어제 준표가 잔디에게 꽃을 주는 것을 보았기 때문이다.

⑹ 학교 측이 학교폭력을 예방하기 위해 노력할 경우에만 학교폭력의 상습성이 사라지게 될 것이다. 물론 학교폭력의 상습성은 사려져야 한다. 따라서 학교 측은 학교폭력을 예방하기 위해 노력해야 한다.

⑺ 이번 촛불시위 참가한 지수는 광우병 문제에 관심을 가지고 있거나 이번 정권의 언론정책에 대해 비판적 시각을 가지고 있을 것이다. 그런데 어제 보니 지수는 광우병 문제에 관심을 가지고 있었다. 따라서 지수가 이번 정권의 언론정책에 대해 비판적 시각을 가지고 있는 것은 아니다.

⑻ 우리가 인간을 도덕적 책임을 지는 존재로 생각한다면, 우리는 인간을 도덕적 칭찬이나 비난의 정당한 대상으로 간주하는 것이다. 그러나 인간이 자유로운 행위자가 아니라면, 인간은 도덕적 칭찬이나 비난의 정당한 대상으로 간주할 수 없다. 그러므로 인간이 자유로운 존재가 아니라면, 우리는 인간을 도덕적 책임을 지는 존재로 생각할 수 없다.

⑼ 우리가 구입한 제품의 문제 때문에 어떤 회사에 전화를 걸었는데 "지금은 통화량이 많으니 다시 걸어주십시오"라는 메시지를 반복해서 듣게 된다면, 그 회사에 대해 나쁜 이미지를 갖게 될 수밖에 없다. 그런데 그 회사는 그런 일이 없고 항상 친절한 상담원이 문제를 해결해 준다. 따라서 그 회사에 대해 나쁜 이미지를 갖게 될 리는 없다.

⑽ 만일 어떤 음식점 화장실에 갔는데 휴지가 없다면, 그 음식점 직원들이 고객의 욕구에 관심을 기울이지 않는다고 생각할 수 있다. 오늘 한 음식점에서 화장실에 갔는데 휴지가 없었다. 이런 점을 고려할 때, 그 음식점 직원들은 고객의 욕구에 관심을 기울이지 않는다고 생각할 수 있다.

논변 재구성과 자애의 원리

앞서 강조했듯이, 어떤 글을 분석하고 그 글의 핵심 논변을 구성할 때 우리의 마음가짐은 항상 그 글에 호의적이어야 한다. 그래야만 그 글에 대한 비판적 평가에 가치가 있을 수 있다. 연역적 논변 형식과 관련하여 이러한 자애의 원리에 대해 다시 떠올릴 필요가 있다. 일상적으로 우리가 접하게 되는 글은 대부분 논리학 전문가에 의해 작성된 것이 아니다. 그렇기 때문에 논변을 구사하는 데에 실수가 있을 수도 있다. 예를 들어 다음의 짧은 글을 살펴보자.

청계천이 다시 열리던 날 서울 시민들은 모두 기뻐했다. 진짜 생태 복원이었다면 대단한 업적임이 틀림없다. 알고 보면 그것은 '콘크리트로 만든 긴 어항'이다. 전기로 물을 돌리는 데 하루 천만 원 이상 써야 하니 오히려 반환경적이다.

여기서 우리는 하나의 논변을 추려낼 수 있다. 여기서의 결론적 주장은 '청계천 복원은 대단한 업적이 아니다.' 정도가 될 것이다. 이것을 뒷받침하는 이유는 두 가지 정도로 정리될 수 있다. 하나는 '청계천 복원이 진짜 생태 복원이었다면, 그것은 대단한 업적임에 틀림없다.'이고, 다른 하나는 '청계천 복원은 진짜 생태 복원이 아니다.'이다. 첫 번째 이유는 두 번째 문장으로부터 추려낸 것이고, 두 번째 이유는 세 번째 문장과 네 번째 문장을 통해 추려낸 것이다. 이제 이렇게 추려낸 결론적 주장과 이유들을 토대로 논변을 구성하면 다음과 같다.

R1. 청계천 복원이 진짜 생태 복원이었다면, 그것은 대단한 업적임에 틀림없다.

R2. 청계천 복원은 진짜 생태 복원이 아니다.

C. 청계천 복원은 대단한 업적이 아니다.

이것은 앞서 우리가 살펴보았던 타당한 연역적 논변의 형식을 갖추고 있지 않다. 이유의 참이 결론적 주장의 참을 필연적으로 보증하지 않는다. 우리가 R1과 R2를 모두 받아들인다고 해도, C를 받아들일 필요는 없다. 말하자면, 글쓴이는 연역적 의도를 실현하는 데 성공하지 못하고 있다. 이 점을 염두에 둔 어떤 사람은 위와 같은 형식으로 글을 정리하고는 '논리적 잘못을 범하고 있는 논변이네. 그러니까 받아들일 필요 없어.'라고 하면서 분석과 평가를 끝내버릴 수도 있을 것이다. 그러나 이런 태도는 비판적 사고자의 태도가 아니다. 위의 글은 분명 논의해 볼만한 내용을 가지고 있기 때문이다.

만일 위의 글에 대해 호의적인 태도를 가진다면, 글쓴이의 의도를 좀 더 생각하면서 다른 방식으로 논변화할 수 있을 것이다. 일단 글쓴이가 청계천 복원이 진짜 생태 복원이라는 것을 대단한 업적의 충분조건으로 생각하고 있을지 생각해 볼 수 있다. 그렇지 않은 듯하다. 진짜 생태 복원이라 할지라도 대단한 업적이 아닐 수도 있기 때문이다. 오히려 글쓴이는 청계천 복원이 대단한 업적이기 위해서는 반드시 그것이 진짜 생태 복원이어야 한다는 생각을 가지고 있다고 볼 수 있다. 즉, 진짜 생태 복원이라는 것이 대단한 업적이기 위한 필요조건이라는 것이다. 이러한 생각을 바탕으로 위의 논변에서 R1을 다른 방식으로 구성할 수 있다.

R1'. 청계천 복원이 대단한 업적이라면, 그것은 진짜 생태 복원이어야 한다.

R2. 청계천 복원은 진짜 생태 복원이 아니다.

C. 청계천 복원은 대단한 업적이 아니다.

이제 이렇게 구성된 논변은 앞서 우리가 살펴본 후건 부정식의 형식을 취하고 있는 타당한 연역적 논변이 된다. 형식적인 차원에서 말꼬리를 잡으면서 본격적인 논의를 하지 않게 될 여지를 남겨두지 않은 셈이다. 이렇게 일상 언어로 이루어져 있는 글들은 그것을 분석하는 사람에 따라 여러 방식으로 분석될 수 있다. 비판적 사고자라면 글을 분석할 때는 가급적 호의적인 태도를 가지고 글쓴이의 의도를 잘 반영해야 할 필요가 있다. 그래야 비판적 평가의 힘이 강해질 수 있다. 그렇다고 해서 글쓴이가 범하고 있는 잘못을 분석과정에서 무조건 덮어야 한다는 것은 아니다. 단지, 글쓴이의 의도를 잘 반영하면서 글을 분석해야 한다는 것이다.

※ 타당한 연역적 논변 형식들을 이용하여 다음의 글을 논변으로 재구성해 보자(생략된 이유나 주장이 있다면 첨가할 것).

(1) 자네 새 슬리퍼를 신었군. 그걸 신기 시작한 지 몇 주밖에 안 됐을 거야. 그런데 살짝 들려 올라간 슬리퍼 바닥 면을 보니 약간 그을려 있더군. 처음에는 슬리퍼가 젖어서 말리다가 태운 게 아닌가 하고 생각했지. 하지만 발등에 동그란 종이 상표가 붙어 있는 게 보였네. 물에 젖었다면 그건 벌써 떨어져 나가고 없었을 것이네. 그렇다면 자넨 슬리퍼를 신은 채 불을 쬐었던 것이네.[3]

(2) 창의력을 중요하게 생각하는 요즘, 르네상스 시대에 주목하고 있는 사람들이 많다. 그 시대에 창의적인 예술가들이 많았기 때문이다. 그런데 왜 유독 르네상스 시대에 창의적인 예술가들이 많았던 것일까? 이 물음을 해결하기 위해서는 르네상스 시대의 종교적 사회적 분위기를 살펴보아야 한다. 아직 검토해 보지는 않았지만, 아마도 르네상스 시대에는 종교적으로 사회적으로 다양한 사건들이 많이 발생했을 것이다. 그렇지 않았다면, 창의적인 예술가들이 그렇게 많을 수 없었을 것

---

3. 코난 도일, 백영미 옮김, 『셜록 홈즈의 회상록』, (서울: 황금가지, 2002), 84쪽.

이기 때문이다.

(3) 요즘 우리사회에는 고위 공직자나 재벌 기업과 관련된 각종 특혜와 비리 사건이 부각되면서 '공정사회'라는 말이 유행하고 있다. 여기서 우리는 가난의 대물림이나 신분상승의 기회 상실에 대해 생각해 볼 필요가 있다. 가난의 대물림이나 신분상승의 기회상실은 계층 간의 갈등을 키우면서 사회 통합을 불가능하게 만들 수 있다. 그렇게 되면, 당연히 사회의 역동성이 떨어지고 사회의 발전이 불가능하게 된다. 결국 가난의 대물림이나 신분상승의 기회상실이 계속될 경우, 사회의 역동성이 떨어지고 사회의 발전이 불가능하게 된다고 할 수 있다.

(4) 지난주 세계경제포럼WEF이 2014년 국가경쟁력 순위를 발표했다. 우리나라는 지난해보다 1단계 떨어진 26위를 차지했다. 144개국 중 26위를 했으니 그리 나쁘지 않다고 말할 사람도 있겠다. 그러나 내용을 상세히 들여다보면 그렇게 낙관할 분위기가 아니다. 올해 우리 정부가 평가받은 정부 정책의 투명성은 133위에 불과하고 정치인에 대한 신뢰도는 117위이다. 이렇게 정치 부분의 순위가 낮은 이유는 무엇일까? 결정적으로, 정치인들이 선거과정에서 남발한 공약이 선거 이후 지켜지지 않아서라고 할 수 있다. 특히 대통령이 선거공약을 번복하거나 무효화한다면, 정치인에 대한 신뢰는 자리 잡을 수 없게 된다. 정치인에 대한 신뢰가 자리 잡을 수 있을 경우에만 국가경쟁력이 강한 국가가 될 수 있다. 따라서 대통령이 선거공약을 번복하거나 무효화해서는 안 된다.

(5) 왜 의사는 환자의 병증에 대해 비밀을 보장해야하는 것일까? 그 이유는 의사가 환자의 병증에 대해 확실히 파악해야만 한다는 데서 찾을 수 있다. 의사가 환자의 병증에 대해 확실히 파악하고자 한다면, 환자가 자신의 병증에 관해 의사에게 충분한 정보를 제공해야만 한다. 환자가 자신의 병증에 관해 충분한 정보를 제공하기 위한 필요조건은 의사가 환자의 병증에 대해 비밀을 보장해야 한다는 것이다. 결국 의사가 환자의 병증에 대해 확실히 파악하기 위한 필요조건은 의사가 환자의 병증에 대해 비밀을 보장해야 한다는 것이다. 따라서 의사는 환자의 병증에 대해 비밀을 보장해야 한다.

(6) 우리는 누구나 한번은 죽는다. 이것을 부인할 사람은 거의 없을 것이다. 그렇지만 죽음의 순간이 언제인지에 대해서는 큰 논란이 있다. 어떤 사람은 심장이 완전히 멈추었을 때가 죽음의 순간이라 주장한다. 반면에, 다른 어떤 사람은 뇌의 활동이 완전히 멈추었을 때가 죽음의 순간이라 주장한다. 과연 어떤 주장이 옳을까? 나는 후자라고 생각한다. 우리는 생물학적 유기체일 뿐만 아니라 인격체이다. 그런데 뇌가 멈추게 되면, 인격체로서의 삶이나 유기체로서의 삶이 모두 불가능해진다. 그리고 어떤 사람이 그러한 삶들을 누리지 못한다면, 그는 죽은 사람으로 볼 수밖에 없다. 따라서 뇌사가 죽음의 기준으로 타당하다.

(7) 최근 고유가, 환경보호, 개인건강 등을 이유로 자전거를 이용하는 사람들이 크게 늘었다. 도로는 물론이고 공원에서도 자전거를 즐기는 사람들이 적지 않다. 덩달아 자전거 사고 위험율도 높아지고 있다. 자전거

이용자들 가운데 일부는 도로를 역주행하거나 신호를 위반하고 중앙선 침범, 무단횡단, 인도 통행, 안전장비 미착용 등 안전의식에도 문제가 있다. 자전거 이용자도 교통법규를 지켜야 한다. 자전거는 도로교통법상 차마車馬에 해당되고, 차마에 해당되는 것을 이용하는 사람은 당연히 교통법규를 지켜야 하기 때문이다. 교통법규를 준수하지 않아 교통사고가 발생할 때는 자전거 또한 자동차와 똑같이 사고처리의 대상이 된다는 점을 명심하자.

⑧ 인터넷 실명제를 실시해야 한다고 주장하는 사람들이 있다. 그러한 사람들은 표현의 자유가 가지는 중요성이나 인터넷의 고유한 특성에 대한 이해가 부족하다고 할 수 있다. 단적으로 얘기해서, 인터넷 실명제는 표현의 자유를 침해하는 것이다. 그렇다면, 인터넷 실명제는 실시되어서는 안 된다. 표현의 자유를 침해하는 일이 발생해서는 안 되기 때문이다. 또한 인터넷 공간의 중요한 특성 중의 하나는 바로 익명성이라는 점을 잊지 말아야 한다. 그 익명성이 보장되지 않는다면, 창조적이고 생산인 논의의 공간은 더 이상 성립하지 않게 될 것이다. 그렇기 때문에 익명성이라는 인터넷 공간의 특성이 훼손되어서는 안 된다. 그러나 인터넷 실명제가 시행될 경우 그러한 특성은 훼손되고 말 것이다. 결국 인터넷 실명제가 실시되는 일은 없어야 한다.

⑨ 우리는 이따금씩 '어쩔 수 없이 그렇게 될 운명이었어!'라고 말하곤 한다. 우리 힘으로 극복할 수 없는 일에 대한 체념의 표현이다. 소설이나 영화 속에서 비극적인 상황에 처한 주인공은 그러한 상황에 처하게 된

자신의 운명을 탓하면서 자포자기하기도 하고 그 운명에서 벗어나기 위해 온 힘을 다해 싸우기도 한다. 자신의 운명에 맞서 싸우다가 성공하지 못하는 비극적인 주인공 얘기는 이제는 진부한 것이다. 여기서 운명이란 우리의 노력과는 상관없이 우리를 몰아가는 힘이나 그 힘에 의해 이미 정해져 있는 우리의 처지를 의미한다. 정말 우리의 삶은 운명이라는 것에 의해 이미 정해져 있을까? 그렇게 믿는 사람도 있을 수 있고 그렇게 믿지 않는 사람도 있을 것이다. 아마 이 물음을 속 시원하게 해결할 수 있는 사람은 없을 것이다. 그렇지만, 우리의 모든 삶이 운명에 의해 이미 정해져 있다면, 뛰어난 업적을 가진 사람에 대한 우리의 존경심은 잘못된 것이다. 우리가 뛰어난 업적을 가진 사람에 대해 존경심을 가진다는 것은 사실이다. 그런데 그 존경심은 무엇 때문일까? 업적의 뛰어남에서 비롯되겠지만, 더욱 중요한 것은 그 사람이 스스로의 노력을 통해 그러한 뛰어난 업적을 이루어 냈다는 데 있다. 그런데 만일 운명이라는 것이 정말 있다면, 그의 업적은 그 스스로의 노력에 의한 것이 아니라 궁극적으로 운명에 의한 것이게 된다. 그가 행한 노력조차도 그의 운명에 의한 것이라 할 수 있기 때문이다. 그렇다면 우리는 그 사람을 존경하기 보다는 그 사람의 운명을 부러워하는 것이 맞다. 결국, 베토벤, 고호 등의 예술가들이나 아인슈타인, 스티븐 호킹 등의 과학자들에 대한 존경심은 잘못된 것이다. 우리의 모든 삶이 운명이라는 것에 의해 이미 정해져 있다면 말이다.

(10) 공상과학 영화 속에는 다양한 괴물들이 등장하지만 좀비zombie만큼 흥미로운 존재도 없다. 좀비는 보통 살아 있는 시체로 정의된다. 그들

은 '아프다'라고 말할 수 있지만, 아픔을 느끼지 못하는 존재다. 아무런 기억도 가지지 못한다. 말하자면 의식 상태는 없다. 그렇지만 움직이며 말을 한다. 만일 그러한 존재가 정말 있다면, 정상적인 사람들과 구분될 수 있을까? 예를 들어, 우리와 외모적으로는 똑같은 좀비가 있다고 해보자. 그들은 우리와 마찬가지로 먹고 마시고 대화하고 움직인다. 때리려고 하면 피하고, 맞으면 비명소리를 지른다. 물론 그들에게는 그 행동에 상응하는 정신적 상태가 전혀 없다는 점에서 우리와 차이가 있다. 그러나 중요한 것은 우리는 그러한 차이점을 알아낼 방도가 전혀 없다는 것이다. 내가 주장하고자 하는 것은, 정신 상태와 물질 상태의 관계에 관한 행동주의를 참된 이론으로 받아들여서는 안 된다는 것이다. 그 이론은 정신 상태와 우리의 행동을 동일한 것으로 취급한다. 따라서 행동주의를 받아들이면, 좀비를 우리와 동일한 존재라고 할 수밖에 없다. 그렇지만, 분명한 것은 우리와 좀비는 엄연히 다른 존재라는 것이다.

귀납적 논변

지금까지 살펴본 타당한 연역적 논변의 형식들은 글을 분석할 때 유용하게 사용될 수 있지만, 모든 글들이 그러한 형식들로 분석될 수 있는 것은 아니다. 글쓴이가 귀납적 의도를 가지고 논변을 제시하고 있을 수도 있기 때문이다. 사실 우리는 일상생활 속에서 귀납적 논변을 자주 사용한다. 예를 들어, 우리는 밤늦게까지 환하게 불이 켜져 있는 연구실을 바라보면서 누군가 늦게까지 열심히 연구하고 있다고 생각한다. 또한 약속시간에 늦은 친구를 보면서 집에서 늑장을 부렸다고 생각한다. 그러나 이러한 관찰에 근거한 결론은 옳지 않을 수 있다. 불 켜진 연구실에 사람이 없을 수도 있고, 늦은 친구가 늑장을 부리지 않았을 수도 있기 때문이다. 아무리 관찰내용이 옳다고 하더라도 말이다. 이러한 귀납적 논변은 우리가 접하게 되는 글들에도 자주 등장한다. 그러한 글들을 옳게 분석하고 평가하기 위해서는 귀납적 논변에 대해 좀 더 자세히 알아보고 연습할 필요가 있다. 물론 이러한 연습은 우리가 스스로 좀 더 설득력 있는 귀납적 논변을 제시하는 능력을 기르는 데에도 유용할 것이다.

이번 장에서는 글을 분석하고 평가하는 데에나 자신의 생각을 설득력 있게 제시하는 데에 유용하게 사용될 수 있는 몇 가지 귀납적 논변의 형식들에 대해 살펴보려 한다. 이미 언급한 것처럼, 귀납적 논변이란 전제의 참이 결론적 주장의 참을 높은 확률로 지지한다는 것을 보이려는 의도로 구성되는 것이라 할 수 있다. 이러한 의도를 성공적으로 실현하기 위해서는 어떠한 방식을 취해야 하는가? 일단 다음의 얘기를 살펴보자.

> 어제 난 지갑을 도난당했어. 지갑이 없어졌다는 걸 알게 된 건 서점에서 책을 사려고 지갑을 꺼내려 한 순간이었지. 그 때가 저녁 9시쯤이었으니, 지갑이 없어진 것은 아마 7시에서 9시 사이일 거야. 7시쯤 음식점에서 계산할 때만해도 분명히 지갑이 있었거든. 그렇다면 서점으로 가는 동안 어딘가에서 그런 일이 발생했을 텐데, 아마 버스 안일 거야. 내가 탄 버스는 승객이 많아서 굉장히 혼잡스러웠거든. 그 때 누군가가 내 지갑을 훔쳐갔음에 틀림없어. 혼잡스런 버스 안은 소매치기가 활동하기 좋은 공간이거든.

이 얘기의 결론적 주장은 버스 안에서 지갑을 도난당했다는 것이다. 이러한 결론을 지지하기 위해 제시된 이유들을 정리해 보자.

· 지갑이 없어진 것은 7시에서 9시 사이이다.

· 7시에서 9시 사이에 나는 혼잡스러운 버스 안에 있었다.

· 혼잡스런 버스 안에 있을 경우에는 지갑을 도난당할 위험이 크다.

우리는 이러한 세 이유들이 모두 참이라 할지라도 결론적 주장이 참이라는 것을 100% 보증하지는 못한다는 것을 알 수 있다. 예를 들어, 나의 친구가 내게 이렇게 물어본다고 해보자. "야, 음식점에서 계산하고 지갑을 주머니에 넣은 게 확실해?" 만일 이 물음에 확실한 답변을 하지 못한다면, 결론적 주장은 상당히 약화될 것이다. 또한 내 친구는 나에게 7시부터 9시 사이에 지갑을 흘릴만한 행위를 하지 않았는지 물어볼 수도 있다. 즉, 도난이 아니라 단순 분실의 가능성에 관해 묻는다는 것이다. 이 물음에 대해 확실히 답변하지 못할 경우에도 결론적 주장은 약화될 것이다. 물론 그러한 친구의 물음들에 대해 확실히 그렇다고 답변할 수 있다면, 결론적 주장은 강화될 것이다. 이렇게 귀납적 논변은 이유를 어떻게 구성하느냐에 따라 결론적 주장이 한층 더 강화되기도 하고 약화되기도 한다. 앞서 간단하게 언급했던 다음과 같은 귀납적 논변의 경우도 마찬가지이다.

R1. 친구가 약속시간에 늦었다.

C. 집에서 늑장을 부렸을 것이다.

이 논변이 귀납적이라는 것은 확실하다. R1이 참이라 할지라도 C는 거짓일 가능성은 충분히 있기 때문이다. C를 강화시키거나 약화시키는 방법을 생각해 보자. 과거에도 친구가 집에서 늑장을 부린 일이 많았다는 등의 주장을 전제에 포함시킨다면, C는 강화될 것이다. 반면에, 평소 친구가 약속시간을 잘 지킨다든지 약속시간을 즈음하여 교통정체가 있었다는 등의 주장을 전제에 포함시킨다면, C는 약화될 것이다.

이와 같은 귀납적 논변의 특성을 염두에 둔다면, 귀납적 의도를 성공적으로 실현하기 위해서는, 결론적 주장을 강하게 지지하는 명제들로 전제들을 구성해야만 한다는 것을 알 수 있다. 물론 어떤 귀납적 논변이 강하다는 것만으로 무조건 그 논변이 설득력을 가지는 것은 아니다. 이유가 결론적 주장을 강하게 지지하고 있다는 것은 그러한 설득력을 위한 하나의 필요조건을 충족시켰다는 것을 의미할 뿐이다. 귀납적 의도를 실현시키면서 궁극적으로 설득력 있는 귀납적 논변을 구성하기 위해서는 전제의 내용이 올바른 것이어야 한다. 이에 관해서는 평가작업에 관해 연습할 때 다루게 될 것이다. 여기서는 일단 귀납적 논변의 강도에 초점을 맞추도록 하자.

이제 귀납적 논변을 적절하게 구성하는 데에 유용하게 사용될 수 있는 몇 가지 형식들에 대해 살펴보고, 어떠한 조건이 충족되어야 결론을 강하게 지지하는 귀납적 논변을 구성할 수 있을지 생각해 보려한다. 먼저 우리가 가장 잘 알고 있는 형식인 귀납적 일반화에 대해 살펴보자.

귀납적 일반화

귀납적 일반화는 어떤 집합에 속하는 몇몇 구성원들에 대한 관찰을 통해 그 집합 전체에 대한 어떤 주장으로 나아가는 논변 형식이라고 할 수 있다. 예를 들어, 비판적 사고 수업을 수강하고 있는 70명의 학생들 중 무작위로 뽑은 40명의 학생들을 표본으로 수업 만족도에 대해 물어보았는데, 40명의 학생들이 모두 만족한다고 답변했다고 해보자. 이러한 조사결과를 바탕으로 다음과 같은 논변을 구성해 볼 수 있다.

R1. 비판적 사고 수업 수강생의 표본 40명 모두가 수업에 만족하고 있다.

C. 비판적 사고 수업의 모든 수강생들은 수업에 만족하고 있다.

이 논변이 바로 귀납적 일반화이다. 이 논변에서 R1이 참이라 할지라도 C는 거짓일 가능성이 있다. 그렇지만 표본이 전체의 절반 이상이고 무작위적으로 추출되었다는 것을 감안하면, 그럴 가능성은 다소 적다고 할 수 있다. 즉, 이유가 참일 경우 결론적 주장이 참일 확률이 꽤 높다는 것이다.

방금 살펴본 귀납적 일반화의 결론적 주장은 '모든'을 포함하는 보편적 명제이다. 그러나 귀납적 일반화의 결론적 주장이 반드시 그러한 보편적 명제일 필요는 없다. 실제로 우리가 사용하는 귀납적 일반화는 '대부분', '대다수', '전체의 x%' 등을 포함하는 통계적 명제가 결론적 주장인 경우가 더 많이 있다. 예를 들어, 정부의 인권위 축소 정책에 대해 전국의 대학생들 중 10,000명을 상대로 여론조사를 했는데, 조사 결과 10,000명의 학생들 중 75%의 학생이 정부의 그 정책에 반대하고 있는 것으로 드러났다고 해보자. 이러한 조사 결과를 바탕으로 다음과 같은 귀납적 일반화 논변을 구성할 수 있을 것이다.

R1. 전국의 대학생들 중 10,000명을 대상으로 여론조사를 해 본 결과 75%의 학생

들이 정부의 인권위 축소 정책에 대해 반대하고 있는 것으로 드러났다.

C. 전국 대학생들의 75%가 정부의 인권위 축소 정책에 대해 반대하고 있을 것이다.

> **〈귀납적 일반화〉**
>
> R1. A의 표본 중 x%가 F이다.
>
> C. A 중 x%가 F이다.

귀납적 일반화는 왼쪽과 같이 형식화 될 수 있다. 여기서 x가 100일 경우에는 보편적 명제를 결론적 주장으로 가질 것이고, 100 이하일 경우에는 통계적 명제를 결론적 주장으로 가지게 될 것이다. 그렇다면, 우리가 글을 분석하는 과정에서 이러한 귀납적 일반화를 만나게 되었을 경우, 그것의 강도를 어떻게 평가할 수 있을까? 달리 얘기해서, 귀납적 일반화를 통해 어떤 주장을 정당화하려고 하는 경우, 그 주장을 강하게 지지하기 위해서는 어떠한 조건을 충족시켜야 하는가? 누구나 잘 알 수 있듯이, 귀납적 일반화에서 중요한 것은 표본이다. 부분에 대한 관찰을 통해 전체에 대해 주장을 하기 위해서는 그 표본이 되는 부분이 전체를 대표할 수 있어야 한다. 그러기 위해서는 표본은 충분한 크기와 다양성을 가져야 한다. 예를 들어, A당에 대한 지지도를 조사하는데, 100명을 조사 대상으로 했다면 표본의 크기가 충분하지 않은 셈이다. 만일 100,000명을 조사 대상으로 했다면 표본의 크기가 어느 정도는 충분하다고 생각할 수 있다. 그러나 그 100,000명이 모두 A당 당원이거나 A당과 친밀한 관계를 유지하고 있는 사람들이라면, 표본이 다양하지 않은 셈이다. 이런 경우 A당에 대한 지지도가 아무리 99.9%가 나온다고 해도, 그러한 설문조사의 결과는 설득력을 가지지 못한다. 표본이 전체를 대표하지 못하기 때문이다. 이러한 점들을 고려하면, 귀납적 일반화가 강하기 위해서는 표본이 전체를 대표할 수 있어야 한다는 것을 잘 알 수 있다.

<강한 귀납적 일반화의 조건>

① 표본은 충분한 크기를 가져야 한다.

② 표본은 충분한 다양성을 가져야 한다.

2008년 한 해의 가장 큰 사회적 이슈는 미국산 쇠고기 수입문제였다. 우리 정부는 미국에서 더 이상 광우병이 발생하지 않고 있고, 광우병 검사도 철저하게 시행되고 있기 때문에 미국산 쇠고기는 안전하다고 주장했다. 그럼에도, 많은 국민들은 건강권과 생명권을 외치면서 촛불시위에 참여하였다. 정부의 얘기를 믿지 못했기 때문이다. 그렇다면, 왜 정부의 얘기를 믿지 못하게 되었을까? 여러 중요한 이유들이 있었지만, 미국에서 시행되는 광우병 검사가 우리 정부에서 얘기하는 것처럼 철저하지 않다는 것을 알게 되었다는 것도 하나의 중요한 이유였다. 당시 미국에서는 전체 소 가운데 단 4만 마리, 즉 전체 소의 약 0.1%의 소에 대해서만 광우병 검사를 시행하고 있는 것으로 알려졌었다. 이정도의 광우병 검사가 철저한 것일 수 있을까? 4만 마리의 소를 검사했을 때 광우병에 걸린 소가 하나도 없다는 것에 근거하여 전체 소 모두가 안전하다고 결론지을 수 있을까? 그렇지 않다고 판단하는 사람들이 대부분이고, 그렇기 때문에 많은 사람들이 정부의 해명을 믿을 수 없었던 것이다. 아무리 표본을 무작위로 뽑아서 어느 정도의 다양성을 확보한 상태에서 검사를 진행한다고 해도 표본의 크기가 너무 작다고 할 수 있다. 이렇게 약한 귀납적 일반화의 결론을 믿을 사람은 거의 없을 것이다. 더욱이 그 결론이 생명과 관련된 것이라면 더더욱 그러하다.

※ 다음 논변들이 강하지 않은 이유를 설명해 보자.

⑴ 역시 소문과 다르더라고. 보통 철학과 학생들은 비판적 사고에 뛰어나다고 생각하잖아? 그런데 어제 만난 그 철학과 애는 정말 멍청하더라. 철학과 학생들은 결코 비판적 사고에 뛰어나지 않아.

⑵ 왜 학교 매점에서 맥주를 판매하지 않는가? 맥주는 알코올 도수도 낮고 대다수의 학생들이 즐겨 마시는 음료이다. 이번 설문조사 결과를 보더라도, 맥주를 좋아하는 많은 학생들은 학교 매점에서 맥주를 판매하는 것에 적극 찬성하고 있다. 학생들의 의견을 존중한다면, 학교매점에서 맥주를 판매하는 것을 허용해야 한다.

⑶ 나는 새 차를 구입하기 위해 지난 한달 동안 여러 차종에 대한 다양한 통계자료를 수집했다. 그 자료에 따르면, A차가 기능, 안정성, 디자인 등 모든 면에서 가장 나았다. 그래서 나는 오늘 아침까지만 해도 A차를 구입하기로 마음먹었었다. 그러다가 오늘 오후에 절친한 친구인 철수를 만났다. 공교롭게도 그는 A차를 사용하고 있었는데, A차에 대해 불만이 많았고 구입을 후회하고 있었다. 그런 모습을 보고 나도 후회를 하지 않기 위해 A차를 구입하지 않기로 마음을 고쳐먹었다.

⑷ 그 친구가 공부를 잘한다고? 물론 그 친구는 작년에도 성적 우수 장학

금을 받았고 지난 학기에도 성적 우수 장학금을 받았어. 그리고 이번 학기에도 또 성적 우수 장학금을 받을 것 같아. 하지만, 그건 모두 운 때문이야. 다음 학기부터는 어림없을 걸?

⑸ 재래시장이 위기라고 연일 매스컴에서 떠들고 있는데, 그렇지 않은 거 같아. 오랜만에 남대문시장에 가보았는데, 사람도 많고 굉장히 활기차 있더라고. 남대문시장은 우리나라 재래시장을 대표하는 곳이잖아.

통계적 삼단논법

앞서 살펴보았듯이, 귀납적 일반화에 포함되는 결론적 주장은 두 가지 종류로, 보편적 명제이거나 통계적 명제이다. 이러한 결론적 주장을 전제로 사용하여 논변을 구성해 볼 수 있다. 먼저 전제로 사용할 귀납적 일반화의 결론적 주장이 보편적인 명제인 "이 반의 모든 학생들이 비판적 사고에 관심을 가지고 있다."라고 해보자. 이 명제를 하나의 전제로 취하고 "지수는 이 반 학생이다."라는 전제를 덧붙이면, "지수는 비판적 사고에 관심을 가지고 있다."라는 결론적 주장이 도출된다. 이러한 일련의 사유 과정을 논변 형식으로 구성하면 다음과 같다.

R1. 이 반의 모든 학생들이 비판적 사고에 관심을 가지고 있다.

R2. 지수는 이 반 학생이다.

C. 지수는 비판적 사고에 관심을 가지고 있다.

이 논변은 연역적으로 타당한 것으로서 두 전제가 모두 참일 경우 결론적 주장은 반드시 참이 된다는 것을 알 수 있다. 이번에는 R1에 통계적인 명제가 포함되는 경우를 생각해 보자. 예를 들면, "이 반 학생들의 90%가 비판적 사고에 관심을 가지고 있다." 정도의 명제가 포함되어 있다고 하자. 이 명제와 "지수는 이 반 학생이다."라는 명제를 전제로 하여 논변을 구성하면 다음과 같다.

R1. 이 반 학생들의 90%가 비판적 사고에 관심을 가지고 있다.

R2. 지수는 이 반 학생이다.

C. 지수는 비판적 사고에 관심을 가지고 있을 것이다.

〈통계적 삼단논법〉

R1. A의 대부분이(x%가) B이다.

R2. a는 A이다.

C. a는 B이다.

이 논변에서 우리는 R1과 R2가 참이라 할지라도 C는 거짓일 가능성이 있다는 것을 알 수 있다. 그렇지만 R1과 R2가 모두 참일 경우 C가 참일 확률은 꽤 높다고 할 수 있다. 이것이 바로 통계적 삼단논법이고, 그 형식은 왼쪽과 같이 나타낼 수 있다.

사실 우리가 일상생활 속에서 어떤 사항에 대해 추론하고 판단할 때 이러한 통계적 삼단논법에 근거하는 경우가 많이 있다. 미팅이나 소개팅의 경우를 예로 생각해보자. 어느 화창한 봄날 당신은 소개팅을 하기로 약속했다. 누구나 소개팅 상대가 어떤 사람일지 궁금해 할 것이다. 그런데 주선자인 친구는 소개팅 상대에 대해 별 다른 얘기는 하지 않고 그냥 전공에 대해서만 얘기해주었다. 아마도 전공이 무엇인지에 따라 당신의 기대감은 다를 것이다. 예를 들어, 그 소개팅 상대가 연극영화과 학생일 경우에 가지는 느낌과 철학과 학생일 경우에 가지는 느낌은 각각 다를 것이다. 그러한 차이는 어디서 오는 것일까? 그 기대감을 반영한 다음의 두 논변을 살펴보자.

〈논변1〉

R1. 소개팅 상대는 연극영화과 학생이다.

C. 그 학생은 연예인처럼 세련된 모습일 것이다.

〈논변2〉

R1. 소개팅 상대는 철학과 학생이다.

C. 그 학생은 생각이 깊을 것이다.

사실 위 두 논변에는 어떤 전제들이 생략되어 있다고 볼 수 있다. 〈논변1〉에 생략되어 있는 전제는 "연극영화과 학생들은 대부분 연예인처럼 세련된 모습을 가지고 있다." 정도이고, 〈논변2〉에 생략되어 있는 전제는 "철학과 학생들은 대부분 생각이 깊다." 정도일 것이다. 이러한 전제들을 포함시켜 논변을 구성하면 다음과 같다.

〈논변3〉

R1. 연극영화과 학생들은 대부분 연예인처럼 세련된 모습을 가지고 있다.

R2. 소개팅 상대는 연극영화과 학생이다.

C. 소개팅 상대는 연예인처럼 세련된 모습을 가지고 있을 것이다.

〈논변4〉

R1. 철학과 학생들은 대부분 생각이 깊다.

R2. 소개팅 상대는 철학과 학생이다.

C. 소개팅 상대는 생각이 깊을 것이다.

위의 두 논변은 앞서 우리가 살펴본 통계적 삼단논법의 형식을 취하고 있다. 물론 이러한 논변들에서 R1과 R2가 모두 참이라 할지라도 결론은 거짓일 가능성이 있다. 큰 기대를 가지고 소개팅에 나갔다가 실망했던 경험을 떠올려 보라. 이제 통계적 삼단 논법을 강하게 구성하기 위해서는 어떻게 해야 하는지 생각해보자. 강한 통계적 삼단논법과 약한 통계적 삼단논법의 차이는 어디서 오는 것일까? 예를 들어, 다음 두 논변을 살펴보자. 두 논변은 모두 통계적 삼단논법의 형식을 취하고 있고 결론적 주장도 동일하다.

〈논변5〉

R1. 우리 학교 학생의 90%는 성실하다.

R2. 지수는 우리 학교 학생이다.

C. 지수는 성실하다.

〈논변6〉

R1. 우리 학교 학생의 50%는 성실하다.

R2. 지수는 우리 학교 학생이다.

C. 지수는 성실하다.

어떤 논변이 더 강한가? 누구나 〈논변5〉가 〈논변6〉보다 강하다고 판단할 것이다. 특히, 〈논변6〉과 같은 경우는 두 전제가 결론적 주장을 지지하기 힘든 매우 약한 논변이라 할 수 있다. 즉, 귀납적 의도를 전혀 실현하지 못하고 있다는 것이다. 지수가 성실한 쪽에 속할 확률도 성실하지 않은 쪽에 속할 확률도 모두 1/2로 동일하기 때문이다. 이렇게 볼 때, 어떤 논변이 강한 통계적 삼단 논법이기 위해서는 통계 수치가 100%에 가까워야 하고, 50% 정도에 가까워질수록 약해진다는 것을 알 수 있다. 물론 위 논변들에서 통계 수치가 50% 이하인 경우에는 지수가 성실하지 않다고 결론 짓는 것이 합당할 것이다. 다음 논변을 살펴보자.

〈논변7〉

R1. 우리 학교 학생의 10%는 성실하지 않다.

R2. 지수는 우리 학교 학생이다.

C. 지수는 성실하다.

이 논변도 통계적 삼단논법이다. 그런데 R1의 통계 수치는 매우 낮다. 그럼에도 강한 논변이라 평가할 수 있다. 이 예에서 볼 수 있듯이, 전제의 통계 관련 내용과 반대되는 내용을 결론적 주장에 위치시키게 될 경우에는 통계수치가 0%에 가까울수록 강해진다는 것을 알 수 있다. 이러한 통계 수치도 중요하지만, 강한 통계적 삼단논법을 위해 고려해야 할 다른 중요한 사항이 있다. 예를 들어, A씨가 성형수술을 받았는지의 여부에 대해 상반된 주장을 하고 있는 다음의 두 논변을 살펴보자.

<논변8>

R1. 강북에 사는 여성들 중 70%는 성형수술을 받지 않았다.

R2. A는 강북에 사는 여성이다.

C. A는 성형수술을 받지 않았다.

<논변9>

R1. 연예인 여성들 중 70%는 성형수술을 받았다.

R2. A는 연예인 여성이다.

C. A는 성형수술을 받았다.

〈논변8〉과 〈논변9〉는 A라는 동일한 사람에 관해 서로 상반된 주장을 하고 있다. 물론 그 상반된 주장을 지지하는 전제는 서로 다르다. A가 속할 수 있는 집합은 연예인의 집합, 강북주민의 집합, 아파트 거주자의 집합, 30세 미만의 집합 등 수없이 많을 것이다. 통계적 삼단 논법이 강한 것이기 위해서는 그러한 집합들 중 결론적으로 주장하려는 것과 내용적 연관성이 강한 집합이 전제를 구성하는 데 사용되어야 한다. 그렇다면, 〈논변8〉과 〈논변9〉 중 어떤 논변이 더 강해 보이는가? A는 성형수술을 받았을까? 만일 당신이 〈논변8〉의 손을 들어준다면, 강북에 살고 있다는 것과 성형수술 여부가 서로 긴밀하게 연관되어 있다고 생각하기 때문일 것이다. 그러나 아마도 대부분의 사람들은 〈논변9〉가 더 강하다고 생각할 것이다. 그 이유는 물론 연예인 여성이라는 것과 성형수술을 받았다는 것이 서로 밀접하게 연관되어 있다고 생각하기 때문이다. 그러한 연관성에 대한 믿음은 우리가 가지고 있는 배경지식이라 할 수 있다. 만일 우리가 〈논변8〉과 〈논변9〉와 관련된 어느 정도의 배경지식을 가지고 있지 않다면, 어떤 논변이 더 강한지 평가할 수 없을 것이다. 이제 다음 논변을 살펴보자.

〈논변10〉

R1. 대한민국의 대학생 중 약 1% 정도만이 유학儒學을 배운다.

R2. 쥬리는 대한민국의 대학생이다.

C. 쥬리는 유학儒學을 배우지 않을 것이다.

대부분의 사람들은 이 논변을 충분히 강한 것으로 간주할 것이다. 그러나 쥬리와 쥬리가 다니고 있는 대학교에 대한 배경지식을 가지고 있는 사람에게 〈논변10〉은 받아들여지기 힘든 것일 수 있다. 예를 들어, 쥬리가 성균관대학교에 다니는 학생이고, 성균관대학교에서는 대부분의 학생들이 유학을 배운다고 해보자. 이 경우 다음과 같은 통계적 삼단논법이 구성될 수 있다.

〈논변11〉

R1. 성균관대학교 학생 중 90%가 유학儒學을 배운다.

R2. 쥬리는 성균관대학교 학생이다.

C. 쥬리는 유학儒學을 배울 것이다.

〈논변10〉과 〈논변11〉의 경우를 염두에 둘 때, 어떤 논변이 강한 통계적 삼단논법이기 위해서는 통계의 내용이 주장의 내용과 밀접한 연관이 있어야 하고, 그 연관성 여부는 우리가 가지고 있는 배경지식에 의해 판단될 수 있다는 것을 다시 한 번 알 수 있다.

〈강한 통계적 삼단 논법의 조건〉

① 통계 수치가 100%에 가까워야 한다. (부정적인 결론일 경우는 0%에 가까워야 한다.)

② 전제에 포함된 통계 관련 집합과 주장하려는 것의 연관성이 강해야 한다.

※ **다음 논변을 통계적 삼단논법의 형식으로 재구성하고, 이유가 결론적 주장을 지지하는 강도에 대해 논의해 보자.**

⑴ 머리가 큰 사람은 대부분 큰 뇌를 가지고 있다. 큰 뇌를 가지고 있는 사람은 대부분 높은 지능을 가지고 있다. 그런데 어제 신문을 보니, 우리나라의 경우 대부분의 여성들의 머리 크기는 남성의 95.8% 정도라는 연구결과가 발표되었다. 그렇다면, 머리가 유난히 큰 철수는 영희보다 높은 지능을 가지고 있을 것이다.

⑵ 혈액형이 B형인 사람은 대부분 주위 사람들과 잘 어울리지 못하고 방황을 많이 한다. 친구들을 만날 때는 형식적인 자리를 싫어하기 때문에 친하지 않는 친구들과 있을 때는 분위기만 맞춰주는 정도로 노력한다. 또한 낯가림을 하여 다른 사람 앞에 나서는 것도 싫어한다. 철수는 B형이다. 그러므로 철수는 주위 사람들과 잘 어울리지 못하고 다른 사

람 앞에 나서는 것도 싫어할 것이다.

(3) 아마 그 친구는 정부의 종합부동산세 완화 정책에 반대할 거야. 그 친구는 빈곤층이거든.

(4) 〈비판적 사고〉를 수강하는 그 친구는 공부를 열심히 하긴 하지만 A학점을 받지는 못할 거야. 〈비판적 사고〉는 상대평가 과목인데 수강생의 20% 정도만 A학점을 받을 수 있거든.

(5) 서울 강남에 거주하고 있는 대학생 중 무려 50%나 해외여행 경험이 있다고 한다. 나는 제주도에도 가본 적이 없는데 말이다. 내 친구 철수는 강남에 살고 있다. 아마 그 친구도 해외여행을 한 적이 있을 것이다.

지금까지 우리는 귀납적 논변의 두 가지 형식에 대해 논의하고 연습해 보았다. 물론 그 형식들은 타당한 연역적 논변 형식들처럼 전제의 참이 결론적 주장의 참을 필연적으로 보증해 주는 것들이 아니었다. 그렇지만 그 두 형식들은 글에 포함되어 있는 귀납적 논변을 체계적으로 분석하고 평가하기 위해서 유용하게 사용될 수 있는 것들이라 할 수 있다. 이제 그러한 귀납적 논변 형식들 중 몇 가지에 대해 더 살펴보려 한다. 어떤 주장을 귀납적으로 뒷받침하기 위해 사용할 수 있는 방법은 다양하다. 지금까지 살펴본 논변 형식들은 각각 '전체로부터 추출한 표본'과 '통계적 일반화 명제'에 기대어 어떤 주장을 지지하는 방법들이었다. 이제 유비(類比, analogy)를 통해, 즉 서로 다른 두 종류의 대상에 대한 비교를 통해 어떤 주장을 지지하려는 시도에 대해 살펴보도록 하자.

유비논변

유비類比에 근거하여 자기주장을 정당화하거나 다른 사람의 주장에 문제점이 있다는 것을 보이는 것은 우리의 일상적 모습이라 할 수 있다. 예를 들어 보자. 차별대우를 받고 있다고 느끼면서 어머니의 사랑을 의심하는 작은 아들에게 어머니는 이렇게 얘기하곤 한다. "열 손가락 깨물어 안 아픈 손가락 없단다." 어머니는 이런 유비를 통해 작은 아들의 생각이 잘못된 것임을 얘기하고자 하는 것이다. 다른 예를 들어보자. 언젠가 "축사에 비상구 표시를 꼭 해야 건축허가를 해줄 수 있다는데 그럴 필요가 있겠느냐."는 발언을 한 최고 공직자가 있었다. 화재가 발생했을 때 소들이 그 비상구 표시를 보고 대피할리는 만무한데, 반드시 비상구 표시를 해야 한다는 것은 불필요한 규제가 아니냐는 생각에서 나온 발언이었다. 언뜻 보기에, 정말 그럴듯해 보인다. 그러나 유비를 통해 그러한 주장이 우스운 것임을 드러낼 수 있다. 실제로 어떤 네티즌이 이렇게 얘기했다. "PC방의 비상구 표시는 PC들이 대피하라고 해 놓은 것인가?" 그 네티즌은 유비를 사용하여 그런 발언을 한 공직자가 무엇을 놓치고 있는지 잘 보여주고 있다. 말하자면, 축사의 비상구 표시는 소가 아니라 축사에서 일하고 있는 사람들을 위한 것이라는, 아주 당연한 사실을 그 공직자가 놓치고 있다는 것을 보여준 것이다. 이렇게 유비는 우리의 일상 속에서 아주 유용하게 사용되곤 한다.

유비논변이란 유비 즉 서로 다른 종류의 대상들에 대한 비교에 근거하여 어떤 결론을 끌어내는 형식의 논변이다. 방금 얘기한 것처럼, 유비논변은 우리가 정말 자주 사용하고 있는 것이다. 예를 들어, 당신이 학기말이 되어 비판적 사고 성적이 어떻게 나올지 궁금해 하면서 기다리고 있는데, 지난 학기에 비판적 사고 수업을 들었던 어떤 친구가 자기는 A+를 받았었다고 자랑하고 있다고 해보자. 이 때 당신은 무슨 생각을 하게 될까? 아마 비판적 사고 수업과 관련하여 그 친구와 당신을 비교해 보게 될 것이다. 즉, 출석률, 수업참여도, 시험 점수 등을 비교하면서 당신 자신의 성적이 무엇일지 가늠해 보게 될 것이다. 그러한 비교과정 끝에 '나도 A+를 받겠구나!'라고 결론짓게 될 수도 있고, '나는 A+를 받지 못하겠구나!'라고 결론짓게 될 수도 있다. 물론 이러한 결론의 차이는 비교의 결과에서 비롯될 것이다. 예를 들어, 지난 학기에 A+를 받은 그 친구와 당신이 출석률, 수업참여도, 시험 점수 등에서 매우 유사하다면, A+를 받을 것이라 결론짓게 될 것이다. 이러한 유비를 통한 사유과정은 다음과 같은 방식의 논변으로 정리될 수 있다.

R1. 그 친구는 결석을 두 번 했지만, 수업시간에 발표를 두 번 했고, 시험 점수도 좋다.

R2. 나도 결석을 두 번 했지만, 수업시간에 발표를 두 번 했고, 시험 점수도 좋다.

R3. 그 친구는 A+를 받았다.

C. 나도 A+를 받을 것이다.

〈유비논변〉

R1. A는 a, b, c 등의 성질을 가지고 있다.

R2. X는 a, b, c 등의 성질을 가지고 있다.

R3. A는 z의 성질을 가지고 있다.

C. X는 z의 성질을 가지고 있다.

위의 논변은 왼쪽과 같은 전형적인 유비논변의 형식을 취하고 있다. 물론 이러한 유비논변은 귀납적인 것으로서 전제로 제시된 이유들이 모두 참이라 할지라도 결론적 주장은 거짓일 가능성이 있다. 그렇다면, 결론적 주장을 더 강화시킬 수 있는 방법은 무엇일까? 몇 가지 방법을 생각해 볼 수 있을 것이다. 하나는 R1에 등장하는 그 친구(A)처럼 나와 유사한 성질을 가지는 다른 친구(B)를 찾아 그 친구의 성적이 무엇인지 알아보는 것이다. 예를 들어, 지난 학기에 비판적 사고 수업을 들었던 또 다른 친구를 찾아냈는데, 그 친구도 A+를 받았고, 출석률 등에서 당신과 유사했다고 해보자. 이 경우에 위의 논변은 더 강화될 것이다. 이렇게 R1에 나오는 비교대상의 수(말하자면, A, B, C 등)를 늘리면 늘릴수록 유비논변은 강화된다.

또 다른 방법은 비교대상이 되는 친구들과 당신의 유사성(a, b, c 등)을 더 찾아내는 것이다. 예를 들어, 그 친구들과 내가 동일한 선생님에게서 수업을 들었다(d)거나 수업시간에 선생님의 질문에 답변을 잘했다(e)는 점에서도 유사하다는 것 등을 위 논변의 R1과 R2에 포함시킨다면, 위 논변의 결론적 주장이 참일 확률은 더 높아질 것이다. 물론 여기서의 유사성은 학점과 밀접한 연관이 있는 것이어야 할 것이다. 그 친구와 내가 같은 집에서 하숙을 한다거나 유사한 장르의 영화를 좋아한다는 것 등은 위 논변의 결론적 주장을 강화시켜주지 못한다. 이러한 유비논변의 특성을 다음과 같이 정리해 볼 수 있겠다.

<강한 유비논변의 조건>

①X와 비교되는 대상들(A, B, C 등)의 수가 많아야 한다.

②추론의 목표가 되는 성질(z)과 연관된 공통성질들(a, b, c 등)이 많아야 한다.

③비교 대상들(A, B, C, X 등)의 공통성질들(a, b, c 등)이 추론의 목표가 되는 성질(z)과 긴밀한 연관성이 있어야 한다.

이러한 특성을 가지는 유비논변은 다양한 분야에서 사용되고 있다. 예를 들어, 동물실험을 통해 알아낸 사실을 인간에게 적용하는 것도 사실 이러한 유비논변에 근거한 것이라 할 수 있다. 특정 동물에게 어떤 약을 주사했을 때 부작용이 발생하면, 인간에게 그 약을 주사해서는 안 되겠다는 결론으로 나아갈 수 있다. 그러한 결론으로 나아가기 위한 결정적 근거는 바로 그 동물과 인간의 유사성이다. 물론 그 동물실험에서 인간과 생리학적으로 더 유사한 동물이 사용되면 될수록 그 결론은 강화될 것이다. 물론 이유의 참이 결론적 주장의 참을 100% 보증해 주지는 못하지만 말이다. 이제 몇 가지 글들을 통해 유비논변에 대해 연습해 보자.

※ 다음 글들에 포함되어 있는 논변을 유비논변 형식으로 구성하고, 강화시키거나 약화시킬 수 있는 방법에 대해 논의해보자.

⑴ 갑상선을 제거한 올챙이는 개구리가 되지 못했으며, 갑상선 호르몬인 티록신을 주사한 올챙이는 개구리가 되기까지의 시간이 단축되었다. 아마 태아나 신생아의 갑상선 호르몬에 문제가 발생하면 정신 지체장애 등의 성장장애가 올 수도 있을 것이다.

⑵ 학교 정문 쪽에 통닭집이 생겼는데, 아마 금방 문 닫을 것 같아. 어제 그 집에 가보았거든. 많은 점에서 학교 주변에 생겼다가 금방 없어진 통닭집들과 비슷하더라고. 금방 망한 그 집들처럼 가격도 비싸고 위생상태도 그다지 좋은 것 같지 않아. 인테리어도 그저 그렇고 말이야. 아마 몇 달 못 갈 거야.

⑶ 우리는 자기뿐만 아니라 다른 사람도 마음을 가지고 있다고 생각한다. 그런데 이러한 당연한 생각을 의심해 볼 수도 있다. 왜냐하면, 우리는 타인의 마음을 본 적이 없기 때문이다. 나는 내 친구가 가지고 있는 멋진 노트북을 볼 수 있다. 그렇지만 내 친구의 마음을 본 적은 없는 것 같다. 그럼에도 나는 내 친구가 마음을 가지고 있다는 것을 의심하지 않는다. 왜 친구의 마음을 본 적도 없으면서도 친구가 마음을 가지고 있다는 것을 당연시하는 것일까? 아마도 내 친구가 나와 유사하게 행동하기 때문일 것이다. 예를 들어, 내 친구는 실수로 어딘가에 부딪히면 특정한 행동을 취한다. 그 행동은 내가 고통을 느낄 때 취하는 행동과 유사하다. 뿐만 아니라 내 친구는 나처럼 언어를 사용하고, 웃기도 하고 울기도 한다. 그런데 이러한 행동들을 하는 나는 마음을 가지고 있다. 내가 마음을 가지고 있지 않다면, 그러한 행동을 취할 수 없을 것이다. 이러한 점들에 근거하면, 내 친구도 마음을 가지고 있다고 할 수 있다. 말하자면, 유비논변을 통해 내 친구가 마음을 가졌다고 결론짓는 것이다. 우리가 〈혹성탈출〉의 유인원이나 〈이웃집 토토로〉의 토토로와 같이 우리와 생물학적으로 다른 존재들도 마음을 가지고 있다고 생각하는 것도 마찬가지라 할 수 있다.

⑷ 당신이 해변을 걷다가 모래 위에 떨어져 있는 시계를 발견했다고 상상해 보라. 그것을 들여다봄으로써 당신은 그 시계가 정교하고 복잡한 기계라는 것을 발견할 것이다. 이와 같이 정교한 사물의 존재를 어떻게 설명할 수 있을까? 파도가 모래를 때림으로써 시계가 우연적으로 만들어졌다는 설명은 설득력이 없다. 그것은 원숭이가 타자기 위를 아무렇게 뛰어 다님으로써 셰익스피어의 작품들이 씌어졌다고 주장하는 것과 마찬가지 정도의 설득력을 가질 뿐이다. 시계의 정교함은 그것이 지성의 산물임을 보여준다. 시계를 만든 지성적인 존재자^{시계공}가 있었기 때문에 시계는 존재한다. 생명의 세계를 한번 둘러보자. 생명의 세계에는 엄청나게 정교하고 환경에 잘 적응된 생명체들로 꽉 차 있다는 사실을 당신은 발견할 것이다. 사실 생명체들은 시계보다 훨씬 더 복잡하다. 그리고 시계가 시간을 측정하는 일에 알맞게 되어 있듯이, 생명체들도 생존하고 복제^{재산출}하는 일에 매우 적합하게 되어 있다. 우리는 생명체들이 그렇게 놀라울 정도로 정교하고 잘 적응되어 있다는 사실을 어떻게 설명할 수 있는가? 파도가 모래를 때리는 것과 같은 제멋대로의 과정에 의해 우연히 난초들, 악어들, 사람들이 존재하게 되었다고 설명하는 것은 설득력이 없다. 엄청난 지성을 가진 창조자가 생명체라 불리는 대단히 정교하고 잘 적응된 기계들을 만들었다고 설명하는 것이 최상의 설명일 것이다. 그러한 존재자를 우리는 신이라 부른다.

⑸ 우리는 일상적으로 타인의 발언이나 행동에 대해 비난하곤 한다. 예를 들어, 우리는 약속을 지키지 않는 친구를 나무라기도 하고, 남을 못살

게 구는 사람들을 보면 비난의 목소리를 높이곤 한다. 그렇지만, 타인의 자연적 성향을 비난하는 것은 문제가 있다. 말하자면, 우리가 어떤 사람이 혼혈아로 태어났다고 비난하는 것에는 문제가 있다. 또한 혈액형이 AB형이라는 이유로 왕따시키는 것도 문제가 있다. 이와 마찬가지로 동성애자들을 비난하는 것도 문제가 있다. 이성애자로 태어난 사람이 대부분이지만, 동성애자로 태어난 사람도 자연적으로 태어난 것이다. 이 점은 우리의 의지와는 무관한 것이다. 그렇기 때문에 우리는 타인의 발언과 행동은 비난할 수 있지만 타인의 타고난 자연성을 비난할 수는 없다. 이성애자들이 동성에게 끌리지 않는 존재이듯이 동성애자들은 이성에게 끌리지 않는 존재이다. 우리 모두는 그렇게 '생겨난 존재'로서, 서로 다른 성징을 갖는 것은 얼굴 모습이 다르고 천성이 다른 것과 똑같이 다양성을 요구하는 대자연과 하늘의 뜻에 따른 것일 뿐이다. 따라서 동성애자를 혐오하고 사회에서 왕따시키는 일은 마치 여자나 혼혈아로 태어났다는 이유로, 혹은 혈액형이 AB형이라는 이유로 그 존재에 돌을 던지는 행위와 같은 것이다.

최선의 설명으로의 추론

환경 파괴의 부메랑 효과를 소재로 만들어진 영화 〈해프닝〉을 보면, 주인공인 과학교사 엘리엇이 수업시간에 학생들에게 '벌 군집 붕괴 현상'의 원인이 무엇인지 물어보는 장면이 나온다. "꿀벌들이 집단적으로 사라졌는데 그 원인은 무엇일까?" 이 물음에 대해 학생들은 여러 가지 설명적 가설을 제시한다. 어떤 학생은 지구온난화를 가지고 설명하려 하고, 다른 어떤 학생은 아직까지 알려지지 않은 어떤 바이러스를 끌어들여 설명하려 하고, 또 다른 학생은 휴대폰 등에서 발생하는 전자파를 통해 설명하려 한다. 물론 이 밖에도 다양한 설명적 가설이 있을 수 있다.

오늘날 과학이 최첨단을 달리고 있다고는 하지만, 이렇게 아직까지 우리가 완전하게 설명하지 못하는 현상은 무수히 많다. 가령 이집트의 피라미드가 어떻게 만들어졌는지 확실히 설명할 수 있는 사람이 있을까? UFO가 자주 목격된다고 하는데 그러한 현상에 대해 속 시원한 설명을 제공할 수 있는 사람이 있을까? 크롭 써클은 어떻게 만들어지는 것일까? 뜨거운 물이 차가운 물보다 빨리 어는 경우가 있는데 그것은 무엇 때문일까? 이러한 현상들을 설명하기 위해 다양한 설명적 가설들이 제공되고 있다. 그렇다면, 그러한 가설들 중 우리가 받아들이는 것은 무엇인가? 당연히 설명의 대상이 되는 그 현상을 가장 잘 설명하는 것이라 할 수 있다. 우리는 그러한 가설을 잠정적인 참으로 받아들이게 된다. 이러한 사유과정도 하나의 논변으로 정리해 볼 수 있다. 이 논변에서 전제는 특정한 가설이 주어진 현상을 가장 잘 설명한다는 것이고 결론적 주장은 그 가설이 참이라는 것이다. 이러한 방식의 논변은 '최선의 설명으로의 추론'이라 불린다. 물론 이 논변은 귀납적이다. 주어진 현상을 아무리 잘 설명하는 가설이라 할지라도 거짓일 가능성은 항상 존재하기 때문이다. 이제 다음 글을 살펴보자.

북미 대륙 상공에서 약 1만3천 년 전 초대형 우주 암석이 폭발해 북미 최초의 문화인 클로비스 석기 문화의 흔적이 돌연 사라지고 매머드와 마스터돈 같은 대형

포유류도 함께 멸종됐다는 새로운 학설(A학설)이 한 연구진에 의해 제기됐다. 새로운 학설에 따르면, 그 폭발의 후유증으로 북미 거대 빙상이 녹아 대서양해류 순환에 차질이 생기면서 1천년 동안이나 한랭화 현상이 계속되었다. 이러한 한랭화 현상 때문에 초기 인류문명이 큰 타격을 입었을 뿐만 아니라 매머드와 같은 대형 초식동물들도 멸종하게 되었다. 연구진은 자신들의 학설이 지금까지의 학설들(B학설과 C학설 등)과는 달리 "최근 수 십 년간 최대의 논란 거리였던 세 가지 수수께끼, 즉 아메리카 최초의 석기시대 사람들이 갑자기 사라진 이유와 유럽과 아메리카의 매머드들이 사라진 이유, 그리고 갑작스러운 지구 한랭화 현상을 모두 설명해 준다"고 하면서, 자신들의 학설을 참으로 받아들여야 한다고 주장했다.

> **〈최선의 설명으로의 추론〉**
>
> R1. 가설 A는 현상 a를 설명해준다.
>
> R2. 가설 A는 a에 대해 여타의 가설들(B, C 등)보다 더 좋은 설명을 제공한다.
>
> C. 가설 A는 참이다.

이 글에서 연구진은 새로운 학설을 제시하면서 그 학설이 참이라고 주장하고 있다. 이러한 주장의 근거는 바로 자신이 제시한 학설이 기존의 학설이 설명하지 못하는 것을 잘 설명해준다는 것이다. 이러한 연구진의 생각은 왼쪽과 같은 형식으로 정리될 수 있다. 그렇다면, 이러한 논변이 강한 것이기 위해서는 어떠한 조건이 충족되어야 할까? 그것은 당연히 가설 A의 성격에 달려 있다고 할 수 있다.

〈최선의 설명이기 위한 조건〉

① 두 가설이 동일한 설명력을 갖는다면, 그 중에서 더 단순한 가설이 좋다. (단순성)

② 가설은 우리의 적절한 여타의 믿음들과 상충하지 않아야 한다. (정합성)

③ 앞으로의 현상을 예측할 수 있게 해주는 가설이 좋다. (예측성)

④ 가능한 한, 더 많은 사실을 설명해야 한다. (포괄성)

다음의 글에도 최선의 설명으로의 추론이 포함되어 있다. 논변 형식으로 정리해 보자.

19세기와 20세기 초반의 영국과 프랑스를 중심으로 한 유럽의 미술가들의 작품 중 연인을 담고 있는 작품을 보면 남자와 여자의 시선 처리가 다르게 되어 있다는 것을 알 수 있다. 남자의 시선은 여자를 향해있는 반면, 여자의 시선은 남자 쪽이 아니라 정면이나 위쪽을 향해있다. 이러한 현상(a)은 19세기 경 유럽에서는 연인관계에 있어 남성이 여성보다 우위에 있었다는 가설(B)보다 여성이 남성보다 우위에 있었다는 가설(A)에 의해 잘 설명된다. 그러므로 가설 A가 참이다.

※ 다음 현상들에 대한 최선의 설명이 무엇일 수 있을지 논의하고, 그 논의에 기초해 최선의 설명으로의 추론을 구성해보자.

(1) 요즘 태어난 아이들은 과거의 아이들에 비해 속눈썹 길이가 길다.

(2) 아파트 평수가 큰 곳에 살고 있는 중 고등학생의 학업 성적이 작은 곳에 살고 있는 학생보다 훨씬 높은 것으로 밝혀졌다.

⑶ 의사들이 스스로 목숨을 끊는 데에도 남다른 '능력'을 갖고 있다는 주장이 제기돼 충격을 주고 있다. 현재 미국에서 매년 스스로 목숨을 끊는 의사들의 수는 약 300~400명. 지난 1984~95년 미국 내 28개 주에서 실시된 조사에 따르면 여의사들의 자살률은 일반 여성들에 비해 2배 이상 높았으며, 남자 의사들이 스스로 목숨을 끊는 경우도 일반 남성에 비해 70% 이상 많았다.

⑷ 학력이 높을수록 암으로 사망할 확률이 적다는 연구 결과가 8일(현지시간) 발표됐다. 미국암협회와 애틀랜타의 에모리 대학이 미국 내 25 ~64세의 흑인 및 백인들을 대상으로 1993년부터 2001년까지 연구를 진행한 결과 최소 16년(대졸 이상 학력 소지자) 이상 교육 과정을 밟은 이들 사이에서 암으로 인한 사망률이 낮게 나왔다고 밝혔다.

⑸ 올해 들어 과속 단속 카메라의 단속 건수가 급감한 것으로 드러났다. 26일 경찰청에 따르면 올 들어 경부고속도로 과속단속카메라의 활약이 크게 둔화된 것으로 나타났다. 경북 구미시 도량동지점의 상행선 구간 과속단속카메라는 지난해 4월 한 달 동안 2459건의 과속차량을 적발했으나, 올해에는 23%감소한 1909건을 적발했다. 충북지역도 마찬가지다. 지난달 적발 건수는 6만6058건으로 지난해 같은 기간 9만6134건에 비해 무려 31%(3만76건)이나 줄었다. 울산에서는 지난 3, 4, 5월 세 달 동안 모두 2581건의 과속차량을 적발했지만, 지난해 같은 기간의 3422건보다는 24.5%(841건)가 줄어들었다.

귀납적 논변의 위험성

지금까지 우리는 글을 분석하고 평가하는 데에 유용하게 사용될 수 있는 귀납적 논변의 형식들에 대해 살펴보았다. 귀납적 논변 형식에 포함되지만 아직 다루지 않은 인과적 논변이나 가설-연역적 방법은 나중에 살펴보기로 하고, 귀납적 논변이 가질 수 있는 위험성에 관해 간단하게 짚어보기로 하자. 일단 저명한 철학자인 버트란트 러셀이 제시한 유명한 일화를 살펴보자.

> 귀납적 추론에 능한 칠면조 한 마리가 있다. 그 놈의 주인은 매일 오전 9시에 모이를 준다. 비가 오든, 눈이 오든, 화창한 날이든 상관없이 말이다. 그 놈은 지금까지 살면서 이러한 사실을 수도 없이 확인했다. 결국 그 놈은 이렇게 결론을 내린다. "주인은 항상 오전 9시에 모이를 준다." 어느 날 오전 9시에 주인이 나타났다. 그 놈은 모이를 먹을 수 있겠다고 생각한다. 그러나 그 날은 주인의 오랜 친구가 찾아오기로 한 날이었고, 그 놈은 모이를 먹기는커녕, 목이 비틀리고 만다.

물리학자인 제레미 번스타인은 우리 인간도 러셀의 칠면조와 유사한 상황에 처할 수 있다는 것을 강조한다. 귀납적 사고가 정말 위험할 수 있다는 것이다.

> 플루토늄은 핵무기를 폭발시킬 때 가장 필요하고 중요한 원소이다. 핵무기에 내장된 단지 안에서 플루토늄은 갈륨과 결합해 합금이 된다. 그러나 아무도 어떤 과정을 통해 갈륨과 결합해 합금이 되는지 이해하지 못하고 있다. 게다가 이

합금이 얼마나 안정적인지에 대해서는 그 누구도 확신을 못한다. 플루토늄이 들어 있는 수없이 많은 핵무기가 지구 곳곳에 분포한지도 수십 년이 지났다. 핵무기 속의, 플루토늄이 들어 있는 단지가 수십 년간 안전한 상태를 유지해왔고, 따라서 앞으로도 무한히 안전하게 저장될 것이라고 믿는 것, 그것이야말로 위험한 생각이다.[1]

　핵무기의 위험이라는 이러한 극단적인 사례를 들지 않더라도, 우리의 일상을 돌아보면 귀납적 논변을 사용하여 어떤 주장을 정당화하려 할 때에는 신중해야 한다는 것을 쉽게 알 수 있다. 얼마 전 우리는 줄기세포 연구가 크게 발전했고, 어쩌면 빠른 시일 안에 줄기세포를 성공적으로 이용할 수 있게 될 것이라 믿은 적이 있었다. 그 믿음의 근거는 무엇이었는가? 아마도 많은 사람이 이러한 질문에 황우석 박사를 언급하게 될 것이다. 말하자면, 황우석 박사의 전문가적 권위에 근거하여 빠른 시일 안에 줄기세포를 성공적으로 이용할 수 있게 될 것이라 생각했다는 것이다. 이러한 사유과정은 다음과 같이 귀납적 논변으로 구성될 수 있다.

　　R1. 황우석 박사는 줄기세포 연구의 전문가이다.
　* R2. 황우석 박사는 줄기세포를 빠른 시일 안에 성공적으로 이용할 수 있다고 한다.
　　C. 줄기세포를 빠른 시일 안에 성공적으로 이용할 수 있을 것이다.

　우리는 이러한 방식으로 자기주장을 정당화하려는 시도를 자주 행한

---

1. 제레미 번스타인, 「플루토늄을 이해하고 있다는 착각」, 존 브록만 엮음, 이영기 옮김, 『위험한 생각들』, (서울: 갤리온, 2007), 140~141쪽

다. 즉, 어떤 주장이 옳다는 것을 보이기 위해 그 주장과 관련된 어떤 전문 가를 동원하곤 한다는 것이다. 이러한 방식의 논변은 상당히 유용한 방법 이라 할 수 있다. 우리가 모든 것에 대해 잘 아는 전문가일 수는 없기 때문 이다. 그렇지만 그러한 방식의 논변은 귀납적 논변이라는 것을 염두에 둘 필요가 있다. 누구나 알 수 있듯이, 위 논변에서 R1과 R2가 참이라 할지라 도 C는 거짓일 수 있다. 실제로 우리들 대부분은 황우석 박사의 주장을 믿 었지만, 그 믿음의 정도만큼 큰 실망을 하게 되었다.

이렇게 누군가의 권위에 기대어 어떤 주장이나 생각을 정당화하려는 귀납적 시도와 다른 방향의 귀납적 시도도 있다. 그 시도는 누군가의 좋 지 않은 인물됨에 기대어 어떤 주장이나 생각을 정당화하려는 것이다. 어 린 시절 우리는 누구나 심심풀이로 늑대가 나타났다고 거짓말 하다가 봉 변을 당한 양치기 소년의 우화를 들어본 적이 있을 것이다. 늑대가 나타 났다는 양치기 소년의 고함소리에 놀라 달려갔던 마을 사람들은 그 소년 의 거짓말에 속지 않기로 결심한다. 그런데 어느 날 정말로 늑대가 나타 났고, 양치기 소년은 전과 마찬가지로 늑대가 나타났다고 소리친다. 그렇 지만 마을 사람들은 전혀 움직이지 않는다. 물론 마을 사람들은 그 소년 이 또 거짓말을 했다고 생각했기 때문이다. 이 마을 사람들의 사유 과정 도 귀납적 논변으로 구성될 수 있다.

R1. 그 양치기 소년은 거짓말쟁이이다.

R2. 그 양치기 소년이 늑대가 나타났다고 말한다.

C. 늑대가 나타났다는 그 양치기 소년의 말은 거짓일 것이다.

물론 여기서 R1은 양치기 소년의 과거 행위에 대한 관찰에 근거한 귀납적 일반화의 결론이라 할 수 있다. 그 결론을 전제로 사용한 위 논변의 R1은 양치기 소년의 인물됨에 대해 규정하고 있다. 그리고 마을사람들은 그 규정에 따라 행동한다. 이런 방식의 사유와 행동은 우리의 일상적인 모습이라 할 수 있다. '저 친구는 원래 자기주장에 대한 고집이 세.', '그 정치인은 거짓말을 밥 먹듯이 하는 사람이야.' 등. 이러한 인물됨에 근거하여 어떤 주장을 한다. '저 친구는 주장은 의심해 볼 필요가 있어.', '그 정치인의 이번 공약은 거짓일 거야.' 등. 물론 이런 식의 논변도 유용하게 사용될 수 있다. 또한 신뢰할 수 없는 사람의 발언에 대해서는 항상 의심해 보아야 한다는 것은 당연한 사항이다. 그러나 위 논변에도 불구하고 그 양치기 소년의 말은 참말이었다. 이러한 점을 염두에 둔다면, 정말 중요한 일과 관련하여 이런 방식의 논변을 구사할 때에는 크게 조심할 필요가 있다. 전제가 참이라 할지라도 결론이 반드시 참이 되지는 않기 때문이다. 그렇기 때문에, 글을 분석하는 과정에서 글쓴이가 이런 방식의 논변을 통해 어떤 주장을 하고 있음에도 자기주장에 100% 확신을 가지고 있다면, 그 글쓴이의 태도는 올바른 것이 아니라고 지적할 수 있을 것이다.

part 3

비판적 평가

이제부터 비판적 사고의 두 번째 단계인 평가에 대해 본격적으로 연습해 보려 한다. 우리가 분석을 통해 얻어낸 것은 결론적 주장과 그것을 뒷받침하는 이유들로 이루어진 논변이었다. 평가 작업은 당연히 그 논변을 중심으로 이루어지게 된다. 먼저 이유를 평가하는 연습을 해본다. 그런 다음, 이유들과 결론적 주장의 관계를 평가하는 연습을 해본다.

비판적 평가 I

이유들은 신뢰할 만한가?

우리는 종종 부적절한 것에 근거하여 어떤 것을 기대하거나 어떤 일을 행하기도 하고, 어떤 주장을 정당화하려 하기도 한다. 애매모호한 오늘의 운세에 근거하여 '오늘 뭔가 좋은 일이 생기겠구나'라고 기대하기도 하고, 잘못된 정보에 근거하여 주식을 구매하기도 한다. 절친한 친구의 말 한마디에 성급하게 어떤 편견을 가지기도 한다. 또한 견해를 같이 하는 어떤 네티즌의 댓글을 아무 반성 없이 참으로 받아들이기도 한다. 이렇게 부적절한 것에 근거한 기대, 주장, 행동 등은 우리가 원치 않는 잘못된 결과를 가져올 수 있다. 누구나 한 번쯤은 '좀 더 세심하게 살펴볼 걸', '내가 왜 그렇게 생각했지?'라고 하면서 어떤 결과를 놓고 후회해 본 경험을 가지고 있을 것이다. 이런 점을 염두에 두면, 어떤 중요한 순간에는 항상 비판적 사고를 해야 한다고 의식적으로 마음먹을 필요가 있다. 그래야만 후회가 발생할 가능성이 낮아질 것이다.

이유들의 정합성

우리가 논변을 사용하는 기본적인 목적은 자기주장이 옳다는 것을 객관적으로 보이려는 것이라 할 수 있다. 그리고 그 목적을 이루기 위해서 다양한 근거들을 동원하기 마련이다. 그런데 그 근거들 가운데 모순되거나 반대되는 내용이 포함되어 있을 수도 있다. 즉, 이유들이 상충하는 경우가 발생할 수 있다는 것이다. 만일 그렇게 상충하는 내용의 이유들이 논변에 포함되어 있다면, 그것에 의해 뒷받침 받는 결론적 주장은 설득력을 잃게 될 것이다. 우리는 정치인에게서 이러한 모습을 자주 찾아볼 수 있다. 정치인들은 선거철만 되면 유권자들에게 다양한 공약을 제시하곤 한다. 그런데 그러한 공약들이 서로 상충하는 경우가 발생할 수도 있다. 누군가에게 투표를 할 때, 논리적으로 정합적인 공약을 제시하고 있는지 평가해 보는 것은 매우 중요한 일이다. 다음은 어떤 대선후보의 공약 내용이다.

본고사, 고교등급제, 기여 입학제를 허용하지 않는 현 정부의 삼불정책은 잘못된 것입니다. 제가 대통령이 된다면, 본고사와 교교 등급제를 허용할 것입니다. 이를 통해 경쟁력 있는 대학을 만들겠습니다. 뿐만 아니라 공교육을 정상화함으로써 사교육비를 대폭 줄이도록 하겠습니다. 자연스럽게 학부모의 경제적 부담이 줄어들게 될 것입니다. 대한민국의 교육과 자식의 앞날을 걱정하신다면, 저를 대통령으로 뽑아야 합니다.

언뜻 보기에는 이 대선후보가 정말 바람직한 정책을 제시하고 있다고 생각할 수도 있다. 경쟁력 있는 대학을 만들고 학부모의 경제적 부담을 줄이는 방향으로 나아가겠다고 하니 말이다. 그러나 본고사와 고교 등급제 등을 폐지하게 된 배경을 알고 있는 사람에게 위와 같은 얘기에는 뭔가 부족한 점이 있다. 원래 본고사와 고교 등급제 등을 폐지한 것은 공교육을 정상화하기 위해서였다. 즉, 그러한 제도들이 공교육의 역할을 왜곡시키는 원인이라 판단되었기 때문에 폐지했던 것이다. 이 점을 염두에 두면, 위의 후보는 일관적이지 않은 얘기를 하고 있다고 볼 수 있다. 그렇기 때문에 위 후보는 그러한 비일관성이 겉보기에 불과할 뿐 실상은 그렇지 않다는 것을 자세히 설명해야 한다. 만일 그러한 설명을 전혀 제시하지 않는다면, 그의 얘기는 신뢰할 수 없는 것이 되어 버린다. 이렇게 이유들의 내용적 일관성은 주장의 신뢰성에 큰 영향을 미치게 된다. 그렇기 때문에 글을 분석하고 평가할 때는 이유들에 모순이나 반대가 되는 내용이 포함되어 있는지 꼼꼼하게 살펴보아야 한다.

모순과 반대

어떤 두 명제가 일관적이지 않다는 것 즉 양립할 수 없다는 것은 그 두 명제가 모순관계이거나 반대관계라는 것을 의미한다. 두 명제가 모순관계라는 것은 한 명제가 거짓일 경우 다른 한 명제는 반드시 참이 되고, 그 역도 성립한다는 것을 의미한다.

반면에, 두 명제가 반대관계라는 것은 두 명제가 동시에 참일 수는 없으나 동시에 거짓일 수는 있다는 것을 의미한다. 어떤 두 명제가 일관적이라는 것은 그 두 명제가 동시에 참이 될 수 있다는 것을 의미한다. 즉, 모순관계도 반대관계도 아니라는 것이다.

※ 다음 두 문장이 모순관계인지 반대관계인지, 또는 일관적 관계인지 판단해 보자.

(1) 우리 학교 학생은 모두 성실하다. 우리 학교 학생은 모두 성실하지 않다.

(2) 지수는 지금 도서관에서 공부하고 있는 중이다. 지수는 지금 소개팅 중이다.

(3) 우리 학교 학생의 일부는 고향이 제주도이다. 우리 학교 학생 모두는 고향이 강원도이다.

(4) 지수는 우리 학교 학생이다. 지수는 우리 학교 학생이 아니다.

(5) 우리 학교 학생은 모두 정치에 관심이 있다. 어떤 우리 학교 학생은 정치에 관심이 없다.

(6) 지수는 영화를 좋아한다. 지수는 독서를 좋아한다.

(7) 대부분의 우리 학교 학생은 비판적 사고에 대해 관심이 많다. 어떤 우리 학교 학생은 비판적 사고에 대해 관심이 없다.

(8) 내일 비가 올 가능성이 있다. 내일 비가 오지 않을 수도 있다.

(9) 지수의 중간고사 점수는 100점이다. 지수의 중간고사 점수는 0점이다.

(10) 지수가 공부를 열심히 한다면, 〈비판적 사고〉에서 A학점을 받는다. 지수는 공부를 열심히 하지 않고 〈비판적 사고〉에서 A학점을 받는다.

※ 다음에는 정합성을 기준으로 평가해야 할 부분이 포함되어 있다. 그것이 무엇인지 파악하여 평가해 보자.

⑴ 지난 넉 달 간 국정원 직원의 대선 개입 의혹을 수사해온 경찰이 해당 직원 2명에 대해 정치 개입을 금지한 국정원법을 위반했다고 보고 기소 의견으로 검찰에 송치했다. 그들은 대선기간에 특정 후보에 대한 악성게시물 120 여 건을 올리는 행위를 했다. 하지만 이들의 행위가 대선 개입은 아니라고 판단했다.

⑵ 정부에서 담뱃값을 인상하고자 하는 이유는 크게 보아 둘이다. 그 하나는 담뱃값을 인상하면 흡연율이 떨어지게 되어 국민 건강을 증진시킬 수 있다는 것이다. 다른 하나는 담뱃값 인상을 통해 확보되는 세금을 복지 예산으로 쓰겠다는 것이다.

⑶ A 위원은 '한미 FTA와 경제민주화는 별개의 사항'이라고 하면서도 B 교수가 '한미 FTA가 발효되고 나면 재벌개혁이 훨씬 더 어려워진다'고 지적하자, '그럴 수도 있다'고 동의했다.

⑷ 국토부에 따르면, 수서 KTX 자회사를 만드는 이유는 과도한 임금과 복지 등 철도공사의 방만 경영에 따른 비효율을 극복하고 경쟁효과를 높이기 위해서이다. 이와 더불어 수서 KTX 자회사는 철도공사보다 일괄적으로 10% 높은 임금을 지급할 것이고, 복리후생 제도도 철도공사보다 상향하여 설계해 철도공사 측 노동자들을 배려하는 방침을 펼칠 것

이라고 발표했다.

⑸ 문화제국주의는 강대국이 약소국의 문화에 지배적인 영향을 미치는 것을 의미한다. 한 나라가 다른 한 나라에 문화적으로 예속되는 것은 결코 바람직한 것이 아니다. 그런데 우리나라는 문화의 측면에서 미국의 지배 아래 있다고 해도 과언이 아니다. 미국의 문화가 우리 생활 곳곳에 침투하여 우리의 전통적 가치관을 훼손하고 있는 것은 어제 오늘의 일이 아니기 때문이다. 이런 상황에서 한미 FTA라는 경제적인 문제 때문에 스크린쿼터를 축소하거나 폐지한다면, 우리의 문화는 더 큰 타격을 입게 될 것이다. 그렇기 때문에 미국의 문화제국주의에 대항하여 우리의 문화를 지키기 위해서는 스크린쿼터를 반드시 유지해야 한다. 스크린쿼터를 유지하게 되면, 경제적인 효과도 가져올 수 있다. 우리의 영화산업이 지속적으로 경쟁력을 키워갈 수 있게 되기 때문이다. 이러한 경쟁력 강화는 우리나라의 영화가 동아시아 영화 시장으로 진출하여 큰 수익을 올릴 수 있는 기반이다. 결국 문화적으로나 경제적으로나 스크린쿼터를 유지해야만 한다고 할 수 있다.

이유들의 명료성

이미 알고 있듯이, 주어진 글을 논변 형식으로 구성하는 분석과정에서는 글쓴이의 생각을 최대한 명료하게 드러내야 한다. 즉, 애매한 부분이나 모호한 부분을 최대한 없애야 한다는 것이다. 그런데 글에 제시된 내용을 가지고는 애매성이나 모호성이 사라지지 않는 경우들이 있을 수 있다. 앞서 우리는 분석 연습을 하면서 다음 글의 애매성에 관해서 짚어 보았다.

> A씨는 틈날 때마다 정부의 교육 정책에 대해 비판해왔다. 그 비판의 핵심은 정부의 정책이 사교육 시장을 강화하는 결과를 초래했다는 것이다. 그는 토론에서나 인터뷰에서나 개인 블로그를 통해서나 이런 입장을 고수해왔다. 그랬던 그가 특목고 입시학원 광고에 출연했다. 지금까지 그가 행했던 모든 주장은 우스갯소리가 되어 버린 것이다. 따라서 지금까지 그가 행했던 정부의 교육정책에 대한 비판은 모두 잘못된 것이다.

이 글의 결론적 주장은 '정부의 교육정책에 대한 A씨의 비판은 모두 잘못된 것이다.' 정도로 정리해 볼 수 있다. 이러한 주장을 뒷받침하는 이유를 한 마디로 정리하면 그가 자기모순적인 행동을 했다는 것이다. 이러한 사항을 토대로 하여 간단한 논변을 구성하면 다음과 같다.

> R1. A씨는 정부의 교육정책과 관련하여 자기모순적인 행동을 했다.
>
> C. 정부의 교육정책에 대한 A씨의 비판은 모두 잘못된 것이다.

여기서 우리가 주의해야 할 것은 결론적 주장이다. 그것의 의미가 애매하기 때문이다. 글쓴이가 주장하고 있는 것은 A씨의 비판이 잘못되었다는 것인데, 그 '비판'이라는 것은 두 가지로 해석될 수 있다. 그 하나는 '비판 내용'이 잘못되었다는 것이고 다른 하나는 '비판 행위'가 잘못되었다는 것 즉 비판할 자격이 없다는 것이다. 과연 어떤 의미로 해석될 수 있을까?

만일 후자로 해석한다면, 글쓴이의 견해에 공감할 수 있는 사람이 많이 있을 것이다. 그러나 전자로 해석한다면, 글쓴이의 견해에 공감할 수 있는 사람은 많지 않을 것이다. 인신공격성 발언에 기대어 A의 비판 내용이 잘못되었다고 주장하는 꼴이 되니까 말이다. 이렇게 애매성이 제거되지 않아서 여러 의미로 해석될 수 있는 문장이 전제나 결론에 포함되어 있는 경우에는 그 각각의 경우에 대해 평가해 보아야 한다. 이제 이유에 애매성이 포함되어 있는 사례를 살펴보자.

어떤 학자에 따르면, 인과적 결정론이 참일 경우 우리의 자유는 환상에 불과하다. 우리가 자유롭다는 생각은 착각이라는 것이다. 과연 그럴까? 물론 우리가 몸 담고 있는 이 세계는 결정론적인 자연법칙의 지배하에 놓여 있는 곳일 수 있다. 물론 이 세계는 양자역학을 지지하는 과학자들이 얘기하듯 비결정론적일 수도 있다. 그런데 우리 세계가 어떠한 세계이든 우리가 자유롭다는 것은 변함이 없는 듯이 보인다. 아무리 인과적 결정론이 참이라 할지라도 우리 사회에 민주주의가 지속되는 한, 우리에게는 수많은 자유가 주어진다는 것을 우리는 너무도 잘 알고 있다. 원하는 후보를 선택할 수 있고, 옳다고 생각하는 많은 것들을 얘기할 수 있고, 마음먹은 대로 행동할 수 있다. 또한 싫어하는 것은 하지 않을 수 있다. 물론 우리가 정한 법이 허용하는 한도 안에서지만 말이다. 도대체 우리의 자유가 자연과학적 가설과 무슨 상관이 있단 말인가? 인과적 결정론이 참일 경우 우리의 자유는 환상에 불과하다는 얘기는 헛소리다.

이 글의 결론적 주장은, 인과적 결정론이 참일 경우 우리의 자유는 환상에 불과하다는 주장은 잘못되었다는 것이다. 그것을 뒷받침하는 핵심

적인 이유는 밑줄 친 부분이라 할 수 있다. 이 점을 고려하면 다음과 같이
정리해 볼 수 있다.

R1. 인과적 결정론이 참일 경우 우리의 자유는 환상에 불과하다는 주장이 옳다면,
　　인과적 결정론이 참일 경우 우리는 자유를 누릴 수 없어야 한다.
R2. 인과적 결정론이 참이라 할지라도 우리 사회에 민주주의가 지속되는 한 우리
　　는 자유를 누릴 수 있다.
C. 인과적 결정론이 참일 경우 우리의 자유는 환상에 불과하다는 주장은 옳지 않다.

이것은 후건부정의 형식을 취하고 있는 논변이다. 따라서 이유로 제시
된 전제들이 모두 참일 경우 결론은 반드시 참이 된다. 그러나 이 논변에
뭔가 문제가 있다고 느끼는 사람이 많을 것이다. 그 이유는 무엇일까? 아
마도 그것은 '자유' 개념이 애매하게 사용되었다고 생각하기 때문일 것이
다. 실제로 인과적 결정론과 관련된 자유와 민주주의와 관련된 자유는 서
로 다른 의미의 자유인 듯이 보인다. 그것들이 서로 다른 의미라는 것은
각각의 반대말을 생각해 보면 쉽게 드러난다. 민주주의와 관련된 자유의
반대말은 억압이나 구속 정도가 될 것이다. 그러나 인과적 결정론과 관련
된 자유의 반대말은 그것이 아니라 필연이나 결정 정도가 될 것이다. 필
연과 억압은 같은 의미가 아니다. 이런 점들을 고려하면, 위 논변의 R1은
받아들이기 힘든 것이라 평가할 수 있다. 전건의 자유와 후건의 자유는
서로 다른 의미를 가지기 때문이다. 이 사례는 비판적 평가 과정에서 애
매성에 주의해야 한다는 것을 다시 한 번 느끼게 해 준다.

나무로 만들어진 배 테세우스 호는 시각 t1에 항해를 시작하였다. 세월이 흘러가면서 선원들은 그 배를 좋은 상태로 유지하기 위해, 갑판을 비롯한 구성 부분들이 낡게 되면 그것들을 새 것으로 교체하였다. 10년이 지난 어느 날 테세우스 호의 모든 부분들은 새 것으로 교체되었다. 그 시각을 t2라고 하자. 시각 t2에는 시각 t1의 테세우스 호가 가졌던 부분은 아무 것도 없다. 그래도 여전히 선원들은 동일한 배를 타고 있다고 믿는다. 즉 시각 t1의 테세우스 호와 시각 t2의 테세우스 호가 동일한 배라고 생각한다는 것이다. 일반적으로 우리는 이러한 생각에 별다른 의문이나 문제를 제기하지 않는다.

그런데 누군가가 교체된 테세우스 호의 부품들을 버리지 않고 고스란히 창고에 쌓아두었다고 생각해보자. 그는 시각 t2에 그 부품들을 가지고 배를 만든다. 그리고 시각 t1의 테세우스 호와 동일한 배는 바로 지금 자신이 조립한 배라고 주장한다. 이러한 주장은 적절한 것일까? 예를 들어, 임진왜란 때 왜군을 물리치는 데 사용되었던 거북선의 잔해를 발견했다고 생각해보자. 전문가들이 그 잔해를 이용하여 거북선을 조립했다. 우리는 그 조립된 배가 바로 그 옛날의 거북선이라고 생각할 것이다. 이러한 점을 염두에 둔다면, 조립된 테세우스 호가 그 옛날의 테세우스 호와 동일하다고 생각하는 것은 그럴듯해 보인다.

이제 원래 시각 t1의 배를 A라고 하고, 시각 t2의 배를 B라고 하고,

교체된 부품으로 시각 t2에 만든 배를 C라고 하자. 이제 우리에게 물음이 발생한다. B와 C는 분명 다른 배이다. 그렇기 때문에, B와 C 중에 A와 동일한 배가 있다면 둘 중 하나여야 한다. B와 C 중에서 A와 동일한 배는 무엇인가? A와 B가 동일하다고 주장하는 사람도 있을 수 있고, A와 C가 동일하다고 주장하는 사람도 있을 수 있다. 이제 두 주장과 각각의 이유에 대해 생각해 보기 위해 다음과 같이 정리해 보자.

〈논변1〉	〈논변2〉
이유 :	이유 :
————————————	————————————
주장 : A와 B가 동일한 배다.	주장 : A와 C가 동일한 배다.

그런데 어떤 사람은 이렇게 정리된 논변들에 대해 의문을 제기할 수 있다. 어떤 것과 다른 어떤 것에 차이가 있다면, 양자는 동일하지 않다고 생각할 수 있기 때문이다. A와 B에는 분명 차이가 있고, A와 C에도 분명 차이가 있다. 그렇다면, A와 동일한 것은 오직 A밖에 없다. B와 C의 경우도 마찬가지일 것이다. 그러나 우리는 일상적으로 서로 상이한 시각이나 장소에 출현한 대상 X와 Y에 대해 '동일성 관계'를 부여한다. 이러한 우리의 일상적인 모습은 '동일성'이라는 개념에 대해 반성하게 만든다.

우리가 평소 '동일성'이라는 말을 사용할 때 그 의미는 하나가 아니라 둘 이상일 수 있다. 예를 들어, 내가 지금 가지고 있는 핸드폰과 네가 어제 가지고 있었던 핸드폰이 같다고 할 때 의미하는 '동일성'은 무엇인가? 내가 지난주 입었던 양복과 같은 양복을 입고 왔다고 할 때 의미하는 '동일성'은 무엇인가? 이러한 물음들에서, 동일성은 두 가지 의미를 가지는 것이 가능하다. 그 하나는 성질의 유사함을 의미하는 유형적 동일성이다. 다른 하나는 수적으로 하나라는 것을 의미하는 사례적 동일성이다. 위와 같은 테세우스 호의 동일성 문제와 관련된 동일성은 바로 수적으로 하나라는 것을 의미하는 사례적 동일성이라고 할 수 있다. 이런 점을 고려하면, 위에 정리했던 논변의 애매성을 제거하면서 다음과 같이 바꾸어 볼 수 있다.

〈논변1〉

이유 : _____

주장 : A와 B가 수적으로
　　　 하나의 사례이다.

〈논변2〉

이유 : _____

주장 : A와 C가 수적으로
　　　 하나의 사례이다.

이제 각각의 이유에 대해 다시 생각해 보자.

　　애매성에 대한 논의는 이 정도로 하고, 이제 모호성의 경우를 생각해 보자. 분석 과정에 대한 논의를 통해 이미 알고 있듯이, 모호성이란 어떤 단어나 문장의 의미가 분명하긴 해도 그 단어나 문장이 의미하는 것의 범위가 명료하지 않다는 것을 의미한다. 사실상 우리가 사용하고 있는 단어나 문장들은 어느 정도의 모호성을 가지고 있다. 모호성에 관해 일일이 평가하지 않고 그냥 넘어가도 무방한 경우들도 많이 있다. 그러나 학술적인 논의와 같이 명료성이 요구되는 상황에서는 모호한 표현은 중요한 평가 사항이 될 수 있다. 특히 모호성을 가지고 있는 문장이 결론적 주장을 뒷받침하는 중요한 근거로 사용될 때에는 주의해야만 한다. 예를 들어 어떤 글에 다음과 같은 부분이 포함되어 있다고 해보자.

> 이번에 대통령의 미국 방문의 성과는 기대 이상이라고 평가할 수 있다. 오바마 대통령과 한미 FTA를 비롯하여 여러 가지 사안에 대해 긴 시간 동안 얘기를 나누었을 뿐만 아니라, 미국과 전략적 동맹관계를 크게 회복하고 돌아왔기 때문이다.

이 부분에서 대통령의 미국 방문 성과가 '기대 이상'이라는 표현부터 모호하다. 기대를 어느 정도 했는지 알 수 없기 때문이다. 그것을 그냥 '큰 성과'라는 것을 강조하기 위한 수사적인 표현으로 간주한다면, 그 문장을 지지해 주는 두 번째 문장에 기대어 과연 '큰 성과'인지 따져보아야 할 것이다. 그런데 그 두 번째 문장도 모호성을 가지고 있다. '여러 가지 사안', '긴 시간 동안', '전략적 동맹관계를 크게 회복' 등 구체적인 정보가 없이는 어느 정도인지 가늠할 수 없는 표현들로 이루어져 있기 때문이다. 이러한 모호성을 없애기 위해서는 전체 글 안에 정확한 정보가 있는지 살펴볼 필요가 있다. 그 모호한 문장과 관련한 구체적인 자료가 글에 제시되어 있는지 살펴보아야 한다는 것이다. 만일 없다면, 어떻게 해야 하는가? 비판적 사고자로서 이 글의 내용을 수용할 수 있을지 판단하고자 한다면 관련된 자료를 스스로 찾아보아야 한다. 이제 다른 사례를 살펴보자.

> 이번 연구 결과 모든 범죄자는 심리적으로 큰 문제를 가지고 있다는 것이 밝혀졌다. 그런데 우리가 이미 알고 있는 사실은, 어릴 적에 충격적인 일을 겪은 사람

은 모두 심리적으로 큰 문제를 가지고 있다는 것이다. 이 두 사실에 기초하여 우리는 하나의 결론을 내릴 수 있는데, 그것은 바로 모든 범죄자는 어릴 적에 충격적인 일을 겪은 사람임에 틀림없다는 것이다.

이 글의 결론적 주장은 모든 범죄자는 어릴 적에 충격적인 일을 겪은 사람이라는 것이고, 그것을 뒷받침하는 이유는 밑줄 친 부분이다. 이 점을 고려하면 이 글을 다음과 같은 논변으로 정리해 볼 수 있다.

R1. 어릴 적에 충격적인 일을 겪은 사람은 모두 심리적으로 큰 문제를 가지고 있다.

R2. 모든 범죄자는 심리적으로 큰 문제를 가지고 있다.

C. 모든 범죄자는 어릴 적에 충격적인 일을 겪은 사람이다.

이 논변에 대한 여러 가지 평가 사항이 있겠지만, 모호성에 대해서도 평가해야 한다. '충격적인 일', '심리적으로 큰 문제' 등 핵심적인 사항들이 모두 모호하기 때문이다. 또한 R1의 심리적 큰 문제와 R2의 심리적 큰 문제가 동일한 의미인지도 불분명하다. 결국 이 논변은 명료하지 않은 것으로 평가될 수 있다. 앞서 언급했듯이, 일상적인 상황 속에서는 이 정도의 모호함은 용인될 수 있을 것이다. 그러나 우리가 명료성이 요구되는 상황에서는 모호한 표현들을 지양할 필요가 있다. 이제 다음 글을 통해 모호성과 관련된 중요한 문제를 살펴보도록 하자.

우리는 안락사에 반대한다. 처음엔 엄격한 통제를 통해 참기 어려운 상황에 처한 환자가 지속적으로 요구하는 경우에만 안락사를 허용할 것이다. 그러나 논의가 진행되면서 점차로 안락사를 요구할 수 없는 사람들의 안락사를 허용하게 될 것이다. 나중엔 고통이 참을 수 없을 정도는 아니지만 가족에게 부담을 주는 환자에게까지 안락사가 허용될 것이다. 그런 뒤에는 안락사를 원하지 않지만, 다른 곳에 사용한다면 더 효과적일 수 있는 희귀한 의료 자원을 낭비하는 사람에게로 안락사를 확대하려 할 것이다. 결국엔 독일의 나치와 같이 살 가치가 없다고 생각되는 모든 사람을 죽이는 지경에 처하게 될 것이다.

이 글에서 결론적 주장은 첫 번째 문장에서 찾을 수 있다. 즉, 안락사에 반대한다는 것이다. 그러면, 그 주장을 뒷받침하는 이유들은 무엇인가? 환자의 요구에 의한 안락사, 말하자면 자발적 안락사를 허용하기 시작하면, 안락사의 허용 범위가 점점 더 넓어지게 되어 결국에는 상식적으로 받아들일 수 없는 안락사의 경우에까지 이르게 될 수 있다는 것이다. 다시 얘기하면, 안락사를 허용한다고 했을 때 그 기준이 모호하기 때문에 극단적인 상황까지 발생할 수 있다는 것에 근거하여 안락사 허용을 반대하고 있는 것이다. 이런 방식의 논변을 '미끄러운 비탈길 논변'이라고 한다. 과연 모호성에 기대어 어떤 주장을 하는 이러한 방식의 논변을 올바른 것으로 받아들일 수 있을까? 이러한 논변에는 어쩔 수 없이 극단적인 상황으로 나아갈 수밖에 없다는 것이 암묵적으로 전제되어 있다. 이렇게 암묵적으로 전제된 이유를 받아들일만한 근거가 있을 경우에는 이 논변을 받아들일 수 있겠지만, 그렇지 않을 경우에는 받아들일 수 없을 것이다. 동일한 방식의 논변을 구사하고 있는 다음 글도 살펴보자.

국회 환경노동위원회는 지난달 초중등 교원뿐만 아니라 대학교수도 노조를 설립할 수 있게 하는 교원 노조법 개정안을 조만간 처리하기로 합의한 상태다. 교수노조를 합법화하는 것이 올바른 것일까? 교수노조를 법으로 인정하면 대학이 이념 논쟁과 임금 투쟁의 마당으로 바뀔 가능성이 있다. 뿐만 아니라 교수노조가 법으로 인정되면 그 다음엔 판검사노조, 의사노조, 군인노조, 장관노조를 만든다 해도 막을 명분이 별로 없을 것이다. 따라서 교수노조를 법으로 허용해서는 안 된다.

교수노조를 허용해서는 안 된다는 주장을 담고 있는 이 글의 핵심적인 이유는 바로 노조허용기준의 모호성이다. 말하자면, 일단 교수노조를 허용하게 되면 극단적인 상황에까지 이르게 된다는 것을 전제하고 있다는 것이다. 이러한 암묵적인 이유를 받아들일 수 있을 경우에만 이 글의 주장을 받아들일 수 있을 것이다.

※ 다음 글들에 포함되어 있는 논변을 재구성한 다음, 명료성을 기준으로 평가해 보자.

(1) SNS는 우리의 삶에 모순적인 상황을 야기한다. 왜냐하면, 우리는 SNS를 통해 자유를 얻었다고 생각하지만 동시에 그로부터 벗어날 수 없기에 자유를 잃고 있다고 할 수 있기 때문이다. 우리는 정말 카톡 없이 살기 어렵다.

(2) 요즘 인간복제기술에 대한 논란이 크게 부각되고 있다. Q박사는 인간복제에 관한 연구를 허용해 달라고 강하게 주장하고 있다. 그는 인간

복제기술을 연구하고 사용하는 데에는 어떠한 윤리적 문제도 없고, 우리에게 큰 이익을 가져다준다고 생각한다. 물론 인간복제기술이 우리에게 여러 가지 이익을 가져다준다는 점에는 동의할 수 있다. 그렇다고 하더라도, 인간복제가 윤리적으로 올바른 것이라고는 할 수 없다. 무엇보다도 인간복제는 자연적인 과정이 아니기 때문이다.

⑶ 고대 그리스의 정치가 테미스토클레스는 자신의 어린 아들을 가리키면서 "저 아이가 그리스의 지배자입니다."라고 말했다. 그 이유를 물어보는 친구들에게 이렇게 말했다. "아테네는 그리스를 지배하고, 나는 아테네를 지배합니다. 그런 나를 지배하는 사람이 내 아내인데, 내 아내를 지배하는 것이 바로 저 아이입니다. 따라서 저 아이가 그리스를 지배합니다."

⑷ 얼마 전 대통령은 공약에 따라 복지 문제와 관련된 예산을 점차적으로 늘릴 것이라고 선언했다. 우리 사회에 가장 시급한 복지 문제는 노령연금 문제이다. 왜냐하면 노후 준비가 되어 있지 않은 노인의 수가 점차적으로 늘어나고 있기 때문이다. 따라서 정부는 노인에게 지급되는 노령연금의 수준을 약화시키는 결정을 내리지는 않을 것이다. 대통령은 공약을 반드시 지킬 것이기 때문이다.

⑸ 요즘 우리사회에서는 외설물이 난무하고 있다. 인터넷 매체는 말할 것도 없고 심지어 일간 신문에도 외설적 사진이나 글들이 버젓이 실리고 있는 상황이다. 아무리 표현의 자유가 중요하다지만 정도가 매우 심하

다. 더욱 심각한 것은 어린이나 청소년이 별다른 어려움 없이 그러한 외설물들에 접할 수 있다는 것이다. 정부에서 이번에 외설물에 대해 강하게 단속할 예정이라고 한다. 늦은 감이 있지만, 다행스러운 일이라 할 수 있다. 우리 사회를 병들게 만드는 외설물은 반드시 철저하게 단속되어야 한다.

(6) 최근 살인사건을 비롯한 극악무도한 범죄가 빈번하게 발생하고 있다. 그러한 범죄를 예방하기 위해서는 작은 범법 행위를 단속하는 데서 출발해야 한다. 사실 우리는 작은 범법 행위에 대해서는 아무렇지도 않게 생각하곤 한다. 그러나 극악무도한 범죄를 예방하기 위해서는 작은 범법 행위부터 철저하게 단속해야 한다. 예를 들어, 무단횡단을 하는 사람들을 강하게 단속할 필요가 있다. 무단횡단과 같이 작은 범법 행위를 저지르는 사람들은 극악무도한 범죄를 저지르게 될 확률이 높기 때문이다. 바늘도둑이 소도둑 된다는 속담을 잊지 말아야 한다. 작은 범죄가 큰 범죄로 이어지게 되는 법이다.

(7) 아름다움을 강조하는 우리 사회의 여성들은 많은 화장품을 사용한다. 그런데 그 화장품이라는 것이 여러 가지 화학성분으로 가득 찬 화합물이라는 것을 아는 사람은 드물다. 그런 사실을 정직하게 밝히고 있는 화장품 광고는 없기 때문이다. 화학성분이 우리 몸에 좋지 않다는 것은 잘 알려진 사실이다. 어떤 화학성분은 발암물질로 분류되기도 하고, 환경 호르몬의 원인으로 간주되기도 한다. 이러한 위험성을 고려할 때, 화장품 사용을 자제하는 것이 좋다고 할 수 있다.

⑻ 의사는 환자에게 정직해야 할 의무가 있다. 만약 의사가 환자에게 거짓말을 하고, 환자가 자신이 속았다는 것을 알게 된다면, 의사와 환자의 신뢰 관계가 깨지고 만다. 이러한 신뢰관계가 깨진다면, 의학적인 치료가 성공적으로 이루어지기 힘들다. 더구나 환자는 자신의 의학적 상태에 관해 모든 것을 알 권리를 지니고 있기 때문에, 자신의 상태가 어떤지 물어보는 환자에게 의사는 진실한 답변을 해야만 한다.

⑼ 의사는 환자의 자율적인 선택과 결정을 그대로 존중해서는 안 된다. 그러한 환자의 선택과 결정은 의료적으로 무지한 상황 속에서 이루어질 가능성이 높다. 그렇기 때문에 환자의 선택과 결정은 환자 자신에게 나쁜 결과를 초래할 수 있다. 의사는 환자에게 이익이 되는 행위만을 해야 한다. 이것이 바로 의사가 지켜야 할 '선행 원칙'이다. 예를 들어, 어떤 환자가 자율적인 선택을 통해 안락사를 요구한다고 해도 의사는 그 요구를 받아들여서는 안 된다. 안락사는 그 환자에게 절대로 이익이 되지 않기 때문이다.

⑽ A 지역의 의료 서비스 자원은 매우 열악한 수준이다. 이것은 다른 지역과의 병상 수를 비교했을 때 극명하게 드러난다. A 지역과 거의 같은 면적의 B 지역에는 병상 수가 1,500여 개인데 반해 A 지역은 500여 개에 불과하다.

이유들의 신뢰성

1. 사실적 정보의 신뢰성

1980년 5월 광주에서 많은 시민들이 총칼에 의해 죽어 갈 때, 다른 지역에 살고 있는 대부분의 사람들은 그런 일이 있는 줄 꿈에도 생각하지 못했었다. 그 당시에도 여러 언론 매체가 있었지만 우리에게 사실을 보여주지 않았기 때문이다. 오늘날은 어떤가? 그 때처럼 언론 매체에 속고 있는가? 인터넷과 무선 통신이 발달한 요즘과 같은 시대에는 그렇지 않다고 생각될 수도 있다. 그렇지만 오늘날도 여전히 우리는 언론 매체에 속고 있을 수 있다. 그렇기 때문에 비판적 사고자라면 글에 담겨 있는 주장이 기대고 있는 이유들과 그 이유들을 뒷받침하고 있는 요소들의 신뢰성에 대해 면밀히 검토해 보아야 한다.

물론 우리는 새롭고 생소한 정보를 접하게 될 때 그것을 무작정 믿어버리지는 않는다. 어떤 경우에는 그 정보를 신뢰하면서 받아들이기도 하지만, 다른 어떤 경우에는 그것에 대해 의심하면서 받아들이길 주저하곤 한다. 예를 들어, 우리들 대부분은 왓슨이 지목하는 사람보다 홈즈가 지목하는 사람을 범인이라고 생각한다. 물론 왓슨보다는 홈즈가 추리의 권위자라고 생각하기 때문일 것이다. 우리는 또한 인터넷 상에 떠도는 정보보다는 공중파 뉴스에서 제공하는 정보를 더 신뢰한다. 그 이유는 인터넷 매체보다는 공중파 뉴스가 더 신뢰할만한 정보 제공 매체라고 생각하고 있기 때문일 것이다. 이렇게 우리가 어떤 정보를 평가하는 데에는 그 정보의 제공자나 제공 매체에 대해 우리가 가지는 신뢰도가 큰 영향을 미친다. 다음 대화를 살펴보자.

> **철수:** 소똥 냄새를 맡으면 폐암에 걸릴 위험이 현저히 감소되니까, 목축업에 종사
> 하는 사람들은 일반 사람들보다 폐암의 위험이 거의 없을 거야.
>
> **영희:** 그래? 소똥 냄새라니… 정말이야?
>
> **철수:** 그래. 어제 내가 〈뉴질랜드 헤럴드〉를 보았는데, 그렇게 나와 있었어.
>
> **영희:** 아무리 그래도 그런 우스운 얘기를 어떻게 믿어?
>
> **철수:** 그 기사는 학술잡지 〈뉴 사이언티스트〉에 실린 논문을 인용하고 있었거든.

이 대화에서 영희는 철수가 주장하고 있는 것의 신뢰성을 계속해서 따지고 있다. 철수는 영희의 이러한 반응에 대해 일종의 전문가적 권위에 호소함으로써 대응하고 있다. 많은 순간 우리도 철수와 유사한 태도를 취하게 된다. 우리는 모든 것을 직접 경험할 수도 없을 뿐만 아니라 모든 영역에 관해 전문적으로 알 수도 없다. 그렇기 때문에 어떤 주장을 할 때 특정 매체나 타인의 경험이나 타인의 권위에 기대는 경우가 많이 있다. 우리가 비판적으로 평가해 보고자 하는 글을 쓴 사람의 경우도 마찬가지이다. 자신의 주장을 뒷받침하기 위해 제시하는 사실적 정보를 글쓴이가 모두 직접 경험하지는 못했을 것이다. 그렇기 때문에 누군가의 경험이나 권위에 의존하여 어떤 정보를 제시하게 된다. 따라서 글의 결론적 주장을 뒷받침하기 위해 사용되고 있는 정보가 어떤 출처에 기대고 있는지 파악하고 평가하는 것은 매우 중요하다고 할 수 있다. 위의 대화에서 철수의 주장이 가지는 신뢰성은 〈뉴질랜드 헤럴드〉라는 신문과 〈뉴 사이언티스트〉라는 학술잡지의 권위에 의존하고 있다. 그렇기 때문에 영희가 철수

의 주장을 신뢰하기 위해서는 그러한 권위가 정말 신뢰할 수 있는 것인지 따져보아야 한다.

우리가 어떤 글을 분석하고 평가하는 과정에서 결론적 주장을 뒷받침하는 정보를 접하게 될 경우에도 마찬가지이다. 물론 우리가 익히 잘 알고 있는 정보인 경우에는 별다른 검토 없이 넘어갈 수 있을 것이다. 그러나 생소하거나 다소 이상한 정보를 접하게 될 경우에는 당연히 그 정보의 출처가 무엇인지 글을 통해 파악해야 한다. 그런 다음 그 출처가 믿을만한 것인지 잘 판단해 보아야 한다. 만일 글 안에서 정보의 출처를 찾을 수 없다면, 그 정보의 신뢰성을 파악하기 위해 적극적으로 다른 글을 찾아보거나 그 정보의 권위자에게 물어보아야 한다.

글을 통해 자신의 주장을 정당화하려는 글쓴이는 되도록이면 자기주장에 유리한 자료를 제시하려 할 것이다. 그러한 과정에서 사실적 정보를 담고 있는 자료가 과장되거나 왜곡될 수도 있다. 가장 흔한 예로 정부의 정책에 대한 반대시위의 경우를 들 수 있겠다. 서울시청 앞 광장과 광화문 네거리에 많은 사람들이 모여 정부의 정책에 대해 반대하며 촛불시위를 했다고 하자. 시위하고 있는 시민들은 그 시위의 의미를 부각시키려할 것이고 정부의 입장에서는 그 시위의 의미를 축소시키려 할 것이다. 실제로 언젠가 촛불시위를 막는 경찰 측의 발표에 따르면 시위참여 인원은 5,000명 정도였다. 그러나 시위에 참여한 시민단체의 발표에 따르면 그 인원은 20,000명이 넘어섰다. 이렇게 사실적 정보를 통해 시위의 의미를 부각시킬 수도 있고 축소시킬 수도 있다. 우리는 어떤 측의 발표를 믿어야 하는가? 참으로 중요하고도 어려운 문제이다.

이제 사실적 정보의 신뢰성을 따져보는 것이 중요하다는 것을 보여주는 간단한 예를 살펴보도록 하자. 다음 글의 글쓴이는 자기주장을 뒷받침하기 위해 중요한 사실적 정보를 제공하고 있다.

> 서울시교육감 후보 6명에 대한 여론조사에서 X대학 ○○○ 교수가 17.5%로, 여섯 후보 중 1위에 올랐다. 당장 선거를 한다면 이 후보가 당선될 가능성이 가장 높다는 얘기다. 그런데 이 후보가 이번 1학기에 강의한 세 과목 중 두 과목 수강생 모두에게 A학점을 줬다고 한다. 19명이 수강한 과목은 6명에 A+, 13명에 A 학점을 줬고 14명이 들은 과목에선 4명에 A+, 10명에 A 학점을 줬다. ○○○ 후보는 교육자 자격이 없다고 할 수밖에 없다. X대학은 "A 학점은 수강생의 35% 이하로, A와 B 학점을 합해서는 70% 이하로 줘야 한다."는 상대평가 요강要綱을 갖고 있다. 학교 규칙도 무시하는 사람이 교육감이 된다면 학생들에게 규율을 지키라고 말할 수 있겠는가.

　이 글의 결론적 주장은 서울시교육감 후보인 ○○○ 교수가 교육감이 되어서는 안 된다는 것이다. 중요한 이유 중의 하나는 ○○○ 후보가 학교 규칙을 무시한 교육자라는 것이다. 밑줄 친 부분은 그 이유를 뒷받침해주는 사실적 정보를 담고 있다. 만일 밑줄 친 부분이 정말 사실이라면 ○○○ 후보는 학교 규칙을 무시한 교육자라 할 수 있을 것이다. 그러나 만일 X대학이 "20명 미만의 학생이 수강하는 과목에 한에서는 절대평가를 실시할 수 있다."는 별도의 요강을 가지고 있다면, ○○○ 후보가 학교 규칙을 무시하는 교육자라고 말할 수 없다. 글쓴이가 결론적 주장을 뒷받침하기 위해 제시한 이유는 거짓이 되는 셈이다. 이처럼 사실적 정보의 진리 여부 또는 신뢰성을 평가하는 것은 매우 중요하다고 할 수 있다.

그러나 그 중요성에도 불구하고 정보의 신뢰성을 평가하지 않고 그냥 지나치게 되는 경우도 많이 있다. 예를 들어, 우리가 가진 생각과 일치하는 주장을 강하게 뒷받침하는 정보를 접하게 될 경우에는, 그 정보가 새롭고 생소한 것이라 할지라도 평가하지 않은 채 그냥 넘어가는 무비판적 사고에 젖기 쉽다. 새로운 정보를 접하면서도 그 정보가 우리의 주장을 뒷받침하는 데 도움이 된다고 판단되면 그냥 믿어버리곤 한다는 것이다. 앞서 살펴본 것처럼, 촛불시위의 의미를 폄하하고 싶은 사람들은 시위 참여 인원이 5,000명이라는 정보를 아무런 반성 없이 받아들이려는 경향이 있다. 특히 정치적인 문제일 경우 이러한 태도를 취하는 경우가 많이 있는 듯이 보인다. 우리가 지지하지 않는 정당의 정치인이 비리를 저질렀다는 소문은 반성 없이 그냥 받아들이곤 한다. 반면에, 우리가 지지하는 정당의 정치인이 비리를 저질렀다는 소문은 그냥 부정해 버리려 한다. 물론 이것은 비판적 사고의 태도가 아니다. 전제에 포함된 정보가 정말 신뢰할 수 있는 것인지 따져보아야 한다. 물론 이러한 평가 작업을 할 때 기본적으로 갖추어야 할 것은 바로 '열린 마음'의 태도이다. 어떤 특정 정보를 담고 있는 전제를 받아들일 경우 자신의 생각에 어떤 문제가 발생한다고 해도, 그 정보에 대해 편견을 가지고 평가해서는 안 된다는 것이다.

한 가지 덧붙여 강조해야 할 사항이 있다. 그것은 바로 동일한 사실적 정보가 주어진다고 할지라도 그 정보를 이용하는 사람에 따라 서로 다른 주장으로 나아갈 수 있다는 것이다. 실제로 우리는 동일한 수치를 제시하고 있지만 서로 다른 주장을 하는 경우를 많이 접하게 된다. 예를 들어, 2002년 대선 때나 2007년 대선 때나 대통령 당선자의 득표율은 거의 같았다. 그런데 그 득표율에 근거하여 2002년의 당선자를 "과반수에도 못 미

치는 반쪽짜리 대통령"이라고 평가했었던 어떤 조간신문이 2007년의 당
선자는 "과반수에 육박한 진정 국민 모두의 대통령"이라고 평가했다. 동
일하거나 유사한 수치에 근거한 주장이 이렇게 차이가 나는 이유는 무엇
일까? 우리는 정확한 수치에 근거한다 할지라도 상이한 주장을 할 수 있
다는 것을 항상 유념해야 한다. 정확한 통계수치를 근거로 했으니 항상
동일한 주장만 나올 것이라는 생각에서 벗어나야 한다. 통계수치 자체에
는 문제가 없다고 할지라도, 목표로 하는 주장에 따라 그 통계수치가 상
이한 방식으로 이용될 수 있기 때문이다.

　이제 다음 글에서 글쓴이의 주장을 받아들일 수 있을지 판단하기 위해
반드시 확인해 보아야할 사실적 정보는 무엇인지 생각해 보자.

　이번 정부에서 추진하고 있는 4대강 사업의 중요한 목표 중 하나는 수질 개선이
다. 그리고 4대강 사업의 핵심적인 일 중의 하나는 바로 보洑를 설치하는 것이
다. 그런데, 많은 사람들이 하천에 보를 막게 되면 수질이 악화될 것이라고 우려
하고 있다. 고인 물은 썩는다는 생각 때문인 듯하다. 그러나 보를 막는다고 해서
반드시 수질이 나빠지는 것은 아니다. 오염원 관리, 유량 변화 등에 따라 수질이
개선될 수 있다. 실제로 1980년대 중반 한강에 ○○수중보와 △△수중보를 설치
하여 한강에 물이 많아진 후에 수질이 크게 개선되었다. 보의 설치가 수질 개선
에 중요한 역할을 할 수 있다는 것이 입증된 셈이다. 따라서 보 설치에 관한 한,
이번 4대강 사업에 대해 크게 우려할 필요는 없다.

　이번 연구에 따르면, 우리 당이 제안하는 미디어 법이 실시될 경우 약 20,000 여
개의 새로운 일자리가 만들어지게 된다. 대기업이 방송과 언론에 진출할 수 있

는 길이 열리면서 경제적인 시너지 효과가 커지게 될 것이기 때문이다. 우리의 미디어 법은 국제적인 추세에 따른 것이기도 하다. 경제적인 효과가 미미한 수준이라면 세계 여러 나라에서 우리 당과 유사한 형태의 미디어 법을 앞 다퉈 시행하지는 않았을 것이다. 그런데도 정치적인 이유로 우리 당의 미디어 법에 반대하고 있는 사람들이 있다. 그들에게는 일자리가 없어 고생하는 국민들의 목소리가 들리지 않는 모양이다. 우리 경제의 어려움과 서민의 고통을 조금만 진지하게 생각한다면, 우리 당의 미디어 법에 반대해서는 안 된다.

위와 같은 글들에 포함되어 있는 사실적 정보가 거짓으로 밝혀진다면, 결론적 주장의 설득력은 사라지게 된다. 그 결론적 주장을 지지하는 역할을 하는 이유가 부적절한 것이 되기 때문이다. 사실적 정보의 진위 여부가 결론적 주장에 핵심적인 관건인 셈이다. 사실적 정보의 신뢰성에 대한 논의는 이 정도로 하고, 이제 개념 사용에 관한 문제로 넘어가 보도록 하자.

2. 올바른 개념 사용

우리가 읽는 글들에는 잘 모르는 개념들이 사용될 수 있다. 또한 잘 안다고 생각되는 개념이 사용되고 있지만 원래 우리가 사용하는 방식과는 다르게 사용될 수도 있다. 글에 대한 분석 결과 그러한 개념이 전제에 등장하게 되면, 그것들이 올바르게 사용되고 있는지 점검해 보아야 한다. 올바르지 못한 개념 사용을 지적하고 있는 다음 글을 살펴보자.

제도의 허점을 악용해 내 이익만 챙기려는 모럴 해저드(moral hazard: 도덕적 해이) 현상이 사회 전반에 독버섯처럼 확산되고 있다. 신의와 성실 의무를 다하지 않는 도덕적 해이 현상이 심각한 '한국병'으로 자리 잡아 개혁의 발목을 잡고 있는 것이다. 최근 금융기관의 잇따른 현금사고는 빙산의 일각에 불과하다. 국민은행 금고관리 직원이 21억 원의 현금을 빼돌렸다 붙잡혔고 농협 직원이 2억 원을 훔치는 등 금융사고는 고객의 돈을 내 돈인 것처럼 착각하고 있는 현실에서는 필연적으로 일어날 수밖에 없다. 또 환자를 볼모로 자신들의 이익을 관철하려 한 사상 초유의 의료대란도 모럴 해저드의 범위에 들어간다.

이 글은 각종 사건 사고와 집단적 이해 대립 때문에 사회가 몹시 어수선했던 2000년 여름 어느 신문의 기획기사 일부를 요약한 것이다. 굳이 어느 신문이라고 밝힐 필요는 없다. 당시 내로라하는 신문들이 모럴 해저드 현상에 대해 거의 비슷비슷한 기획기사를 앞 다투어 실었기 때문이다. 그런데 은행 직원이 고객 돈을 훔쳐 술값으로 탕진하고, 의사들이 의약분업에 반대하면서 파업을 벌인 걸 두고 모럴 해저드라고 할 수 있을까? 이 말을 이런 데 마구잡이로 쓰는 분들에게는 죄송한 말씀이나, 이런 건 '범죄'나 '반사회적 집단행동'이라고 해야지 '모럴 해저드'라고 해서는 곤란하다. '빅딜'이니 뭐니, IMF 경제위기 이후 이역만리 한국에 와서 고생하는 영어 단어가 한둘이 아니지만, 모럴 해저드는 그 오남용의 정도가 심해도 너무나 심하다. 특히 경제학을 전공한 사람들이 거기 가담하는 것은 무지의 소치로 볼 수밖에 없다. 왜냐하면 모럴 해저드는 '합리적 경제인'의 신중한 선택에 따른 행동이고, 따라서 도덕적 비난이나 법률적 처벌의 대상이 될 이유가 없는 '합리적 행동'이기 때문이다.[1]

---

1. 유시민, 『유시민의 경제학 카페』(서울: 돌베개, 2002), 332~333쪽.

이 글에서는 명백한 범죄 행위에 대해 '모럴 해저드'라는 용어를 사용해서는 안 된다고 주장하고 있다. 그것은 잘못된 개념 사용이기 때문이다. 이렇게 올바르지 않은 개념을 사용하는 경우는 빈번하게 발생할 수 있다. 그렇기 때문에, 비판적 평가 작업에서는 개념이 올바르게 사용되고 있는지도 반드시 평가해 보아야 한다. 이따금 우리는 어떤 주장을 정당화하기 위해 개념을 고의로 왜곡하는 경우도 있다. 앞서 살펴보았던 다음의 얘기도 그러한 경우에 해당한다고 할 수 있다.

시대에 맞춰서 과거를 스스로 고쳐나가고 개혁하고 잘못된 것을 고치는 모습을 보수라고 할 수 있다. 따라서 보수는 개혁과 상반된 것이 아니다. 우리가 보수 정당이라고 해서 급진적인 개혁을 하지 못할 이유는 없다.

앞서 논의했듯이, 이 얘기는 '보수 정당'의 '보수' 개념을 왜곡하고 있는 사례로 볼 수 있다. 물론 이 얘기를 한 정치인이 '보수'라는 단어의 다의성을 몰랐다고 볼 수는 없을 것이다. 그러나 비판적 사고의 관점에서 보면, 개념 왜곡을 통한 적절치 않은 이유에 근거하여 자기주장을 정당화하고 있다고 볼 수 있다. 이렇게 자기주장에 유리한 방식으로 특정 개념을 왜곡하여 사용하는 경우는 흔히 발생한다. 이제 다음의 글들이 가진 문제점은 무엇인지 생각해 보자.

자발적 안락사나 존엄사를 허용해야 한다고 주장하는 사람들이 있다. 그러나 그러한 생각은 잘못된 것이다. 환자의 입장에서 생각해 보라. 어떻게 환자의 생명을 앗을 권리를 의사에게 부여할 수 있는가? 환자 자신의 생명에 대한 권리는 의사가 아니라 환자 자신에게 있다는 점을 알아야 한다.

내 논문의 실험 결과가 조작되었다는 지적이 있다. 그러나 내가 실험 결과를 조작한 적은 없다. 단지 더 나은 결론을 위해 수많은 실험 결과들 중에서 몇 가지만 수정했을 뿐이다. 만일 내가 하지도 않은 실험을 했다고 한다면, 조작이라는 비난을 받는 게 맞다. 하지만 나는 분명 실험을 했고, 그 실험 결과를 토대로 논문을 작성했다는 것은 분명한 사실이다.

교육 평준화 정책에 목매는 사람들이 많다. 이것은 학생들을 공정하게 뽑아 평균적으로 가르치겠다는 평등 정책이다. 말은 그럴듯하다. 그러나 이러한 평등주의 교육은 학생들의 다양한 개성과 창의성을 요구하는 정보화시대에는 어울리지 않는다. 신체조건만 대충 맞으면 똑같은 제복에 똑같은 교육방식으로 똑같은 계급을 붙여 똑같은 밥을 먹이고 똑같이 잠자고 일어나는, 이름도 개성도 존재하지 않는 병영생활을 교육현장으로 옮긴 것에 불과하다. 자라나는 청소년의 개성과 창의성을 존중하지 않는 평등주의 교육 정책은 철회되어야 한다.

비판적 사고자라면 글쓴이가 자기주장을 부각시키거나 정당화시키는 과정에서 사실적 정보뿐만 아니라 위와 같이 개념도 왜곡할 수 있다는 점을 항상 염두에 두어야 한다. 개념 왜곡 사례에 대해 조사하고 그 내용에 관해 함께 논의해 보자.

비판적 평가 II

이유는 결론적 주장을 함축하는가?

앞장에서 우리는 논변을 구성하고 있는 각각의 명제 특히 이유를 담고 있는 전제에 대한 평가에 관해 알아보았다. 이번 장부터는 이유와 결론적 주장의 관계와 관련된 평가 사항에 대해 알아보고 몇 가지 연습을 해 보려 한다. 이미 알고 있듯이, 한 논변에서 전제란 결론적 주장을 지지해 주는 역할을 하는 명제들이다. 그렇다면 우리는 그 전제들이 지지 역할을 적절하게 하고 있는지 평가해 보아야 한다. 그런데 이 평가는 우리가 글로부터 구성해낸 논변이 연역적 의도를 가지고 있는 것인지 귀납적 의도를 가지고 있는 것인지에 따라 달라진다. 이번 장에서는 글쓴이의 논변이 연역적 의도를 가지고 있다고 판단될 경우에 우리가 평가해야 보아야 할 사항에 대해 연습해 볼 것이다. 잘 알고 있듯이, 연역적 논변이란 전제의 참이 결론의 참을 필연적으로 보증한다는 것을 보이려는 의도로 구성된 것이다. 그렇다면 우리가 평가해 보아야 할 것은 그러한 의도의 성공 여부이다. 즉 정말 전제의 참이 결론의 참을 필연적으로 보증하는지 평가해 보아야 한다는 것이다. 이제 우리의 물음은 다음과 같다.

이유들은 결론적 주장을 함축하는가?

먼저 '함축含蓄'이라는 용어에 대해 잠깐 살펴보는 것이 좋겠다. '함축'이란 무엇인가? 국어사전을 살펴보면 그 의미를 대략 다음과 같이 정의하고 있다.

① 겉으로 드러내지 아니하고 속에 간직함.
② 말이나 글이 많은 뜻을 담고 있음.
③ 표현의 의미를 한 가지로 나타내지 아니하고 문맥을 통하여 여러 가지 뜻을 암시하거나 내포하는 일.

일상적으로 우리는 이러한 국어사전의 정의에 알맞게 '함축'이라는 용어를 사용한다. 즉, 어떤 표현에 다양한 의미가 숨겨져 있다고 판단될 경우에 그 표현을 '함축적인 표현'이라 부르곤 한다는 것이다. 예를 들어, "그의 유머에는 함축적인 의미가 담겨져 있어.", "그의 작품이 가지는 함축적 의미를 이해하지 못하면, 그의 작품의 진가를 알 수 없지." 등. 이 때 '함축'이 의미하는 것은 그의 유머나 작품에는 겉으로 드러나지 않은 많은 의미가 담겨져 있어서 다양한 의미로 해석될 수 있다는 것이다. 그러나 '함축'의 이러한 의미는 우리의 논의 맥락과 다소 거리가 있다.

이유와 결론적 주장의 관계에 관해 연습하는 우리의 논의 맥락에서 '함축'이란 논리적 함축을 의미한다. 더 정확히 얘기하면, 이유의 참이 결론적 주장의 참을 필연적으로 보증한다는 것을 의미한다. 예를 들어, 어떤 문장 p가 다른 어떤 문장 q를 함축한다고 주장하는 것은, p가 참일 경우 q는 반드시 참이 된다는 것을 주장하는 것이다. 또한 어떤 논변에서 전제들이 결론을 함축한다는 말의 의미는 그 전제들이 참일 경우 결론은 필연적으로 참이 된다는 것이다. 반복하지만, 연역적 논변은 이유의 참이 결론적 주장의 참을 필연적으로 보증한다는 것, 즉 이유가 결론적 주장을 함축한다는 것을 보이려는 의도를 가지고 구성된 논변이다. 그렇기 때문에, 어떤 논변이 연역적 의도를 가지고 있다고 판단될 경우 그 의도가 성공적으로 실현되고 있는지, 즉 전제가 정말 결론을 함축하는지 따져보아야 하는 것은 당연한 평가 사항이라 할 수 있겠다.

우리가 앞에서 살펴보았던 타당한 연역적 논변 형식들(전건긍정식, 후건부정식, 선언적 삼단논법, 가언적 삼단논법, 딜레마 논변 등)은 모두 전제가 결론을 함축하는 형식의 논변들이었다. 그밖에도 우리가 기초 논리학 시간에 흔히 접하게 되는 다음과 같은 논변도 전제가 결론을 함축하는 형식을 가지고 있는 것이다.

R1. 모든 사람은 죽는다.

R2. 소크라테스는 사람이다.

C. 소크라테스는 죽는다.

이러한 형식의 논변을 접하게 되면, 우리는 누구나 전제의 참이 결론의 참을 필연적으로 보증한다는 것을 쉽게 알 수 있다. 말하자면, R1이 의미하는 것은 '사람의 집합'이 '죽는 존재의 집합'에 포함된다는 것이고, R2가 의미하는 것은 소크라테스가 '사람의 집합'의 원소라는 것이다. 결론적으로 C, 즉 소크라테스는 '죽는 존재의 집합'에 포함된다는 것을 쉽게 생각해 낼 수 있다. 이제 다음 글을 통해 전제가 결론을 함축하는 논변 형식에 대해 좀 더 살펴보자.

> 국회가 파행을 거듭하고 있다. 각종 쟁점법안들은 우리 사회의 민주적 가치를 크게 훼손시킬 여지가 있는 것들이다. '복면금지법'으로 불리는 집시법 개정, 사이버 모욕죄, 개악으로 평가되는 정보통신망법 개정, 대기업이 방송에 참여할 수 있게끔 허용해주는 방송법 시행령 등 민주주의의 역사를 거꾸로 돌리는 느낌을 주는 법안들이 그것이다. 여당은 사회적 안정성이라는 명목으로 이러한 법안들을 강행처리 하려 하고 야당은 그것을 막겠다고 벼르고 있다. 힘이 없는 야당이 그 법안을 막아줄 것이라 기대하기는 힘들다. 여기서 여당 의원들이 다시 한 번 되새겨야 할 것이 있다. 그것은 바로 사회적 안정성을 유지하고 있는 모든 나라는 선진국들인데, 그 선진국에 속하는 어떠한 나라에서도 복면금지법이나 사이버 모욕죄와 같은 것들을 찾아볼 수 없다는 것이다. 결국 여당의원들이 그토록 강조하는 사회적 안정성을 위해서는 어떠한 판단을 해야 하는지는 자명하다.

이 글에서 결론적 주장은 무엇인가? 그 주장은 명시적으로 드러나 있지는 않지만, 전체적인 맥락과 마지막 문장을 통해 충분히 알아낼 수 있다. 그것은 아마도 '여당의원들은 복면금지법이나 사이버 모욕죄 등을 포기해야 한다.' 정도가 될 것이다. 그렇다면 이러한 주장을 뒷받침하는 이유들은 무엇인가? 일단 두 가지를 찾을 수 있는데, 하나는 '사회적 안정성을 유지하고 있는 모든 나라는 소위 선진국이다.'이고, 다른 하나는 '선진국에 속하는 모든 나라는 복면금지법이나 사이버 모욕죄와 같은 것을 찾아볼 수 없다.'는 것이다. 일단 지금까지 추려낸 결론적 주장과 두 개의 이유를 가지고 논변을 구성해 보자.

> R1. 사회적 안정성을 유지하고 있는 모든 나라는 선진국이다.
>
> R2. 모든 선진국에는 복면금지법이나 사이버 모욕죄가 없다.
>
> C. 여당의원들은 복면금지법이나 사이버 모욕죄 등을 포기해야 한다.

누구나 느낄 수 있듯이, 이 논변은 허술한 감이 있다. 왜냐하면 글쓴이의 의도를 세밀하게 반영하고 있지 않기 때문이다. 세밀한 논변 구성을 위해 가장 먼저 생각해 볼 수 있는 것은, R1과 R2로부터 자연스럽게 나올 수 있는 결론은 C와 같은 것은 아니라는 것이다. 그렇다면, 자연스럽게 나올 수 있는 것은 무엇인가? 그것은 바로 '사회적 안정성을 유지하고 있는 모든 나라에는 복면금지법이나 사이버 모욕죄가 없다.' 정도의 명제가 될 것이다. 이 명제를 논변에 포함시켜보자.

> R1. 사회적 안정성을 유지하고 있는 모든 나라는 선진국이다.
>
> R2. 모든 선진국에는 복면금지법이나 사이버 모욕죄가 없다.

C1. 사회적 안정성을 유지하고 있는 모든 나라에는 복면금지법이나 사이버 모욕죄가 없다.

C2. 여당의원들은 복면금지법이나 사이버 모욕죄 등을 포기해야 한다.

이제 우리는 C1과 C2의 연결고리 역할을 하는 명제가 필요하다는 것을 느끼게 된다. 사실 그 역할을 하는 명제는 원래 글의 다섯 번째 문장에서 찾을 수 있다. 그것은 바로 여당의원들이 사회적 안정성을 바라고 있다는 것이다. 이 내용을 C1과 C2의 연결고리로 포함시켜 보자.

R1. 사회적 안정성을 유지하고 있는 모든 나라는 선진국이다.

R2. 모든 선진국에는 복면금지법이나 사이버 모욕죄가 없다.

C1. 사회적 안정성을 유지하고 있는 모든 나라에는 복면금지법이나 사이버 모욕죄가 없다.

R3. 여당 의원은 사회적 안정성을 바라고 있다.

C2. 여당의원들은 복면금지법이나 사이버 모욕죄 등을 포기해야 한다.

이제 우리는 글쓴이의 의도를 어느 정도 세밀하게 살린 논변을 구성하게 된 셈이다. 이 논변에서 우리가 눈여겨보려 하는 것은 R1과 R2, 그리고 C1이다. 이 논변에서 R1과 R2가 참일 경우 C1은 반드시 참이 되기 때문이다. 즉, R1과 R2는 C1을 함축한다는 것이다. 이 함축의 구조를 대략적으로 기호화해 보면 다음과 같다.

R1. 모든 A는 B이다.

R2. 모든 B는 C이다.

C1. 모든 A는 C이다.

이러한 형식의 논변은 '정언삼단논법'이라 불린다. 이러한 형식을 갖추고 있는 논변은 항상 전제가 결론을 함축한다. 달리 얘기하면, 전제의 참이 결론의 참을 필연적으로 보증한다는 것이다. 이러한 사항은 직관적으로 잘 드러나는 듯이 보인다. R1이 의미하는 것은 A가 B의 부분집합이라는 것이고 R2가 의미하는 것은 B가 C의 부분집합이라는 것이니, 결론 즉 A가 C의 부분집합이라는 것은 필연적으로 도출되는 듯이 보이기 때문이다. 그런데 우리가 주의해야 할 것은, 이것과 유사한 형식을 취하고 있긴 하지만 전제가 결론을 함축하지 않는 경우가 많이 있다는 것이다. 예를 들어 다음의 글을 살펴보자.

우리 정치인 중에 고정간첩이 있음에 틀림없어. 내 얘기가 근거 없는 것으로 들릴 수도 있겠지만 이렇게 생각해 봐. 정부의 경제정책에 대해 강하게 비판하는 정치인은 모두 좌파잖아? 그런데 좌파 중에 고정간첩이 있다는 것은 잘 알려진 사실이거든. 이런 사실들을 염두에 두면, 우리 정치인 중에 고정간첩이 있다는 걸 부정할 수 없을 걸.

어떤가? 이런 식의 발언이 설득력을 가질 수 있을까? 아마 그렇지 않을 것이다. 이유들 자체를 신뢰할 수 없을 것 같기 때문이다. 정부의 경제정책을 강하게 비판하는 모든 정치인이 좌파일리는 없을 것이다. 또한 좌파로 분류되는 사람들 중 고정간첩이 있다는 것도 강하게 의심해 볼 수 있는 것이다. 그렇지만 논의를 위해 위의 발언에서 이유들이 모두 참이라고 가정하고 논변 형식으로 구성해 보자.

R1. 정부의 경제정책에 대해 강하게 비판하는 정치인은 모두 좌파다.

R2. 좌파 중 어떤 사람은 고정간첩이다.

C. 정부의 경제정책에 대해 강하게 비판하는 정치인 중 어떤 사람은 고정간첩이다.

이 논변에서 전제들이 참일 경우 결론은 필연적으로 참이 되는가? 언뜻, 그런 듯이 보일 수도 있다. 앞서 살펴보았던 '정언삼단논법'과 마찬가지로 전제들과 결론이 자연스럽게 연결되고 있는 듯이 보이기 때문이다. 그러나 실상은 그렇지 않다. 왜 그런지 생각해 보기 위해 위 논변이 취하고 있는 형식을 대략적으로 추려내면 다음과 같이 기호화해 볼 수 있다.

R1. 모든 A는 B다.

R2. 어떤 B는 C다.

C. 어떤 A는 C다.

이런 형식에서 R1과 R2가 C를 함축하는가? 직관적으로 그렇지 않다고 답하는 사람도 있겠지만, 여전히 주저하는 사람도 있을 것이다. 이 물음을 해결하기 위해 우리가 사용해 볼 수 있는 유용한 방법이 있다. 그것은 바로 위와 같은 형식을 갖추고 있긴 하지만 전제가 결론을 함축하지 않는다는 것이 확연하게 드러나는 사례를 구성해 보는 것이다. 예를 들어, 우리는 위 형식에 맞춰 다음과 같은 논변을 만들어 볼 수 있다.

R1. 모든 남자는 사람이다.

R2. 어떤 사람은 여자이다.

C. 어떤 남자는 여자이다.

이 논변은 확실히 위의 형식을 따르고 있다. 그리고 R1과 R2는 참으로 인정될 수 있는 것들이다. 그러나 C는 확실히 거짓이다. 결국 전제들은 모두 참이지만 결론은 거짓이다. 따라서 위와 같은 형식을 취하고 있는 논변은 전제가 결론을 함축하지 못한다고 볼 수 있다. 이제 다음의 대화를 살펴보자.

철수: 우리 동아리에는 정치에 관심이 많은 친구가 있음에 틀림없어.

영희: 왜 그렇게 생각하는데?

철수: 우리 동아리의 모든 친구들은 비판적 사고에 관심이 많잖아.

영희: 비판적 사고와 정치가 무슨 상관인데?

철수: 비판적 사고에 관심이 많은 사람들 중에는 정치에 관심이 많은 사람이 있잖아. 그러니까 우리 동아리 친구들 중에는 정치에 관심이 많은 친구가 있다는 게 확실하지.

이 대화에서 언뜻 설득력 있게 보이는 철수의 주장도 우리가 방금 살펴본 형식의 논변으로 구성될 수 있다.

R1. 우리 동아리의 모든 친구들은 비판적 사고에 관심이 많다.

R2. 비판적 사고에 관심이 많은 사람 중에는 정치에 관심이 많은 사람이 있다.

C. 우리 동아리에는 정치에 관심이 많은 친구가 있다.

앞서와 마찬가지로 이 논변은 전제가 결론을 함축하지 않는다. 따라서 철수는 자기가 제시한 이유만을 가지고 자기의 주장을 100% 확신해서는 안 된다고 할 수 있다. 이제 지금까지 살펴본 것들을 토대로 몇 가지 연습 문제를 풀어보자.

※ 다음 글들에 포함되어 있는 논변을 재구성한 다음, 함축을 기준으로 평가해 보자.

⑴ 철학에 관심이 많은 사람들은 모두 소크라테스가 플라톤의 스승이었다는 것을 안다. 그런데 철수는 그런 사실을 모르고 있다. 철수는 철학에 관심이 없는 사람임에 틀림없다.

⑵ 이번 대통령은 뇌물을 받지 않았음에 틀림없어. 왜 그렇게 확신하느냐고? 생각해봐. 역사상 대통령들은 모두 큰 힘을 가진 권력자로 군림했는데, 큰 힘을 가진 권력자 중에는 뇌물을 받지 않은 이들도 많잖아.

⑶ 자유민주주의 국가치고 정부에 대한 비판적 방송 프로그램을 그렇게 탄압하는 곳은 없다. 그런데 우리나라에는 그러한 탄압이 이루어지고 있다. 따라서 우리나라는 자유민주주의 국가가 아니다.

⑷ 정치인 중에는 거짓말쟁이가 있음에 틀림없어. 정치인은 모두 언변에

능한데, 언변에 능한 사람 중 일부는 거짓말쟁이잖아.

⑸ 어떤 사람은 우리가 무한한 것에 대해 상상할 수 있다고 생각하지만 사실 우리는 그럴 수 없어. 우리가 상상하는 것은 무엇이나 다 유한한 것이야. 왜냐하면 우리가 상상하는 것은 무엇이든 전체적으로 또는 부분적으로 감각에 의해 먼저 인식된 것이고, 감각에 의해 먼저 인식된 것은 모두 다 유한한 것이기 때문이야.

⑹ 코를 고는 사람들 중 일부는 우울증 증상을 보이고 있음에 틀림없어. 왜냐고? 코를 고는 모든 사람은 건강에 문제가 있잖아? 그런데 이번 연구조사에 따르면, 건강에 문제가 있는 사람들 중 일부는 우울증 증상을 보이고 있다고 하잖아.

⑺ 원자력 발전소 건설에 반대하는 모든 사람은 환경을 중시하는 사람이다. 대체 에너지 개발을 주장하는 사람은 모두 원자력 발전소 건설에 반대하는 사람이다. 따라서 환경을 중시하는 모든 사람은 대체 에너지 개발을 주장하는 사람이다.

⑻ 유명한 소설가 중 일부는 매년 베스트셀러를 내고 있잖아. 그런데 우리 학교에 특강을 나온 강사들은 모두 유명한 소설가야. 그러니까 매년 베스트셀러를 내고 있는 소설가들 중 일부는 우리 학교에 특강을 나온 강사임에 틀림없어.

⑼ 왜곡 편파 보도를 일삼는 언론은 대한민국의 발전을 가로막고 있어. 잘 알고 있겠지만, 일부 신문사는 왜곡 편파 보도를 일삼고 있지. 대한민국의 발전을 가로막는 것은 청소년의 미래에 악영향을 주는 거야. 그러니까, 일부 신문사는 청소년의 미래에 악영향을 주고 있다고 볼 수 있어.

⑽ 엄마의 건강상태가 태아에게 매우 중요하다는 것은 잘 알려진 사실이다. 엄마가 가지고 있는 많은 것들이 태아에게 전달되기 때문이다. 엄마가 가지고 있는 것 중에는 호르몬 저해물질이 있다. 이것은 정도의 차이는 있지만 모든 인간이 가지고 있는 것이다. 호르몬 저해물질이란 우리 신체가 자연 호르몬에 적절하게 반응하지 못하도록 막는 물질이다. 최근 연구에 따르면, 이러한 물질은 전부 엄마로부터 태아에게 전달된다. 그런데 엄마로부터 태아에게 전달되는 물질 중에는 태아의 시력에 악영향을 미치는 것이 있다는 연구 결과도 있다. 이러한 연구결과들을 통해 우리가 추론할 수 있는 것은, 호르몬 저해물질 중에는 태아의 시력에 악영향을 미치는 것이 있다는 것이다.

이유가 결론적 주장을 함축하지 않는 논변

우리는 앞서 글을 분석하는 데에 유용하게 사용될 수 있는 타당한 연역적 논변 형식들에 대해 살펴보았다. 이제 그러한 형식들과 유사하긴 하지만 전제가 결론을 함축하지 않는 형식의 논변에 대해 살펴보려 한다. 먼저 다음의 짧은 글을 살펴보자.

아폴로 11호와 관련된 자료가 조작되지 않았다면, 아폴로 11호가 달에 갔었다는
것은 참이라는 주장은 받아들일 수 있다. 그러나 그 자료의 진실성과 관련된 수
많은 의혹이 있다. 그럼에도 NASA에서는 그 의혹에 대해 속 시원한 답변을 내놓
고 있지 않다. 따라서 아폴로 11호와 관련된 자료는 조작되었을 것이다. 결국 아
폴로 11호가 달에 갔었다는 것은 거짓임에 틀림없다.

이 글의 핵심 논변을 추려내면 다음과 같다.

R1. 아폴로 11호와 관련된 자료가 조작되지 않았다면, 아폴로 11호가 달에 갔었
다는 것은 참이다.

R2. 아폴로 11호와 관련된 자료는 조작되었을 것이다.

C. 아폴로 11호가 달에 갔었다는 것은 거짓임에 틀림없다.

〈전건부정의 오류〉	〈전건긍정식〉
p이면 q이다.	p이면 q이다.
p가 아니다.	p이다.
따라서 q가 아니다.	따라서 q이다.

위 논변은 왼쪽의 〈전
건부정의 오류〉에 해당
하는 형식을 취하고 있
다는 것을 알 수 있다.
이러한 형식의 논변이
오류인 이유는 전제가
결론을 함축하지 않기 때문이다. 즉, 이유의 참이 결론적 주장의 참을 필
연적으로 보증하지 않는다는 것이다. 물론 〈전건긍정식〉의 형식을 취하

는 논변은 이유가 결론적 주장을 함축하지만 말이다. 이제 다음 글을 통해 다른 형식의 오류에 대해 살펴보자.

> 요즘 우리 회사에서 육아휴직을 사용하는 직원들이 크게 늘고 있다고 한다. 이것으로부터 추론할 수 있는 것은 비정규직에서 정규직으로 전환된 직원이 많아졌다는 것이다. 나는 이미 비정규직에서 정규직으로 전환되는 직원이 많아지게 될 경우 육아휴직이 크게 늘게 될 것이라 예상한 바 있다. 비정규직 신분이었을 때는 약 5개월의 출산휴가만 사용할 수 있지만 정규직이 되면 2년간의 육아휴직이 가능해지기 때문이다. 게다가 휴직 기간 2년 중 1년은 유급이다. 이런 점들을 미루어 볼 때, 비정규직에서 정규직으로 전환된 직원이 많아졌음에 틀림없다.

이 글의 핵심 논변은 다음과 같이 정리될 수 있을 것이다.

R1. 비정규직에서 정규직으로 전환되는 직원이 많아진다면, 육아휴직을 사용하는 직원들이 크게 늘어나게 될 것이다.

R2. 육아휴직을 사용하는 직원들이 크게 늘고 있다.

C. 비정규직에서 정규직으로 전환된 직원이 많아졌음에 틀림없다.

〈후건긍정의 오류〉	〈후건부정식〉
p이면 q이다.	p이면 q이다.
q이다.	q가 아니다.
따라서 p이다.	따라서 p가 아니다.

언뜻 보기에, 이 논변은 전제들이 결론적 주장을 함축하고 있는 듯이 보일 수 있다. 그러나 실상은 그렇지

않다. 이 논변은 〈후건긍정의 오류〉의 형식을 취하고 있고, 이러한 형식을 취하고 있는 논변은 전제의 참이 결론의 참을 필연적으로 보증해 주지 못한다. 물론 〈후건부정식〉의 경우는 전제의 참이 결론의 참을 필연적으로 보증해 주지만 말이다. 이제 다음의 간단한 두 논변을 비교하면서 한 가지 오류에 대해 더 살펴보자.

〈논변1〉

R1. 그는 역사에 대해 잘 모르는 사람이거나 오만한 사람일 것이다.

R2. 그는 역사에 대해 잘 모르는 사람이다.

C. 그는 오만한 사람은 아니다.

〈논변2〉

R1. 그는 서울에 있거나 제주도에 있을 것이다.

R2. 그는 서울에 있다.

C. 그는 제주도에 있지 않다.

〈선언지긍정의 오류〉	〈선언적 삼단논법〉
p이거나 q이다.	p이거나 q이다.
p이다.	p가 아니다.
따라서 q가 아니다.	따라서 q이다.

이 두 논변은 모두 왼쪽에 나와 있는 〈선언지 긍정의 오류〉의 형식을 취하고 있는 듯이 보인다. 〈논변1〉의 경우를 살펴보면, R1과 R2가 모두 참이라 할지라도 C는 거짓일 가능성이 있다는 것을 잘 알

수 있다. 그런데 〈논변2〉의 경우는 그렇지 않다. 직관적으로 보았을 때 R1과 R2가 모두 참이라면 C는 절대 거짓일 리가 없다. 동일한 형식을 취하고 있는 듯이 보이는데, 하나는 오류이고 다른 하나는 오류가 아닌 셈이다. 무엇이 문제일까? 사실 〈논변2〉에는 너무나 당연해서 생략되어 버린 이유가 있다고 할 수 있다. 그것은 바로 그는 서울과 제주도에 동시에 있을 수는 없다는 것이다. 〈논변1〉의 경우에는 그러한 이유가 생략되어 있지 않다. 〈논변1〉에 등장하는 그가 역사에 대해 잘 모르는 사람인 동시에 오만한 사람일 수 있기 때문이다. 일반적으로 〈논변1〉의 R1에 포함되어 있는 선언문을 '포괄적 선언문'이라고 하고 〈논변2〉의 R1에 포함되어 있는 선언문을 '배제적 선언문'이라고 한다. 우리가 접하는 글들에는 글쓴이의 의도에 따라 선언문이 포괄적으로 사용될 수도 있고 배제적으로 사용될 수도 있다. 그렇기 때문에 어떤 글에 선언문이 사용되고 있을 경우, 그것이 어떤 종류의 선언문인지 올바르게 파악해야 한다.

포괄적 선언(inclusive disjunction)과 배제적 선언(exclusive disjunction)

복합명제 'p이거나 q이다'는 p와 q가 모두 거짓일 경우에만 거짓이다. 그렇다면, 복합명제 'p이거나 q다'는 p와 q가 둘 다 참일 경우에는 참이다. 말하자면, p와 q가 둘 다 참이 되는 경우를 허용한다는 것이다. 이러한 의미를 가지는 복합명제를 포괄적 선언문이라고 부른다. 'p이거나 q이다'가 포괄적 선언문일 경우 'p이거나 q이다'와 'p이다'라는 두 전제로부터 'q가 아니다'라는 결론은 필연적으로 도출되지 않는다. 이러한 〈선언지긍정의 오류〉는 위의 〈논변1〉과 같이 포괄적 선언문이 사용된 논변에 해당하는 것이라 할 수 있다. 〈논변2〉의 경우는 다르다. 그 논변에서는 그가 서울에 있다는 것과 제주도에 있다는 것은 동시에 참이 될 수 없다. 따라서 〈논변2〉의 'p이거나 q 이다'는 p와 q가 동시에 성립할 경우에는 거짓이 된다. 이러한 선언문을 배제적 선언 문이라고 한다. 이렇게 배제적 선언문이 포함되어 있는 논변에는 'p와 q가 동시에 성 립하지 않는다' 내지는 'p와 q가 동시에 참인 것은 아니다' 정도의 명제가 생략되어 있다고 보아야 한다. 우리는 일상적으로 'p이거나 q이다'라는 명제를 배제적 선언문 으로 사용하면서도 'p와 q가 동시에 참인 것은 아니다'와 같은 단서를 일일이 달지는 않는다. 그 이유는 그 배제적 의미가 맥락적으로 잘 드러난다고 생각하기 때문일 것 이다. 그러나 그렇게 잘 드러나지 않는 경우도 많이 있다. 우리가 다른 사람의 글을 분석할 때는 이런 점에 주의를 기울여야 한다. 〈선언지긍정의 오류〉 여부를 가리기 전에 논변에 사용된 선언문이 어떤 종류인지 파악하는 것이 중요하다는 것이다. 만 일 논변에 사용된 선언문이 배제적 선언문이라는 것이 확실하다면, 'p와 q가 동시에 참인 것은 아니다.'와 같은 생략된 이유를 첨가해 주는 것이 좋다.

이제 함축과 관련하여 우리가 일상적으로 자주 저지르는 실수를 한 가지만 더 살펴보도록 하자.

지수: 저번에 교수님께서 비판적 사고를 배우지 않으면 훌륭한 글을 쓸 수 없다 고 하셨어. 그러니까 훌륭한 글을 쓰기 위해서는 비판적 사고를 배워야 해.
휘강: 그래? 그럼 비판적 사고를 배우면 훌륭한 글을 쓸 수 있겠네? 다음 학기에 는 꼭 비판적 사고 강의를 들어야지!

이 대화에서 휘강이는 지수의 얘기에 근거하여 결론을 내리고 있다. 이 러한 휘강이의 사유과정은 올바른 것일까? 일단 휘강이의 사유과정을 다음과 같은 논변으로 구성해 볼 수 있겠다.

> R1. 비판적 사고를 배우지 않으면, 훌륭한 글을 쓸 수 없다.
>
> C. 비판적 사고를 배우면, 훌륭한 글을 쓸 수 있다.

아마도 휘강이가 R1에서 C로 나아가는 이유는 R1이 C를 함축한다고 생각하기 때문일 것이다. 왜 그렇게 생각하게 되는 것일까? R1이 의미하는 것은 비판적 사고를 배우는 것이 훌륭한 글을 쓸 수 있게 되는 것의 필요조건이라는 것이다. 반면에, C가 의미하는 것은 비판적 사고를 배우는 것이 훌륭한 글을 쓸 수 있게 되는 것의 충분조건이라는 것이다. 결국 R1에서 C로 나아가게 되는 것은 필요조건을 주장하는 문장을 충분조건 내지는 필요충분조건을 주장하는 문장으로 혼동하는 데서 비롯된다고 할 수 있다.

충분조건(sufficient condition)과 필요조건(necessary condition)

p가 q의 충분조건이라는 것이 의미하는 것은 p가 성립하게 되면 q는 반드시 성립한다는 것이다. p가 q의 필요조건이라는 것이 의미하는 것은 p가 성립하지 않으면 q는 성립할 수 없다는 것이다. 조건문 'p이면 q이다'는 명제 p가 명제 q의 충분조건이고 명제 q는 명제 p의 필요조건이라는 것을 의미한다.

우리는 충분조건과 필요조건을 혼동하는 실수를 자주 저지른다. 예를 들어, '박지성 선수가 경기에 뛰지 않는다면, 우리 팀은 이길 수 없을 거야'라는 말을 듣고서 '박지성 선수가 뛰면, 이길 수 있을 거야'라고 생각하는

사람이 많다는 것이다.

① 박지성 선수가 경기에 뛰지 않는다면, 대한민국 팀은 이길 수 없을 것이다.

② 박지성 선수가 경기에 뛴다면, 대한민국 팀이 이길 수 있을 것이다.

언뜻 보기에 ①과 ②를 동등한 것으로 생각할 수 있지만, 그렇지 않다. 이러한 실수를 범하지 않도록 조심할 필요가 있다.

※ 다음 글에 포함되어 있는 논변을 재구성한 다음, 함축을 기준으로 평가해 보자.

(1) 정부의 경제정책은 올바른 방향으로 나아가고 있음에 틀림없어. 그 동안 정부에서 경제정책이 올바른 방향으로 나아가면 주식시장은 자연스럽게 활성화될 것이라 호언장담해왔거든. 그런데 요즘 주식시장을 보니 점점 활성화되고 있다는 것을 느낄 수 있거든.

(2) 만약 무기 소지가 합법화되면 우리 사회는 더 살기 힘들어질 것이다. 왜냐하면 무기 소지가 합법화될 경우 더 많은 범죄가 발생할 것이고, 더 많은 범죄가 발생한다면 우리 사회는 더 살기 힘들어질 것이기 때문이다.

(3) 그 선수는 동계 훈련을 게을리 했음에 틀림없어. 이번 시즌에 타율이 1할대로 형편없잖아. 동계 훈련을 게을리 하지 않았다면, 그럴 리는 없지.

⑷ 그가 외국인과 대화하길 꺼려하는 이유는 언어 능력의 문제이거나 내성적인 성격상의 문제일 것이다. 그런데 그는 우리나라 사람들과 얘기할 때는 정말 적극적이고 뛰어난 유머감각을 선보인다. 그러니 내성적인 성격상의 문제는 아니다. 따라서 그는 언어 능력의 문제 때문에 외국인과 대화하길 꺼려한다고 보아야 한다.

⑸ 그는 뇌물의 유혹에 절대 노출될 리가 없어. 그가 정치인이라면, 뇌물의 유혹에 노출되겠지만, 그는 정치인이 아니잖아.

⑹ 스스로 생각하기에 옳지 않은 일이라면, 다른 사람에게 그 일을 하라고 권해서는 안 된다는 것은 당연하다. 그러니, 스스로 생각하기에 옳은 일이라면, 다른 사람에게 그 일을 하라고 권해야 한다.

⑺ 누구나 한번쯤은 소설이나 영화 속에 등장하는 투명인간이 되고 싶다는 생각을 해보았을 것이다. 남은 나를 볼 수 없지만 나는 남을 볼 수 있는 재미있는 상황을 상상하면서 말이다. 그러나 우리가 진짜 투명인간이 된다면, 앞을 볼 수 없는 장님이 되어 버릴 것이다. 왜냐하면 우리가 다른 사물을 보기 위해서는 안구 벽의 가장 안쪽 층에 있는 망막에 상이 맺혀야 하는데 그 망막이 투명할 경우 상이 맺힐 수 없기 때문이다. 상이 맺히지 않는다면 사물을 볼 수 없다는 것은 잘 알려진 과학적 상식이다. 그러니까 투명인간이 등장하는 소설이나 영화들은 과학적 상식을 무시하고 있다고 할 수 있다.

⑻ 당연지정제란 국내의 모든 의료기관이 국민건강보험제도의 적용을 받도록 하고 전 국민을 의무적으로 진료하도록 강제하는 제도다. 한국의 국민건강보험은 전 국민을 가입자로 관리하고 있다. 선택적 계약제란 당연지정제의 폐지를 전제로 하는 개념으로 국민건강보험 적용 여부를 의료기관이 자율적으로 선택할 수 있도록 하는 제도다. 이 제도는 대한의사협회가 당연지정제 폐지를 주장하면서 그 대안으로 내세우고 있는 것이다. 그러나 대한의사협회는 당연지정제 폐지가 가져올 수 있는 사회적 문제에 대해 크게 고민하고 있는 것 같지 않다. 당연지정제가 폐지된다면, 일부 병원들이 돈이 안 되는 국민건강보험 환자는 받지 않고 돈 되는 민간의료보험 가입환자만 골라 진료하는 상황이 빚어지게 될 것이다. 그러한 상황이 벌어진다면, 의료불평등의 골이 더욱 깊게 될 것이다. 당연지정제 하에서도 고급 의료설비와 고급 의료진을 갖춘 특정 병원으로 특정 계층이 몰리는 현상이 분명히 존재하고 있다. 당연지정제 폐지는 그러한 의료양극화를 더욱 심화시키게 될 것이다. 마이클 무어가 〈식코〉를 통해 하려던 얘기가 무엇인지 다시 한 번 생각해 보아야 한다.

⑼ 지난주 세계경제포럼(WEF)이 2014년 국가경쟁력 순위를 발표했다. 우리나라는 지난해보다 1단계 떨어진 26위를 차지했다. 144개국 중 26위를 했으니 그리 나쁘지 않다고 말할 사람도 있겠다. 그러나 내용을 상세히 들여다보면 그렇게 낙관할 분위기가 아니다. 올해 우리 정부가 평가받은 정부 정책의 투명성은 133위에 불과하고 정치인에 대한 신뢰도는 117위이다. 이렇게 정치 부분의 순위가 낮은 이유는 무엇일까? 결

정적으로, 정치인들이 선거과정에서 남발한 공약이 선거 이후 지켜지지 않아서라고 할 수 있다. 특히 대통령이 선거공약을 번복하거나 무효화한다면, 정치인에 대한 신뢰는 자리 잡을 수 없게 된다. 정치인에 대한 신뢰가 자리 잡을 수 있을 경우에만 국가경쟁력이 강한 국가가 될 수 있다. 우리나라는 국가경쟁력이 강한 국가가 되어야 한다. 따라서 대통령이 선거공약을 번복하거나 무효화해서는 안 된다.

(10) 통계청에 따르면 지난해 12월 1일 현재 농가인구는 296만 2000명으로, 2010년 말 306만 3000명에 비해 3.3%가 줄었다. 2002년 농가인구 400만 명 선이 붕괴되고, 지난해 300만 명 선이 무너지면서 농촌 해체의 위기감이 가속화되고 있다. 게다가 65세 이상의 노인 비율인 고령화율의 진행 속도도 빨라졌다. 누군가는 이러한 농촌의 해체가 큰 문제가 아니라고 생각할 수도 있다. 그러나 농촌이 해체되는 일이 발생해서는 안 된다. 농촌이 중요한 것은 바로 우리나라가 다른 나라와 경쟁하는 데에 농촌이 큰 버팀목이 되기 때문이다. 우리나라 산업의 전반적인 생태계가 무너지게 될 경우 다른 나라와의 경쟁에서 뒤처지게 된다는 것은 누구나 인정할 것이다. 물론 다른 나라와의 경쟁에서 뒤처지게 되는 상황을 바라는 국민은 전혀 없다. 그러나 농촌이 해체될 경우 산업생태계 전반이 무너지게 된다는 것을 깨닫지 못하는 사람들이 많다. 농촌의 중요성을 진지하게 생각할 때다.

지금까지 우리가 살펴본 본 것들 외에도 형식적으로 타당하게 보이지만 실상은 그렇지 않은 형식들이 있을 수 있다. 그러한 논변 형식들은 모두 전제가 결론을 함축하는 데 실패하고 있는 것들이다. 즉 연역적 의도를 성공적으로 실현하지 못한 것들이라는 것이다. 이제 어떤 논변을 평가하는 과정에서 이유가 결론을 함축하지 못하는 논변이라는 것이 밝혀졌다면 어떻게 해야 하는가? 그 논변은 무익한 논변이라고 평가해야 하는가?

이유가 결론적 주장을 함축하지 않는 논변은 모두 무익한 논변인가?

지금까지 우리는 이유가 결론적 주장을 함축하는지에 대한 평가에 관해 연습해 보았다. 이러한 평가는 어떤 논변이 연역적이라 판단될 경우 반드시 해 보아야 하는 것이다. 어떤 논변에 대한 평가 결과, 이유가 결론적 주장을 함축하지 않는다면 그 논변을 제시한 글쓴이의 연역적 의도는 실패한 셈이다. 그렇다고 해서 글쓴이의 논변을 그냥 쓸모없는 것으로 버려버리는 것은 비판적 사고자의 태도가 아니다. 글쓴이가 연역적 의도가 아니라 귀납적 의도를 가지고 논변을 제시한 것일 수도 있고, 그 경우 글쓴이의 논변은 여전히 의미 있는 것일 수 있기 때문이다. 예를 들어, 추리소설에 등장하는 탐정의 추리에 대해 생각해 보자.

아가사 크리스티가 만들어낸 인물 제인 마플과 같은 안락 의자형 탐정이 나오는 소설을 보면, 주인공인 마플은 주변 사람들의 얘기나 여러 가지 자료들을 토대로 사건의 발생이나 범인에 대한 가설을 세우곤 한다. 범행 현장에 가보지 않은 채 말이다. 범행 현장에 대한 조사는 경찰이나 여타의 다른 등장인물들이 하게 된다. 그 사람들은 보통 이렇게들 생각한다.

· 마플의 생각이 옳다면, 분명 여기에 범인의 흔적이 남아 있어야 한다.

· 마플의 생각이 옳다면, 범인은 이쯤에서 나타나야 한다.

이러한 조건문들은 마플의 생각으로부터 연역적으로 도출되는 것들이라 할 수 있다. 즉, 이 조건문들은 마플의 생각이 참일 경우 반드시 참이된다는 것이다. 이 조건문들 염두에 두고 있던 등장인물들은, 범인의 흔적이나 범인이 발견되고 나면 사건에 대한 마플의 가설이 옳다고 생각한다. 마플의 능력에 감탄하면서 말이다. 말하자면, 마플은 발생한 사건에 대한 최선의 가설을 제공한 셈이고, 다른 등장인물들은 그 가설에 부합하는 현상을 목격하고서 그 가설을 참으로 생각하게 되는 것이다. 그 등장인물들의 생각은 아래와 같은 논변 형식으로 정리될 수 있다. 이 논변 형식은 어떤 가설을 입증하는 데 사용되는 '가설 연역적 방법'이다. 그런데이 논변에서 전제들이 모두 참이라 해도 가설 H는 거짓일 수 있다. 이러한 형태의 논변을 연역적인 것으로 생각한다면, 연역적인 의도를 실현하는 데 실패하는 논변이라고 평가할 수 있다. 전제가 결론을 함축하지 않는 후건 긍정의 오류를 범하고 있기 때문이다. 그렇다면 이런 논변 형식은 별다른 가치를 지니지 못하는 것일까? 그렇지 않다. 사실 이 논변은 훌륭한 귀납적 논변일 수 있다. 어떤 가설의 참됨을 결정적으로 증명하는 역할은 아니지만, 그 가설의 신빙성을 높여주는 역할은 하고 있다고 볼 수 있기 때문이다. 누군가의 가설이 예견하는 것을

> **〈가설 연역적 방법〉**
>
> 가설 H가 참이라면, 현상 a가 발견될
> 것이다.
> 현상 a가 발견되었다.
> 따라서 가설 H는 참이다.

실제로 관찰하게 되고, 또한 그러한 관찰 사례가 점점 많아진다면, 그 가설에 대한 신뢰도는 점점 높아질 것이라 할 수 있다. 물론 이러한 가설 연역적 방법이 강한 것이기 위해서는 몇 가지 조건들을 충족시켜야 한다. 일단 현상 a가 발견되었다는 것이 참이어야 한다. 무엇보다 중요한 것은, 관찰현상과 관련된 여타의 그럴듯한 대안적 가설이 없어야 한다는 것이다. 예를 들어, 범인에 대한 마플의 가설에 기초하여 위와 같은 '가설 연역적 방법'을 구성했다고 하더라도, 누군가가 그녀의 가설보다 더 그럴듯한 가설을 제시했다면, 마플의 가설에 기초한 '가설 연역적 방법'은 마플의 가설이 참이라는 것을 강하게 보여줄 수 없다. 그러나 그러한 대안적 가설이 없는 한 마플의 가설을 받아들이는 것은 올바른 태도라 할 수 있다. 전제들이 마플의 가설이 옳다는 것을 함축하지 않는다 할지라도 말이다. 가설 연역적 방법의 사례로 가장 많이 거론되는 것은 아마 코페르니쿠스의 지동설과 관련된 것이라 할 수 있다.

R1. 코페르니쿠스의 지동설이 옳다면, 금성도 달처럼 차고 기우는 현상을 보일 것이다.

R2. 금성이 달처럼 차고 기우는 현상을 관찰했다.

C. 코페르니쿠스의 지동설은 옳다.

여기서 R1은 코페르니쿠스의 지동설로부터 연역적으로 도출되는 것이다. R2는 관찰증거로서 R1의 후건을 긍정해 주는 역할을 한다. 물론 R1과 R2의 참이 C의 참을 반드시 보증해 주지는 않는다. 자연과학자들이 어떤 가설이 옳다는 것을 보이기 위해 이런 방식의 논변을 제시할 때 연역적인 의도를 가지고 있다고 보기는 힘들다. 따라서 연역적인 함축의 관점에서 이러한 논변을 평가하는 것은 논변의 의도를 왜곡하는 것이라 할 수 있다. 이제 이유가 결론적 주장을 함축하지 않는 다른 사례를 살펴보자.

> 왜 서해안지방에는 눈이 많이 올까. 일부 사람들은 이제 죽어 널브러진 새만금 갯벌을 쳐다본다. 새만금 방조제 물막이 공사가 진행되면서 날씨가 사나워졌다는 것이다. 특히 2005년 연말에 내린 눈은 예사롭지 않았다. 이듬해 봄 새만금 물막이 공사가 끝났기 때문이다. 새만금 방조제 공사로 조류가 급변, 서해안 일대의 생태계 질서가 뒤죽박죽이 되었다는 것이다. 그 구체적인 예로 지난 해 봄 고창, 군산, 영광 해안가를 덮친 '해일성 파도'를 들이대기도 한다. 갑자기 벼락처럼 들이친 해일성 파도는 선박 수 백 척을 삼키고 4명의 목숨을 앗아갔다. 평온한 봄날의 해일, 그 이유를 지금도 모른다. 하지만 분명한 것은 바다가 변했다는 것이다.

이 글에서 글쓴이는 자연현상이 변화한 원인이 무엇일지 생각해 보면서 그 원인으로 새만금 방조제 물막이 공사를 지목하고 있다. 어떤 현상에 대해 원인 설명을 하고 있는 것으로 '최선의 설명으로의 추론'이나 '인과적 논변'으로 정리해 볼 수 있다. 앞으로 인과적 논변에 관해 자세히 다룰 기회가 있을 것이지만, 인과적 논변도 귀납적 논변에 포함된다. 물론 윗글의 글쓴이가 원인으로 지목하고 있는 것이 진짜 원인이 아닌 것으로 밝혀질 수도 있다. 함축의 관점에서 얘기한다면, 이유는 결론적 주장을 함축하지 못한다. 그렇다고 해서 이 글이 의미 없는 것일까? 그렇게 생각하는 사람은 거의 없을 것이다. 이렇게 이유가 결론적 주장을 함축하지 못하여 연역적 의도를 성공적으로 실현하지 못하는 논변이라 할지라도 여전히 성공적인 귀납적 논변일 수 있다. 따라서 이유가 결론적 주장을 함축하지 않는다고 할지라도, 이유가 결론적 주장을 강하게 지지하고 있는지 따져보아야 한다. 그 강도를 평가하는 데에 중요한 사항은 이유와 결론적 주장의 내용적 연관성과 충분성이다. 이에 관해서는 다음 장에서 다뤄보게 될 것이다.

전제가 결론을 함축하는 논변은 모두 유익한 논변인가?

내용적 연관성과 충분성에 대해 평가하는 연습을 하기 전에 한번쯤 생각해 볼 문제가 있다. 앞서 우리는 이유가 결론적 주장을 함축함으로써 연역적 의도를 성공적으로 실현하고 있는 논변과 그렇지 않은 논변에 대해 알아보았고, 그러한 함축에 실패하고 있는 논변이라도 훌륭한 귀납적 논변일 수 있다는 것을 확인해보았다. 그런데 만일 어떤 논변이 연역적 함축에 성공하고 있다면, 그 논변은 무조건적으로 좋은 것으로 받아들일 수 있을까? 답은 '아니오'이다. 다음의 간단한 대화를 살펴보자.

> **철수:** 그는 미쳤음에 틀림없어.
>
> **영희:** 왜 그렇게 생각하니?
>
> **철수:** 그는 정신병자잖아. 그러니까 미친 게 분명하지.

이 짧은 대화에서 철수는 하나의 논변을 제시하고 있는 셈이다. 그것을 형식화해 보면 다음과 같다.

> R1. 그는 정신병자이다.
> C. 그는 미쳤음에 틀림없다.

누구나 알 수 있듯이, 이 논변에서 전제는 결론을 함축하고 있기 때문에 전제의 참은 결론의 참을 필연적으로 보증한다. 그렇지만 영희가 이러한 철수의 논변에 대해 만족하지는 않을 것이다. 아마도 영희는 철수에 대해 왜 동일한 말을 반복하고 있느냐고 불평하게 될 것이다. 이런 점을 염두에 두면, 전제의 참이 결론의 참을 필연적으로 보증하는 타당한 연역적 논변이라고 해서 모두 만족스러운 것은 아니라 할 수 있다. 다음과 같은 예들도 마찬가지이다.

· 비판적 사고에 능숙한 사람은 창조적 사고에도 능숙함에 틀림없어. 창조적 사고란 새로운 걸 생각해 내는 것인데, 비판적 사고에 능숙한 사람은 새로운 걸 잘 생각해 내잖아.

· 어떤 사회라도 기초과학을 중요시해야만 비약적인 발전을 할 수 있어. 왜냐하면 어떤 사회라도 기초과학을 중요시하지 않는다면 비약적인 발전을 할 수 없기 때문이야.

이러한 두 얘기는 모두 어떤 이유를 통해 주장을 지지하고 있는 논변형식을 취하고 있다. 그런데 잘 따져보면 각 얘기의 이유와 주장은 동일한 의미를 가지고 있다는 것을 알 수 있다. 그렇기 때문에 이유가 주장을 함축하는 것은 당연하다. 그렇지만 좋은 논변이라고 할 수 없다. 동일한 주장만 반복하고 있을 뿐이기 때문이다. 일반적으로 이러한 논변들은 순환논변의 오류 또는 선결문제요구의 오류를 범하고 있는 것으로 평가된다. 다음의 대화도 살펴보자.

> 휘강: 어제 담당의사는 철수의 부모님께 철수가 금방 건강을 회복하게 될 것이라고 얘기했어. 그러니까 우리는 큰 걱정을 하지 않아도 될 거야.
>
> 지수: 그 의사의 얘기를 믿을 수 있을까? 며칠 전만해도 철수의 병세는 심각했잖아? 그냥 철수 부모님을 위로하려고 거짓말을 한 거 아닐까?
>
> 휘강: 그렇지는 않을 거야. 금방 건강을 회복하게 될 환자를 대상으로 거짓말을 할 이유가 없잖아?
>
> 지수: 그런가?

지수는 휘강이의 주장을 올바른 것으로 받아들일 수 있을까? 이 대화에서 휘강이는 철수가 금방 건강을 회복하게 될 것이라는 의사의 얘기는 참말이고 그렇기 때문에 철수가 금방 건강을 회복하게 될 것이라고 주장한다. 이러한 휘강이의 주장을 논변으로 구성하면 다음과 같다.

〈논변A〉

R1. 담당의사는 철수가 금방 건강을 회복할 것이라고 얘기한다.

R2. 담당의사의 얘기는 참이다.

C. 철수는 금방 건강을 회복할 것이다.

대화를 통해 알 수 있듯이, 지수는 이러한 휘강이의 논변 중 R2를 의심하고 있다. 그 담당의사가 어떤 이유 때문에 거짓말을 하고 있을 가능성이 있다고 의심한다는 것이다. 이러한 지수의 의심에 대해 휘강이는 R2는 거짓이 아니라고 주장한다. 그 주장을 위해 휘강이는 '금방 건강을 회복할 환자를 대상으로 거짓말을 할 이유가 없다'는 것을 근거로 제시한다. 이러한 휘강이의 얘기를 논변으로 구성하면 다음과 같다.

〈논변B〉

R1. 담당의사는 금방 건강을 회복할 환자를 대상으로 거짓말을 하지 않는다.

C. 철수가 금방 건강을 회복할 것이라고 한 담당의사의 얘기는 참이다.

그런데 이 논변이 성립하기 위해서는 다른 전제 하나가 필요하다. 즉, R1에서 C로 나아가기 위해서는 '철수는 금방 건강을 회복할 환자이다' 정도의 명제가 필요하다는 것이다. 이 명제를 포함하여 논변을 다시 구성하면 다음과 같다.

〈논변B'〉

R1. 담당의사는 금방 건강을 회복할 환자를 대상으로 거짓말을 하지 않는다.

R2. 철수는 금방 건강을 회복하게 될 환자이다.

C. 철수가 금방 건강을 회복할 것이라고 한 담당의사의 얘기는 참이다.

이제 이 〈논변B'〉는 〈논변A〉의 R2를 지지해 주는 근거로서의 논변이라 할 수 있다. 이 점을 염두에 두고 두 논변을 하나의 논변으로 만들어

보면 다음과 같다.

〈논변C〉

R1. 담당의사는 금방 건강을 회복할 환자를 대상으로 거짓말을 하지 않는다.

R2. 철수는 금방 건강을 회복하게 될 환자이다.

C1. 담당의사는 철수에 대해 거짓말을 하지 않는다.

R3. 담당의사는 철수가 금방 건강을 회복할 것이라고 얘기한다.

C2. 철수는 금방 건강을 회복할 것이다.

이 논변을 통해 잘 드러나듯이 휘강이는 자기의 결론적 주장을 이미 전제하고 있다. 그렇기 때문에 전제가 결론을 함축하게 된다. 그렇지만 결론적 주장을 전제하는 이러한 방식의 논변은 올바르지 않다. 그냥 동일한 주장을 반복하는 수준에서 벗어나지 못하는 것이니 말이다. 이제 앞서 분석연습을 할 때 재구성해보았던 논변을 다시 한 번 살펴보자.

R1. 내가 가상현실 속의 존재라면, 내가 지각하는 모든 것은 꿈이다.

R2. 내가 지각하는 모든 것이 꿈일 경우, 내가 꿈을 꾸지 않을 때에는 모든 것이 사라지게 된다.

C1. 내가 가상현실 속의 존재라면, 내가 꿈을 꾸지 않을 때에는 모든 것이 사라지게 된다.

R3. 내가 꿈을 꾸지 않을 때에도 모든 것은 사라지지 않는다.

C2. 나는 가상현실 속의 존재가 아니다.

이미 알고 있듯이, 이것은 가언적 삼단논법과 후건 부정식으로 이루어진 타당한 논변이다. 따라서 R1, R2, R3를 모두 받아들일 경우 결론적 주장 C2를 받아들일 수밖에 없다. 그런데 어떤 사람은 R3에 대해 의문을 제기할 수 있다. R3의 근거는 무엇인가? 이 물음에 답하기 위해 '나는 가상현실 속의 존재가 아니다.'라는 것을 근거로 제시하려 한다면 앞서와 마찬가지의 잘못을 범하게 된다. 달리 말해, R3를 참으로 받아들이기 위해서는 C2가 암묵적으로 전제되어야 한다면, 좋은 논변이 아니라고 평가할 수 있다는 것이다.

※ 다음 글에 포함되어 있는 논변의 문제점에 관해 평가해 보자.

(1) 그가 한류스타가 된 것을 가지고 말들이 많은 모양이다. 그것이 순전히 우연이라고 생각하는 사람들이 많기 때문이다. 그러나 그가 한류스타가 될 수 있었던 건 뛰어난 연기력 때문이다. 그가 만일 뛰어난 연기력을 갖추지 않았다면 한류스타가 될 수 없었기 때문이다.

(2) 영화 〈가타카〉를 보면 유전자 결정론은 거짓이라는 걸 다시 한 번 느끼게 돼. 주인공은 유전적으로 보았을 때 우등 유전자를 가지고 태어나지 않지만 우등 유전자를 가지고 태어난 사람들보다 뛰어난 능력을 발휘하게 되지. 사실 어떤 두 사람이 동일한 유전자를 가지고 태어나서 동일한 환경에서 살아간다고 해도 그들의 노력 정도에 따라 한 사람이 다른 한 사람보다 더 크게 성공할 수 있다는 건 당연해. 이런 점을 염두에 두면, 유전자 결정론은 거짓이라고 말할 수 있지. 물론 누군가는

이렇게 물어볼 수도 있어. 어떻게 동일한 유전자를 가지고 태어난 두 사람의 노력 정도가 달라질 수 있느냐고 말이야. 이런 물음을 제기하는 이유는 이해할 수 있어. 동일한 유전자를 가지고 태어났다면, 그들의 성격이나 성품 등도 동일하다고 생각할 수 있으니까 말이야. 그런데 이런 생각에는 유전자 결정론이 전제되어 있어. 그렇지만 방금 얘기했듯이, 유전자 결정론은 거짓이야. 따라서 동일한 유전자를 가진 두 사람이라 할지라도 노력의 정도에 있어 차이가 있을 수 있다는 건 당연하지.

⑶ 코란에 적힌 말은 모두 진리이다. 코란에 나와 있는 말은 모두 신의 말씀이기 때문이다. 코란에 적힌 말이 모두 신의 말씀인 이유는 마호메트가 그렇게 말했기 때문이다. 마호메트가 그렇게 말한 것이 진리인 이유는 그가 신의 예언자였기 때문이다. 우리는 그가 신의 예언자였음을 확실히 알고 있다. 코란에 그렇게 적혀 있고, 거기에서 적혀 있는 것은 모두 진리이기 때문이다.

⑷ A: 너는 물질적이지 않은 영혼과 물질적인 신체가 인과적으로 상호작용한다고 생각하잖아? 그럼 철수의 영혼이 영수의 신체와 인과적으로 상호작용하지 않고 오직 철수의 신체와 인과적으로 상호작용하는 이유는 무엇일까?
B: 답은 아주 간단해. 철수의 영혼은 철수의 신체와 결합해 있고, 영수의 영혼은 영수의 신체와 결합해 있기 때문이지.
A: 그래? 그렇다면, 철수의 영혼이 영수의 신체가 아니라 철수의 신체

와 결합하는 이유는 무엇일까?

B: 이 역시 아주 간단하게 답할 수 있어. 철수의 영혼이 철수의 신체와 결합하는 것은 양자가 인과적으로 상호작용하기 때문이야.

(5) 우리는 보편적인 법칙을 이끌어내기 위해 귀납추론을 사용하곤 한다. 그런데 귀납추론의 결론이 되는 보편적인 법칙이 옳다는 것은 어떻게 보일 수 있을까? 그것은 귀납추론이 옳은 결론을 보증한다는 것을 보이면 된다. 그렇다면, 귀납추론이 옳은 결론을 보증하는 논리적 방법이라는 것은 어떻게 보일 수 있을까? 우리는 이 물음에 답하기 위해 과학 활동의 사례들에서 귀납추론이 매우 성공적으로 작동해왔다는 사실에 호소할 수 있다. 즉, 지금까지 귀납추론이 매우 성공적으로 작동했다는 것이다. 예를 들어, 행성의 위치에 대한 관찰 자료로부터 귀납적으로 추론된 행성운동의 법칙은 일식과 월식 등의 현상을 매우 성공적으로 설명하고 예측하였다. 이러한 사례는 아주 많이 있다. 따라서 귀납추론은 옳은 결론을 보증하는 논리적 방법이라고 할 수 있다.

비판적 평가 Ⅲ

이유는 결론적 주장을 강하게 지지하는가?

앞서 우리는 이유가 결론적 주장을 함축하는지의 여부에 대한 평가에 관해 알아보았다. 거기서 우리는 이유가 결론을 함축하지 않는다 할지라도 귀납적으로는 훌륭한 논변일 수 있다는 것을 알았다. 어떤 논변이 훌륭한 귀납적 논변이기 위해서는 이유가 결론적 주장을 강하게 지지하는 논변이어야 한다. 그렇다면, 이유가 결론적 주장을 강하게 지지하기 위해서는 어떤 조건을 충족시켜야 하는가? 먼저 이유와 결론적 주장이 긍정적인 연관성을 맺고 있어야 한다. 즉, 결론적 주장이 참이 될 개연성을 높여주는 내용이 전제에 포함되어야 한다는 것이다. 그런데 때때로 우리는 그러한 연관성이 없는 것에 기대어 어떤 주장을 하곤 한다. 말하자면, 이유로서의 역할을 하지 못하는 사항들에 기대어 주장을 뒷받침하려 하는 경우 있다는 것이다. 이제 이러한 연관성과 관련된 논의를 시작해 보자.

이유와 결론적 주장의 긍정적 연관성

〈비판적 사고〉를 수강하고 있는 어떤 대학생의 다음과 같은 얘기를 살펴보자.

> 이번 학기에 나는 〈비판적 사고〉 선생님과 정말 친하게 지냈어. 쉬는 시간에 개인적인 얘기도 많이 나눴고, 함께 영화도 보러 갔어. 종강파티 때는 선생님과 정말 신나게 놀았지. 내가 〈비판적 사고〉에서 A+를 받는 것은 당연한 일이야.

이러한 얘기를 하는 대학생은 어떤 근거에 기대어 자기가 〈비판적 사고〉에서 A+를 받는 것은 당연하다고 생각하고 있다. 이러한 생각은 논변으로 재구성될 수 있다. 그 논변에서 결론을 뒷받침하는 이유는 선생님과 정말 친하게 지냈다는 것이다. 이 대학생이 이러한 이유를 통해 지지하려고 하는 것은 물론 〈비판적 사고〉에서 A+를 받는 게 당연하다는 것이다. 누구나 이러한 논변에는 문제가 있다는 것을 쉽게 알아차리게 될 것이다. 어떤 강의에서 좋은 성적을 거두는 것의 당위성과 그 강의의 선생님과 친하게 지내는 것 사이에는 별다른 연관성이 없다고 판단되기 때문이다. 물론 양자 사이에 그러한 연관성이 어느 정도는 있다고 생각하는 사람도 있을 수 있다. 그러나 직접적인 연관성은 없다. 선생님과의 친밀도는 성적

산출의 옳고 그름을 가릴 수 있는 근거가 아니기 때문이다. 다만 그 사람은 선생님과 친하게 지내는 만큼 강의에도 충실하게 된다는 것을 당연시하고 있기 때문에 그렇게 생각하는 것일 수 있다. 물론 직접적인 연관성이 있다고 끝까지 고집하는 사람이 있을 수도 있다. 그러나 선생님과의 친밀도를 성적산출의 직접적 근거로 생각하는 것은 잘못이다.

그렇다면, A+를 받는 게 당연하다는 주장과 연관성을 가질 수 있는 것들은 무엇인가? 수업에 성실하게 참여했다거나 시험을 잘 보았다는 것은 긍정적인 연관성을 가지는 사항일 것이다. 이것이 긍정적인 이유는 주장의 개연성을 높여주기 때문이다. 반면에 결석을 많이 했다거나 시험을 잘 보지 못했다는 것은 부정적인 연관성을 가지는 사항일 것이다. 물론 이러한 사항들은 주장의 개연성을 낮춘다. 제시된 이유가 결론적 주장을 강하게 지지하고 있는지의 여부를 평가하기 위해서는 양자가 이러한 긍정적인 연관성을 맺고 있는지 검토해야만 한다. 긍정적 연관성이 없는 것에 기대어 어떤 주장을 정당화하려는 잘못은 다양한 방식으로 저질러질 수 있다. 다음 얘기를 살펴보자.

요즘 줄기세포 연구에 대한 윤리적 차원의 논란이 끊임없이 제기되고 있다. 그러나 그러한 연구는 윤리적으로 아무런 문제가 없다고 할 수 있다. 우리나라를 비롯한 서구의 여러 연구자들이 이 점에 대해 동의하고 있기 때문이다. 그 연구자들은 줄기세포연구의 권위자들이고, 그들의 연구는 비약적인 발전을 거듭하고 있다.

이 얘기도 하나의 논변으로 구성해 볼 수 있다. 그 논변에서 결론적 주장은 줄기세포 연구에는 아무런 윤리적 문제가 없다는 것이다. 그 주장을 뒷받침하기 위해 제시된 이유는 줄기세포 연구의 권위자들이 그 연구에 윤리적 문제가 없다는 데 동의했다는 것이다. 우리는 앞선 논의를 통해 이렇게 전문가적 권위에 기대어 어떤 주장을 하는 것은 유용한 귀납적 논변 중의 하나라는 것을 알고 있다. 그러나 이런 식의 논변을 평가할 때에는 그 권위의 신뢰성뿐만 아니라 주장과의 연관성을 따져보아야 한다. 위 논변에서 이유로 제시된 줄기세포 전문가의 권위는 윤리적인 결론적 주장과 연관성을 가지는가? 그렇지 않다고 볼 수 있다. 왜냐하면 일반적으로 줄기세포 연구의 권위자들이라고 해서 윤리 분야의 권위자는 아니기 때문이다.

우리가 여기서 초점을 맞추고 있는 연관성이란 결론적 주장의 참 거짓 여부에 영향을 준다는 의미의 연관성이다. 즉, 이유가 결론적 주장이 참일 개연성을 높여주는 역할을 하고 있는지에 초점을 맞추고 있다는 것이다. 결론에 나오는 개념, 사건, 소재 등과 동일한 내용이 전제에 나온다고 해서 곧바로 그것이 이유로서의 역할을 하고 있다고 판단해서는 안 된다. 위 얘기에서 결론적 주장은 윤리적인 것이지만 전제로 제시된 이유에는 그것을 지지해줄만한 전문가적 권위가 제시되어 있지 않다. 그렇기 때문에 연관성이 없는 전제에 기대고 있다고 할 수 있다. 이제 다음 얘기를 통해 또 다른 잘못에 대해 알아보자.

위장전입 문제로 그 대선후보를 비난하는 것은 옳지 않아. 그는 과거에 학부형으로서 아이들을 좋은 학교에 입학시키기 위해 그렇게 했을 뿐 부동산 투기를 목적으로 그런 것이 아니야. 부모로서 아이들에게 더 좋은 교육환경을 제공하려고 노력하는 것은 당연한 것 아니겠어? 게다가 그 대선후보 뿐만 아니라 돈 좀 있는 많은 사람들이 교육 아닌 목적으로 위장전입을 일삼고 있다는 것은 잘 알려진 사실이잖아.

이 얘기에서 결론적 주장은 위장전입 경력이 있는 대선후보를 비난하는 것은 옳지 않다는 것이다. 그것을 뒷받침하는 것으로 제시된 이유는 두 가지 정도로 추려볼 수 있다. 하나는 교육 목적의 위장전입을 비난해서는 안 된다는 것이다. 다른 하나는 그 대선후보뿐만 아니라 부유층의 많은 사람들도 위장전입 경력이 있다는 것이다.

① 교육 목적의 위장전입을 비난해서는 안 된다.
② 대선후보뿐만 아니라 많은 사람들도 위장전입 경력이 있다.

이러한 이유들은 결론적 주장과 연관성을 가지고 있는가? 일단 첫 번째 이유는 결론과 연관성을 가진다고 볼 수 있다. 만일 ①을 받아들이면, 그것에 관하여 대선후보를 비난해서는 안 된다는 결론을 받아들여야 한다고 할 수 있기 때문이다. 그렇지만 교육 목적의 위장전입을 비난해서는 안 된다는 전제를 받아들일 수 있을지는 생각해 보아야 할 문제이다. 아마도 위장전입 자체가 불법이라는 것을 염두에 둔다면, 아무리 교육 목적이라고 해서 그것을 받아들일 수 있다고 생각하는 사람은 거의 없을 듯하다.

지금 우리 논의와 관련하여 생각해 볼 것은 바로 두 번째 이유이다. 언뜻 보기에, 두 번째 이유는 결론과 연관성을 가지고 있는 듯이 보인다. 그렇지만, 실상은 그렇지 않다. 다른 많은 사람들이 위장전입 경력이 있다는 것이 사실이라 해도 그 대선후보의 위장전입을 비난해서는 안 된다는 것을 뒷받침할 수는 없기 때문이다. 어떤 경우에 우리는 다른 사람의 잘못에 기대어 자신의 잘못을 희석시키려 하곤 한다. 예를 들어, "너도 친일 행위를 하지 않았느냐?", "너도 뇌물을 받지 않았느냐?", "너도 수업시간에 떠들지 않았느냐?" 등. 그러나 다른 사람이 어떤 잘못을 저질렀다는 것은 나의 잘못이 당연하다거나 허용될 수 있다는 것과는 다른 차원의 문제이다. 물론 어떤 사람은 여전히 두 번째 이유가 결론적 주장과 연관성을 가지고 있다고 생각할 수도 있다. 두 번째 전제나 결론은 공통적으로 위장전입과 관련된 내용을 담고 있기 때문이다. 그렇지만, 여기서 우리가 점검해 보아야 하는 것은 전제가 주장을 뒷받침할 수 있는 역할을 할 수 있는 연관성을 가지고 있는지의 여부이다. 앞서 얘기했듯이, 동일한 단어나 동일한 문장이 이유를 담고 있는 전제와 결론적 주장에 공통적으로 등장한다고 해서 반드시 논리적 연관성을 가지고 있다고 보아서는 안 된다.

이유와 주장의 연관성과 관련된 잘못은 여러 가지 방식으로 저질러질 수 있다. 예를 들어, 별다른 이유를 제공하지 않은 채 군중심리나 여타의 감정에만 기대어 어떤 주장을 정당화하려는 경우도 있고, 어떤 주장을 하는 사람에 대한 인신공격이나 그 사람이 처한 상황을 거론하면서 그 사람의 주장을 반박하려고 하는 경우도 있다. 이러한 경우들은 모두 연관성이 없는 것들을 주장을 뒷받침하는 수단으로 동원하고 있다는 점에서 논리적 잘못을 저지르고 있는 경우들이라 할 수 있다. 다음의 짧은 글들은 모두 이러한 연관성 차원에서 어떤 잘못을 저지르고 있다. 그 잘못이 구체적으로 무엇인지 생각해 보자.

이번에 정부에서 내놓은 경제정책은 한참 잘못되었어. 왜냐고? 그걸 몰라서 그래? 아무나 붙잡고 물어봐. 그 경제정책이 바람직하다고 말하는 사람들이 있을 거 같아? 올바른 정신을 가지고 있는 사람은 그렇게 말하지 않을 거야.

우리 당의 정책과 관련하여 당내에도 반대하는 사람들이 많이 있다는 것을 알고 있다. 그들은 자기들의 견해가 정당하다고 생각하지만, 그렇지 않다. 그들은 왜 자기들에게 돌아갈 정치적 불이익을 모르는가? 그러한 불이익이 크다는 것을 알고 있다면, 우리 당의 정책이 옳다는 것을 인정해야만 한다.

이번에 장학금을 받아야 합니다. 집안 형편이 어렵기 때문에 장학금을 받지 못한다면 저는 휴학을 하는 수밖에 없습니다. 장학금을 받기 위해서는 〈비판적 사고〉에서 A 학점을 받아야 합니다. 이런 점을 고려하시면, 제가 꼭 A 학점을 받아야 한다고 생각하시게 될 것입니다.

경제 전문가로 알려져 있던 미네르바라는 네티즌이 전문대 출신의 백수로 밝혀졌다. 그동안 우리는 그에게 속아 온 것이다. 그의 예측이 적중했던 것은 사실 운이 좋았던 것이다. 그의 얘기는 믿을 것이 못 된다.

과거에 우리는 이광수나 최남선의 문학작품이 가지는 가치를 높게 평가해 왔다. 그러나 우리는 그들이 친일파였다는 사실을 강조하지 않을 수 없다. 그들의 친일행적을 모른 채 지금까지 우리는 그들의 작품을 높게 평가해 왔던 것이다.

이제 그들뿐만 아니라 그들의 작품들에 대해서도 올바르게 평가해야 한다.

영화배우 ○○○ 씨는 스크린쿼터제를 유지하는 것이 옳다고 주장한다. 이번에 가두시위에도 참여했다고 한다. 그러나 그의 주장은 받아들이기 힘들다. 그가 바로 스크린쿼터제 유지를 통해 이익을 보게 되는 영화계에 속해 있는 사람이기 때문이다. 그의 직업이 영화배우라는 걸 잊지 말자.

양극화 현상이 점점 심화되면서 서민 경제가 어렵다고 하는데, 이 문제를 해결하기 위해서는 ○○○ 후보를 대통령으로 뽑아야 해. ○○○ 후보가 대통령이 되면, 틀림없이 서민을 위한 경제 정책을 추진하게 될 거야. 그의 경쟁 후보는 아나운서 출신인데, 그는 서민 출신이잖아.

앞서 우리는 글을 분석할 때 유용하게 이용될 수 있는 귀납적 논변 형식들에 대해 논의하면서 그러한 형식을 취하고 있는 논변들이 강한 것이기 위한 조건들에 대해 알아보았다. 이유와 결론적 주장이 내용적으로 긍정적인 연관성을 가진다는 것은 이유가 결론적 주장을 강하게 뒷받침하기 위한 필요조건이라 할 수 있다. 예를 들어, 통계적 삼단논법으로 정리될 수 있는 어떤 논변의 경우를 생각해 보자. 그 논변의 이유에 포함되는 통계의 수치를 따지기 이전에 그 통계의 내용이 주장의 내용과 긍정적 연관성이 있을 경우에만 강한 통계적 삼단논법일 수 있을 것이다. 유비논변의 경우도 마찬가지이다. 결론적 주장과 밀접한 연관성을 가지는 비교 속성이 이유에 포함될 경우에만 강한 유비논변일 수 있을 것이다. 물론 그러한 연관성에 덧붙여 충족시켜야할 조건이 하나 더 있다. 그것은 바로 그러한 연관성을 가지는 사례나 속성들이 결론을 충분히 지지할 수 있을 만큼 많이 제시되어야만 한다는 것이다. 따라서 비판적 평가를 위해서는 이유로 제시되어 있는 것들이 결론적 주장을 강하게 지지할 만큼 충분한지 따져볼 필요가 있다. 일단 몇 개의 연습문제를 풀어본 다음, 이러한 평가사항에 대해 논의해 보도록 하자.

※ 다음 글에 포함되어 있는 논변을 연관성 차원에서 평가해 보자.

(1) 대운하 사업에 반대하고 있는 사람들이 많다. 하지만, 1919년에 벌써 도산 안창호 선생님께서도 우리 강산의 개조론을 강조하셨다는 점을 생각해 보자. 그렇게 뛰어나고 우리나라의 미래에 대해 누구보다도 걱정하던 인물이 우리 강산을 효율적으로 개조해야 한다고 생각했던 것이다. 따라서 대운하 사업에 반대해서는 안 된다.

(2) 우리나라의 과학기술의 미래에 대한 걱정의 목소리가 커지고 있다. 올해 입시에서도 어김없이 이공계 기피 현상이 두드러졌기 때문이다. 각 대학마다 등록금을 납부하지 않은 미등록자 중 약 70%가 공대, 자연대 등과 같은 이공계 합격생들이라고 한다. 그렇지만 이공계 기피 현상은 우리나라에서만 발생하고 있는 것이 아니다. 미국이나 유럽의 선진국들에서도 이공계 기피 현상은 두드러진다. 그렇지만 그 나라들은 여전히 과학기술 분야에서 최고수준을 유지하고 있다. 따라서 이공계 기피 현상을 크게 우려할 필요는 없다.

(3) 자살하려고 그러는 게 아니면 농약을 마시는 사람은 없어. 농약을 마시면 죽게 된다는 것을 모르는 사람은 없잖아. 농약을 마시는 사람을 이해할 수 없는 것처럼 나는 담배를 피우는 사람도 이해할 수 없어. 금연광고를 봐봐. 농약과 마찬가지로 담배도 죽음의 원인이 되잖아. 흡연자들은 자살하려는 의도를 가진 걸까?

(4) ○○신문은 '법원 판결'과 '검찰 기소'결과에 정당성을 부여하고, 〈PD수첩〉에 대해선 "PD수첩 제작진은 불의에 항거하는 투사인양 여론을 호도하고 있다", "정부 비판은 언론의 사명이다. 어떤 경우도 사실에 입각할 때 성립한다. 의도에 맞춘 것만 짜깁기 하고 사실을 비틀어 대는 것은 언론의 길이 아니다"라며 신랄하게 비판한다. 하지만 사설을 꼼꼼하게 읽어보면 '사실에 입각'하라는 ○○신문도 자신의 주장을 뒷받침하기 위해 제시한 근거가 사실이 아닌 경우도 있었다. 또한 검찰수사 과정에서 논란이 되고 있는 인권문제 등은 철저히 외면하고 있다. 따라서 ○○신문의 주장은 잘못된 것이다.

(5) 우리가 미국과 어떤 협상을 해오더라도 진보단체나 야당은 꼬투리를 잡을 것이다. 그들은 자기 집단의 지지자들을 의식하기 때문에 항상 그럴 수밖에 없다. 그들의 비판은 단순히 비판을 위한 비판일 뿐이다. 그들이 떠드는 것은 일상화된 것이기 때문에 비판 내용을 훑어 볼 필요도 없다.

(6) 보고서를 인터넷에서 값을 치루고 다운 받아 그냥 제출하는 학생들이

있다. 꼭 비난할 일은 아니다. 요즘 음악이나 영화를 불법적으로 다운로드하여 사용하는 사람들이 점점 많아져서 사회적 문제가 되고 있다. 이런 점을 생각하면, 돈을 지불하고 보고서를 다운받아 제출하는 학생을 비난해서는 안 된다.

⑺ 프랑스 여배우 브리짓 바르도가 우리나라 사람들을 도덕적으로 비난하고 있다. 개고기를 먹는다는 이유로 말이다. 개고기를 먹는 것이 도덕적으로 잘못된 것인가? 그렇지는 않은 듯하다. 그것은 우리나라의 전통적인 음식문화라 할 수 있다. 게다가 그녀가 우리나라 사람들을 비난하는 것은 잘못이다. 그녀를 포함하여 프랑스 사람들도 분명히 육식을 할 것이기 때문이다. 개고기를 먹는 것도 육식의 하나이다.

⑻ 이번 문화부 장관은 우리 전통 문화를 살려야 한다고 주장하면서도 정작 자신은 전통 문화 행사에 한 번도 참여하지 않고 있다. 언행이 일치하지 않는 그의 모습을 볼 때, 전통 문화를 살려야 한다는 그의 주장을 받아들여서는 안 된다.

⑼ 요즘 ○○○ 대통령이 적극적으로 추진하고 있는 4대강 개발 사업에 대해 문제 제기를 하는 사람들이 많다. 생태계에 악영향을 미치게 될 뿐만 아니라 경제적인 효과도 크지 않다는 것이다. 단기간의 고용 효과는 기대할 수 있지만, 장기적으로 보면 좋지 않은 결과를 가져오게 된다는 것이 비판의 핵심이다. 그러나 대한민국 대통령으로서 국민에게 해가 되는 정책을 추진할 리가 없다. 그러니까 정책에 뭔가 문제가

있다고 판단되더라도 너무 성급하게 생각하지 말고 기다려야 한다.

(10) 장관 후보로 내정된 ○○○ 씨는 이번 청문회에서 금융거래와 관련한 여러 가지 의혹에 시달리며 고생하고 있다. 그러나 의혹은 부풀려져서는 안 된다. 아마 그것은 사실이 아닐 것이다. 그 후보가 법률 전문가이자 베테랑 수사 전문가라는 점을 유념하자. 만일 그가 금융거래에서 부정을 저지르려 했다면, 증거자료를 완벽하게 조작할 수 있었을 것이다. 그러나 그가 제시한 자료는 허술하기 짝이 없다. 이러한 사실은 그가 금융거래와 관련하여 부정을 저지르지 않았다는 것을 보여 준다고 할 수 있다.

이유는 결론적 주장을 강하게 지지하기에 충분한가?

방금 우리는 주어진 글로부터 추려낸 핵심 논변을 평가하기 위한 중요한 평가 기준 중 연관성 기준에 대해 연습해 보았다. 이제 또 다른 평가 기준에 대해 연습해 보려는데, 그것은 바로 충분성 기준이다. 말하자면, 이유가 결론적 주장을 뒷받침하기에 충분히 강한지 따져보아야 한다는 것이다. 이유가 주장을 지지하는 역할을 수행하기는 하지만 충분하지 않은 경우들이 있고, 그러한 경우에는 글에서 주장하고 있는 것을 무작정 받아들여서는 안 된다. 그 경우에는 결론적 주장을 뒷받침할 만한 다른 요소들이 있는지 생각해 보아야 하고, 또한 그 주장을 무력화시킬 수 있는 어떤 다른 요소들이 있는지도 검토해 보아야 한다.

이 부분에서 우리가 유념해야 하는 것은 결론적 주장을 약화시키는 부정적인 연관성을 가지는 것들이 있다는 것이다. 그럼에도 글쓴이는 자기 주장을 위해서 그러한 요소들을 고의로 누락시킬 수도 있다. 예를 들어 누군가가 올해 실물 경제가 활성화될 것이라 주장하면서 정부 경제부처에서 내놓은 자료를 제시했다고 해보자. 분명히 그 자료는 그의 주장을 뒷받침해 주는 것이라 할 수 있다. 그러나 경제가 여전히 침체될 것이라는 것을 보여주는 시민단체의 자료도 있을 수 있다. 만일 그 자료가 신뢰할만한 것이라면, 그리고 우리가 그 자료를 동원한다면, 그의 주장은 약화될 것이다.

이제 이유가 결론적 주장을 뒷받침하는 역할을 하는 데에 충분하다거나 충분하지 않다는 것의 의미를 좀 더 구체적으로 생각해보자. 만일 어떤 논변이 연역적 의도를 잘 살리고 있다면, 그 논변의 전제는 결론을 함축한다. 즉 전제가 참이라면 결론은 필연적으로 참이다. 그렇다면, 결론을 정당화하는 데에 더 이상 부가적인 이유는 필요 없을 것이다. 이 경우 이유는 결론적 주장을 지지하기에 완전하게 충분한 셈이다. 물론 이유들을 모두 받아들일만한 것으로 생각할 수 있는 경우에 한에서 그 결론적 주장은 진리로서 여겨질 만한 것이지만 말이다. 예를 들어 다음의 논변은 연역적인 것으로서 R1과 R2의 결합은 C를 지지하기에 충분하다고 할 수 있다.

R1. 건강을 해치는 행위는 모두 나쁜 행위이다.

R2. 흡연은 건강을 해치는 행위이다.

C. 흡연은 나쁜 행위이다.

이러한 연역적 논변에서 R1과 R2를 참으로 받아들이는 사람은 C를 반드시 받아들여야만 한다. 그러나 다음과 같은 귀납적 논변의 경우는 다르다.

R1. 자외선은 피부 노화를 촉진시킨다.

C. 선탠은 건강에 좋지 않다.

이러한 귀납적 논변에서 전제는 결론적 주장을 지지하기에 충분하다고 판단되는가? 누구나 알 수 있듯이, 그렇지 않다고 할 수 있다. R1을 참으로 받아들인다고 해도 C를 받아들이지 않을 수 있기 때문이다. 예를 들어, 적절한 방법을 통해 선탠을 할 경우 자외선에 노출되지 않을 수도 있다면 이 논변은 매우 약한 것이 될 것이다. 또한 만일 피부 노화를 무시해도 될 만큼 건강에 좋은 효과가 있다면 이 논변은 매우 약한 것이 될 것이다. 물론 이 논변을 강화시켜서 결론적 주장을 충분히 지지해 줄 수도 있다. 예를 들어, 자외선과 상관없이 선탠은 피부암이나 백내장 등 여러 가지 질환의 직접적인 원인이 된다는 것을 신뢰할 수 있는 방식으로 제시한다면 이 논변은 강화될 것이다. 이렇게 귀납적 논변의 경우에는 어떤 전제를 덧붙이게 되면 지지의 정도를 더 강화시킬 수도 있고 약화시킬 수도 있다. 만일 더 강화시킬 수 있는 이유들을 전제로 덧붙여 결론적 주장이 참일 개연성을 높인다면 귀납적 의도에 성공하게 되는 셈이다. 이렇게 귀납적 의도에 성공했다고 판단될 수 있어야만 전제는 결론을 지지하기에 충분하다고 할 수 있겠다.

앞서 우리는 귀납적 논변의 한 형태인 귀납적 일반화에 대해 살펴보았다. 귀납적 일반화란 어떤 집합의 부분에 대한 관찰에 기대어 그 집합 전체에 대해 어떤 주장을 하는 것이다. 귀납적 일반화가 적절한 것이기 위해서는 표본이 되는 부분이 전체를 대표할 수 있어야 한다. 그렇기 때문에 우리가 귀납적 일반화를 접하게 될 경우에는 표본이 전체를 대표하고 있는지 평가해 보아야 한다. 만일 표본이 전체를 대표하지 못한다고 판단된다면, 전제는 결론을 지지하기에 충분하지 못한 셈이다. 예를 들어, 누군가가 이렇게 얘기한다고 해보자.

> 역시 만화책을 읽는다는 건 시간낭비야. 어제 동네에 있는 만화방에 가서 만화
> 책을 몇 권 훑어보았는데 아무것도 얻을 게 없더라고.

이 얘기의 결론적 주장은 만화책을 통해 얻을 수 있는 것은 없다는 것이다. 그 이유는 어제 읽어 본 몇 권의 만화책에서 얻을 것이 없었다는 것이다. 여기서 물론 '얻을 것'이라는 말이 애매하기 때문에 그것의 의미에 대해 따져볼 수도 있겠다. 그러나 지금 우리의 논의 맥락과 관련하여 이 얘기가 갖고 있는 문제점은, 아주 적은 수의 만화책에 대한 판단에 기대어 만화책 전체에 대한 주장으로 나아가고 있다는 것이다. 아마도 이런 식의 논변에 문제가 없다고 생각하는 사람은 거의 없을 것이다. 만일 우리가 이 얘기에서 결론적 주장을 충분히 지지하려 한다면, 훨씬 더 많은 사례를 제시해야 할 것이다. 그러나 사실상 우리는 몇 가지 사례만을 가지고 전체에 대해 판단하는 실수를 자주 범한다. 그러한 실수를 범하는 이유는 여러 가지가 있을 수 있겠지만, 그 몇 가지 사례를 별 다른 근거 없이 아주 강한 것으로 받아들이기 때문일 것이다. 다음의 짧은 얘기에서도 위의 얘기와 유사한 잘못을 찾을 수 있다.

우리 경제가 지속적으로 침체되면서 노숙자들도 많이 늘었다고 하지만, 그렇지 않은 듯이 보여. 어제 낮에 노숙자들이 많이 모이는 서울역 광장에 가보았는데, 전보다 그 숫자가 줄어든 것 같던데?

이렇게 충분성에 문제가 있는 논변에서 결론적 주장을 충분히 지지하면서 그 문제를 없애기 위해서는 결론을 지지해 줄 수 있는 다양한 사례를 보강해야 할 것이다. 이러한 사항은 앞서 우리가 살펴보았던 유비논변에도 해당하는 것이다. 비교 대상의 수가 많으면 많을수록 유비논변은 강해진다. 즉, 이유가 결론적 주장을 지지하는 역할을 충분히 수행할 수 있게 된다는 것이다. 통계적 삼단논법의 경우에도 이유에 포함된 통계 수치가 100%에 가까울수록 결론을 지지하는 강도는 커진다.

이제 다른 방식의 논변을 통해 충분성에 관해 좀 더 논의해 보자. 앞서 우리는 이유들의 신뢰성을 평가하는 것에 대해 알아보았다. 그 신뢰성 평가는 충분성 평가와 밀접한 연관이 있다. 우리는 종종 어떤 일이 아직까지 밝혀지지 않았다거나 증거가 불충분하다는 점에 기대어 어떤 주장을 하곤 한다. 예를 들어, 다음의 간단한 대화를 살펴보자.

> **철수:** 어제 내가 조사해 본 결과 A가 어제 도난 사건의 범인인 것 같아.
> **영희:** 네가 조사한 것만으로는 충분하지 않아. 결정적인 증거도 없이 어떻게 그렇게 말할 수 있니? 그가 범인이 아니라고 생각하는 게 합당해.

여기서 영희의 얘기는 다음과 같은 논변으로 구성될 수 있다.

R1. A가 도난 사건의 범인이라는 증거는 불충분하다.

C. A는 도난 사건의 범인이 아니라고 결론지어야 한다.

이 논변은 귀납적으로 강한 것일 수 있다. 물론 A가 범인일 수도 있지만 말이다. 이런 방식의 논변은 일상적으로 자주 사용된다. 다음의 짧은 예들을 살펴보자.

그 정치인에 대해 조사했지만 뇌물 수수의 흔적을 찾을 수 없다. 따라서 그는 뇌물을 받지 않았다고 결론지어야 한다.

그 연예인에 대해 조사했지만 마약을 투약했다는 증거를 찾을 수 없다. 따라서 그 연예인은 마약을 투약하지 않았다고 결론짓고 수사를 종결해야 한다.

어떤가? 이런 얘기들은 우리가 일상적으로 신문에서 자주 접할 수 있는 것들이다. 이런 얘기들에 포함된 주장을 받아들이는 것이 합당한 것일까? 아마도 이런 얘기에 포함되어 있는 조사의 정도에 따라 이 물음에 대한 답변은 달라질 것이다. 즉, 누구나 신뢰하면서 받아들일 수 있을 정도로 철저하게 조사한 끝에 뇌물의 흔적이나 마약의 흔적을 발견하지 못했다면, 결론적 주장을 받아들일 수 있을 것이지만, 그렇지 않을 경우에는 여전히 의심하게 될 것이다. 따라서 증거가 없다거나 아직까지 밝혀지지 않았다는 것을 통해 어떤 주장을 정당화하려는 시도를 접하게 될 경우에는 그 조사의 과정이 얼마나 철저한 것인지 반드시 따져보아야 한다는 것을 알 수 있다. 그 조사 과정을 신뢰할 수 있을 경우에만 충분성 기준에 부합하는 전제를 가진 논변이라고 평가할 수 있다. 이렇게 이유가 결론적 주장을 충분히 뒷받침하느냐의 여부를 가리는 작업은 이유의 신뢰성을 가리는 작업과 밀접하게 연결되어 있다. 이제 다음 얘기를 살펴보면서 논의를 계속해 보자.

> 촛불시위는 줄었지만, 미국산 쇠고기에 대해 우려의 목소리는 아직까지 높은 모양이다. 그러나 그렇게 불안에 떨 이유가 없다. 2000년 대 이후 미국에서는 광우병 검사를 철저하게 시행하고 있기 때문이다. 그리고 아직까지 광우병 사례는 발견되지 않았다. 미국산 소가 광우병의 위험이 있다는 것이 입증되지 않은 셈이다. 따라서 미국산 쇠고기는 안전하다고 결론지어야 한다.

방금 논의했던 것처럼, 이 얘기에 포함되어 있는 결론적 주장을 받아들이기 위해서는 무엇보다도 미국에서 시행되고 있는 그 광우병 검사가 얼마나 철저한지 따져보아야 한다. 그래야만 아직까지 광우병 사례가 발견되지 않았다는 말이 의미를 가질 수 있기 때문이다. 그런데 지금 우리의 맥락과 관련하여 논의해 보아야 할 다른 사항이 있다.

형식적으로만 따져 보았을 때 이러한 얘기는 앞서의 얘기들과 같아 보인다. 즉, 어떤 일의 증거가 없다는 것으로부터 그런 일이 없다는 것으로 나아가고 있다. 그러나 앞서 정치인의 뇌물이나 연예인의 마약과 관련된 얘기에서는 부담을 느끼지 않았던 사람들도 여기서는 부담을 느끼게 될 수도 있다. 즉, 아직까지 그 위험성이 입증되지 않았다는 데에 기대어 미국산 쇠고기가 안전하다고 결론짓는 데에는 부담감을 느끼게 된다는 것이다. 물론 그런 사람도 광우병의 위험성이 아직까지 입증되지 않았다는 것이 광우병의 위험성이 없을 가능성을 높여준다는 것을 부정하지는 않겠지만 말이다. 아마 그 안전성에 대한 조사가 어느 정도 철저하게 행해졌다고 하더라도 그 부담감은 사라지기 힘들 것이다. 그 부담감의 이유는 무엇일까? 그러한 부담을 느끼는 사람은 뭔가 잘못 생각하고 있는 것일까? 이 물음을 해결하기 위해 우리가 흔하게 보는 액션 영화의 한 장면을 떠올려 보자.

액션 영화를 보면 종종 주인공이 총알 없는 빈총을 가지고 악당을 위협하는 장면이 나온다. 물론 악당은 주인공의 총에 총알이 있는지 없는지 모른다. 우리는 주인공의 편에 서서 그 사실이 발각될까봐 조마조마하면서 그 상황을 주시한다. 그런데 대부분의 경우에 악당은 바보스럽게도 주인공에게 속아서 손을 들고 주인공의 명령에 따르게 된다. 여기서 악당의 생각은 다음과 같은 논변으로 구성될 수 있을 것이다.

R1. 총에 총알이 없다는 것이 확실치 않다.
C. 손을 들어야 한다.

이 논변에서 악당은 주인공의 총에 총알이 없다는 것이 증명되지 않았다는 것에 근거하여 총알이 있을 경우에 대비한 행위를 하고 있다. 이 악당의 생각은 정말 바보스러운 것인가? 그렇지 않은 듯이 보인다. 왜냐하면, 이런 상황에 처해있는 악당에게는 총알이 있을 약간의 가능성도 생사와 관련하여 충분히 중요하기 때문이다. 사실 이 악당은 생명의 중요성과 관련된 이유들을 가지고 있기 때문에 그렇게 행위했을 것이다. 이러한 악당의 생각을 좀 더 세밀하게 논변으로 구성하면 다음과 같다.

R1. 총에 총알이 없다는 것이 확실치 않다.

R2. 총에 총알이 있다면 생명을 잃게 된다.

R3. 총에 총알이 없다면 바보가 되고 만다.

C1. 생명을 잃게 되거나 바보가 된다.

R4. 생명을 잃게 되는 것보다 바보가 되는 것이 더 낫다.

C2. 손을 들어야 한다.(바보가 되는 것이 합리적이다)

이러한 논변이 보여주고 있는 사안의 중요성을 염두에 둘 때 R1에 근거한 악당의 행위는 합당한 것이라 할 수 있다. 이제 미국산 쇠고기와 관련된 위의 얘기에 대해 부담을 느끼는 것은 어쩌면 당연한 것이라 할 수 있겠다. 그렇게 부담을 느끼는 사람은 다음과 같이 생각하고 있는 것이다.

R1. 미국산 쇠고기에 위험성이 없다는 것이 확실치 않다.

C. 미국산 쇠고기에 위험성이 있다고 생각하는 게 낫다.

이렇게 논변하는 사람은 광우병의 위험이라는 사안의 중요성을 암묵적으로 전제하고 있는 것이다. 즉, 생략된 이유가 있다는 것이다. 그것을 포함시켜 논변을 좀 더 세밀하게 구성하면 다음과 같다.

R1. 미국산 쇠고기에 위험성이 없다는 것이 확실치 않다.

R2. 미국산 쇠고기에 위험성이 있다면, 광우병에 걸릴 수 있다.

R3. 미국산 쇠고기에 위험성이 없다면, 괜한 걱정을 한 것이나.

C1. 광우병에 걸리게 되거나 괜한 걱정을 하게 된다.

R4. 괜한 걱정을 하는 것이 광우병에 걸리게 되는 것보다 낫다.

C2. 미국산 쇠고기에 위험성이 있다고 생각하는 게 낫다. (괜한 걱정을 하는 것이 합리적이다)

이제 문제 상황의 중요성을 반영한 이 논변은 결론적 주장을 지지하기에 충분해 보인다. 불확실한 증거를 이유로 어떤 주장을 하는 형태의 논변에서 이유가 결론적 주장을 지지하는 데 충분한지의 여부를 평가하기 위해서는 그 논변이 다루고 있는 문제 상황의 중요성도 따져보아야 한다는 것을 알 수 있다.

※ 다음 글에 포함되어 있는 논변을 연관성 및 충분성 차원에서 평가해 보자.

⑴ 논술학원 강사 A씨는 최근 대학들이 발표한 정시논술 폐지에 대해 우려하고 있다. 그에 따르면, 논술 학습은 잠재력 있는 인재를 양성하고 문제해결 능력, 인간다운 사고력을 증진시키기 위한 좋은 도구이다. 단순히 입시를 위한 도구가 아니라는 것이다. 그러한 논술을 시험과목에서 폐지하게 된다면, 논술에 대한 관심이 떨어질 것이고 그렇게 되면 그러한 도구가 제 역할을 하지 못하게 된다는 것이 그의 걱정인 셈이다. 우리는 그가 그렇게 걱정하는 이유를 잘 알고 있다. 즉, 논술학원을 꾸려나가는 강사로서 당연한 반응이라는 것이다. 그러나 정작 중요한 문제는 논술이 학생들을 선별할 수 있는 시험과목으로 적절한지의 여부이다.

(2) 재래시장이 위기라고 연일 매스컴에서 떠들고 있는데, 그렇지 않은 것 같아. 오랜만에 남대문시장에 가보았는데 사람도 많고 굉장히 활기차 있더라고. 남대문시장은 우리나라 재래시장을 대표하는 곳이잖아.

(3) 우리 사회에서는 대학 교수에게 정치 활동이 허용되어 있다. 특정 정당에 가입할 수도 있고 비례대표로 국회의원이 될 수도 있다. 그러나 대학 교수에게 정치활동이 허용되어 있다고 해서 초 · 중 · 고등학교 교사에게 정치활동을 허용해서는 안 된다. 우리 사회에서는 원칙적으로 누구에게나 정치활동의 자유가 허용되어 있지만 그들은 미성년의 학생들을 가르치고 있고 있다는 점을 염두에 두어야 한다. 미성년의 학생들을 가르치고 있는 교사들이 특정 정당에 가입하는 등의 정치활동을 하게 된다면, 미성년의 학생들에게 우리 사회에 대해 편향적이고 부정적인 시각을 심어줄 가능성이 크다.

(4) 우리는 화성에 생명체가 있다는 것을 참으로 받아들이지 않는다. 왜냐하면 아직까지 그것이 증명되지 않았기 때문이다. 마찬가지로 우리는 다윈의 자연선택설을 참으로 받아들여서는 안 된다. 아직까지 그 이론은 증명되지 않았기 때문이다.

(5) 이번에 시국선언을 한 ○○대 교수들의 선언문을 보면 한심한 생각이 든다. 우리나라를 대표하는 대학의 교수들이 이 정도이니 다른 대학 교수들의 시국선언문은 거들떠 볼 필요도 없다.

⑹ 의사가 임신 중 태아의 성별을 미리 알려주는 것은 도덕적으로 잘못된 결과를 낳게 된다. 왜냐하면 태아의 성감별을 요구는 여자 태아를 낙태시키기 위한 사전작업일 수 있기 때문이다. 따라서 의사는 태아의 성별을 미리 알려줘서는 안 된다.

⑺ 현생 인류인 호모 사피엔스가 30만 년 전 유럽 대륙에서 번성했던 네안데르탈인을 잡아먹었다는 주장이 제기되었다. 영국 일간지 가디언 주말 판은 프랑스 국가과학연구센터 페르난도 로지 박사의 연구결과를 인용해 현생 인류가 네안데르탈인의 살을 석기를 이용해 잘라먹었다고 보도했다. 로지 박사 연구팀은 프랑스 남서부 레 루아 동굴에서 발견한 네안데르탈인의 턱뼈에서 현생인류가 사슴 등의 동물의 뼈에서 살을 발라낼 때 사용하는 석기의 자국을 발견했다며 네안데르탈인이 현생인류에 의해 폭력적인 종말을 맞았다고 주장했다.

⑻ 이번 달 초에 월드 오브 워크래프트라는 온라인 게임을 하던 10세 아이가 게임 도중 경련을 일으키며 쓰러졌다고 한다. 온라인 게임의 위험성을 잘 보여주는 사건이라 할 수 있다. 온라인 게임은 중독성이 강한 마약과 같다. 한 번 빠지면 헤어나기 힘들다. 어떤 아이들은 졸도할 때까지 게임을 하게 된다고 한다. 우리 아이들을 이러한 위험으로부터 보호하기 위해서는 온라인 게임 시간을 강제적으로 제한해야만 한다. 우리 아이들이 온라인 게임을 하다가 졸도하는 사태는 막아야 하지 않겠는가?

⑼ 인간복제를 반대하고 있는 사람들은 유전자 조작 기술을 사용하여 인간 복제를 실현할 경우 예기치 못한 재앙이 발생할 것이라고 주장한다. 그러나 그러한 주장을 진지하게 받아들일 필요는 없다. 왜냐하면 지금까지 수많은 과학자들이 유전자 조작 기술을 연구해 왔지만 아직까지 그 기술이 위험하다는 것을 보여주는 증거는 발견되지 않았기 때문이다.

⑽ 재래시장이 위기에 빠졌다고 한다. 그 원인은 대형마트와 기업형 수퍼마켓이 일반 주거지역으로 대거 진출했다는 데에서 그 원인을 찾는 사람들이 많다. 그러나 실제 원인은 그게 아니다. 나는 지난 몇 달 간 우리 동네 재래시장에서 두 채소 가게를 비교해 보았다. 한 가게는 장사가 잘 되고 있는데, 다른 한 가게는 그렇지 않았다. 왜 그런지 살펴보았다. 잘 되고 있는 집에서는 점원과 손님이 맨투맨으로 붙어서 흥정하는 모습이 자주 보였다. 채소도 아주 싱싱하다. 장사가 잘 되기 때문에 새벽시장에 가서 직접 떼어온다고 한다. 저녁이면 대부분의 채소가 바닥 나 있다. 그런데 장사가 안 되는 가게는 손님이 와도 큰 관심을 보이지 않는다. 가게도 그다지 청결하지 않다. 채소도 시들시들하다. 아마 그 가게는 곧 문을 닫게 될 듯하다. 이렇게 두 가게의 차이점을 보면, 재래시장이 위기에 빠진 근본적인 원인을 잘 알 수 있다. 그 원인은 바로 '경영혼'이 사라지고 있다는 데 있다. 재래시장이 지금의 위기를 극복하기 위해서는 대형마트나 기업형 수퍼마켓의 문제점을 거론하기 보다는 스스로의 모습을 되돌아보아야 한다.

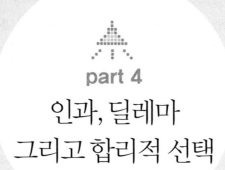

part 4

인과, 딜레마
그리고 합리적 선택

이제까지 우리는 비판적 사고의 기법인 분석과 평가에 대해 연습해 보았다. 이제부터는 비판적 사고에 좀 더 익숙해지기 위한 논의를 시작할 것이다. 먼저 우리가 일상적으로 자주 사용하는 인과적 설명과 논변에 대해 논의해 본다. 그런 다음, 우리가 자주 접하게 되는 딜레마 상황을 분석하고 평가하는 작업을 해본다. 마지막으로, 합리적 선택과 결단의 방법에 대해 알아본다.

인과적 설명과 논변

인과의 개념과 논변 방식

왜 이런 일이 일어났는가? 도대체 그 사건의 원인은 무엇인가? 무엇이 그런 사건을 일으키고 초래하는가? 단순한 듯 보이는 이 궁금증은 이런저런 세상사를 이해하고 설명하고 인식할 수 있게 하는 정신의 기초적 동기이다. 오늘의 세상사는 갑자기 불쑥 열린 것이 아니다. 그것들은 모두 지나간 역사의 결과이다. 그 사건을 초래한 원인, 그 사건이 일어난 까닭을 인식하는 것은 그 사건을 이해하고 설명할 수 있게 만든다. 세상사를 이루는 모든 사건은 끊어지지 않고 이어져 있다. 하나하나는 그저 일어나고 일어나는 것이 아니라 일으키고 일으키는 것이다. 세상사의 이런 인과적 결속에 대한 우리의 지식은 세계의 변혁과 개선을 향한 주체적 실천의 정신적 원천이기도 하다.

결과를 설명하는 인과적 설명과 원인을 추론하는 인과적 논변은 어떻게 평가되고 정당화될 수 있을까? 요즘의 국제적 금융위기에 관한 다음 식의 주장을 놓고 이 물음의 대답을 모색해 보자.

경기 부양의 목적에서 미국 연방준비은행은 방대한 자금을 상업은행들에 풀어 주었다. 그래서 늘어난 돈을 소화하려는 은행들의 치열한 대출경쟁이 벌어졌다. 더구나 '누구나 제 집을 마련할 수 있어야 한다'는 명분하에서 정부와 의회는 서민층의 은행담보대출의 안정성을 확보해 주는 손실보전 보증책을 모기지 회사에 제시한다. 그 결과, 위험자산의 책임을 전가할 수 있는 도덕적 해이의 대출 경쟁이 서브프라임까지 확대된다. 그래서 주택 대출 금리는 낮아져 주택수요는 급증하고 주택가격은 급등한다. 미국의 주택시장은 거품이 잔뜩 끼고 만다. 이에 인플레를 우려한 연방준비은행은 자금줄을 바짝 조이기 시작한다. 그 결과로 주택 수요는 감소하고 그 가격은 떨어져 드디어는 주택가격이 대출원금을 밑돌고 만다. 이는 대출부도로 이어지고 모기지 시장에서 투자회사와 은행들의 파산이 속출한다. 급기야 그것은 그 주식과 채권을 소유한 외국 금융회사들의 부실화를 가져오고 결국 오늘의 국제적 금융위기에 이르고 만다.

이것은 이런저런 인과적 정보에 근거한 인과적 설명의 꽤 좋은 보기이다. 복잡한 내용을 접어두면 그 형식은 오히려 단순하기 그지없다.

a는 b의 원인이다.

a가 일어났다.

그래서 b가 일어났다.

이 인과설명의 성공여부는 과연 정말 a가 b의 원인인가이다. a도 일어났고 b도 일어났다. 이것은 논란의 여지가 없는 사실이다. 문제는 a의 발생 '때문에' b가 발생한다는 것을 진술한 'a는 b의 원인이다'를 받아들일만한 것인가이다. 이는 b의 발생을 놓고 그 이전에 발생한 수많은 사건 중에서 a를 그것에 책임 있는 원인으로 논변하는 것이 얼마나 정당한가의 문제이기도 하다. 이는 다음의 귀납적 논변의 R3가 어떻게 채워져야 C를 받아들일만하게 되느냐의 문제이다.

R1. a가 일어났다.

R2. a가 일어난 다음에 b가 일어났다.

R3.

C. a가 b의 원인이다.

여기서 우리는 '원인'의 의미와 개념을 명료하게 해명할 필요가 있다. 일반적으로 인과관계는 인과법칙을 함의한다. '동일한 원인에는 동일한 결과가 뒤따른다'는 통상적 생각이 의미하는 것이기도 하다. 인과는 법칙적이다. 물론 그 법칙은 확률적 법칙일 수는 있다. 그럼 이제 앞의 R3는 다음의 법칙적 진술을 뒷받침하고 확증해 주는 내용으로 채워져야 한다.

· 언제나 a와 같은 일이 발생하면 b와 같은 일이 발생한다.

· 만일 a와 같은 일이 발생하지 않았더라면 b와 같은 일이 발생하지 않았을 것이다. 단, 관련된 여타의 조건은 동일한 경우이다.

이러한 법칙적 진술 중 첫 번째 것은 법칙적으로 a가 b의 발생에 충분하다는 것을 의미하고, 두 번째 것은 법칙적으로 a가 b의 발생에 필요하다는 것을 의미한다. 상식적인 예를 들어 생각해 보자. 가스통이 새고 있는 것을 모르고 무심히 성냥불을 켜는 순간 곧바로 가스통이 폭발했다. 그 성냥불 점화가 그 가스통 폭발의 원인이라고 추론하고 논변하는 것은 합리적 의심의 여지가 없을 만큼 정당할 것이다. 그런 조건 하에서는, 언제나 그런 점화 후에는 그런 폭발이 있을 것이다. 그리고 반사실적 가상이지만 그 때 그 성냥불 점화가 없었을 경우에 그 후의 그 가스통 폭발은 일어나지 않았을 것이다. 물론 인화성 가스가 새고 있는 관련 조건을 변경하지 않아야만, 그 가상은 성립할 것이다.

이제 문제를 다시 이렇게 간추려 볼 수 있다. b 사건의 가능한 경쟁적 원인으로 a, e f, g 의 네 후보 사건이 있다고 하자. 그것들 중에서 a가 b의 원인이라는 논변이 정당하려면 적어도 다음과 같은 형식의 경험적이고 실험적인 관찰 사례가 증거로서 제시될 수 있어야 한다.

aefg가 발생한 다음에 b가 발생했다.

aefk가 발생한 다음에 b가 발생했다.

aegm이 발생한 다음에 b가 발생했다.

afgn이 발생한 다음에 b가 발생했다.

a 없이 efg가 발생한 다음에는 b가 발생하지 않았다.

a 없이 efk가 발생한 다음에는 b가 발생하지 않았다.

a 없이 egm이 발생한 다음에는 b가 발생하지 않았다.

a 없이 fgn이 발생한 다음에는 b가 발생하지 않았다.

그러므로, a는 b의 원인이다.

이것은 영국의 철학자 J. S. 밀(1806~1873)이 원인 추론의 기본 방식으로 제시한 일치agreement와 차이difference의 병용법을 형식화한 것이다. 우리의 상식적 인과 개념에 비추어 보면, 일치법은 어떤 사건이 어떤 사건의 충분한 원인임을 보이는 것이다. 그리고 차이법은 어떤 사건이 어떤 사건의 필요한 원인임을 보이는 것이다. a가 b의 충분한 원인이라는 것의 의미는 a가 발생하면 b가 언제나 발생한다는 것이다. a가 b의 필요한 원인이라는 것의 의미는 a가 발생하지 않는다면 b는 언제나 발생하지 않는다는 것이다. 물론 인과법칙은 확률적으로 기술될 수도 있다. 그렇다면 a가 b의 원인이라는 것은, a와 같은 사건 발생은 b와 같은 사건 발생의 확률을 언제나 높이며, 또한 a가 일어나지 않는 것은 b가 일어나지 않을 확률을 높인다는 것을 의미한다. 그렇다면, 앞의 일치차이의 병용법은 다음과 같은 형식의 실험사례를 제시할 것이다.

aefg가 발생한 다음에 b가 발생했다.

a 없이 efg가 발생한 다음에는 b가 발생하지 않았다.

aefk가 발생한 다음에 b가 발생했다.

a 없이 efk가 발생한 다음에도 b가 발생했다.

aegm이 발생한 다음에는 b가 발생하지 않았다.

a 없이 egm이 발생한 다음에도 b가 발생하지 않았다.

afgn이 발생한 다음에 b가 발생했다.

a 없이 fgn이 발생한 다음에는 b가 발생하지 않았다.

  :

그러므로, a는 b의 원인이다.

밀의 방법에 관하여

영국의 철학자 밀은 우리가 일상적으로 인과관계를 추론해 내는 방법을 다섯 가지로 정리하고 있다. 그것은 각각 일치법, 차이법, 일치차이병용법, 공변법, 잉여법이다. 이 중 일치법, 차이법, 일치차이병용법, 잉여법은 어떤 특정한 사건들을 원인의 후보로 정한 다음, 그것들 가운데서 원인을 추론해 내는 방법이라고 할 수 있다. 반면에 공변법은 두 사건의 양적 증가나 감소를 통해 원인과 결과의 관계를 추론해 내는 방법이라고 할 수 있다.

(1) **일치법:** 어떤 결과가 발생한 여러 경우들에 선행하는 공통적인 요인을 찾아 그것을 원인으로 간주하는 방법

예) 수라간 궁녀 다섯 명(은비, 금영, 신비, 연생, 창이)이 식중독에 걸렸다. 의녀 장금은 그 식중독의 원인을 찾기 위해 그들이 먹은 음식들이 무엇인지 조사하여 다음과 같이 정리한다.

의녀 장금은 이러한 결과를 토대로 식중독의 원인은 식혜에 있다고 추론한

	잡채	떡	피자	식혜	약과	식중독
은비	○	×	○	○	○	○
금영	○	○	×	○	×	○
신비	×	○	×	○	○	○
연생	○	×	○	○	○	○
창이	○	×	○	○	○	○

다. 이러한 방식의 추론은 인과적 추론으로서 밀이 일치법이라고 부르는 것이다. 물론 이 추론은 귀납적이다. 다섯 사람이 모두 공통적으로 식혜를 먹었다고 하더라도 그것이 식중독의 원인이 아닐 수 있기 때문이다.

(2) **차이법:** 어떤 결과가 발생하는 데 선행하는 요인과 그 결과가 발생하지 않을 때 결여된 요인을 찾아 그것을 원인으로 간주하는 방법
예) 수라간 궁녀인 금영이와 연생이가 같이 식사를 하였는데, 금영이는 식중독에 걸리고 연생이는 멀쩡했다. 의녀 장금은 그 식중독의 원인을 찾기 위해 금영이와 연생이가 먹은 음식에 대해 조사하여 다음과 같이 정리한다.

	두부김치	골뱅이	수정과	소주	삼겹살	식중독
금영	○	○	×	○	○	○
연생	○	○	×	○	×	×

의녀 장금은 이러한 결과에 근거하여 금영이가 식중독에 걸린 것은 삼겹살을 먹었기 때문이라고 추론한다. 이러한 방식의 추론 역시 인과적 추론으로서 밀이 차이법이라고 부르는 것이다. 이 추론 역시 귀납적이다.

(3) **일치 차이 병용법:** 일치법과 차이법을 결합하여 원인을 확인하는 방법

예) 수라간 궁녀 다섯 명 중 두 명(은비, 금영)은 식중독에 걸렸는데, 나머지 세 명(신비, 연생, 창이)은 멀쩡했다. 의녀 장금은 그 식중독의 원인을 찾기 위해 그 다섯 명의 궁녀가 먹은 음식에 대해 조사하여 다음과 같이 정리한다.

	잡채	맥주	오징어포	황도	골뱅이	식중독
은비	○	×	×	○	○	○
금영	×	○	×	○	○	○
신비	×	○	×	×	○	×
연생	○	×	○	×	×	×
창이	○	×	○	×	○	×

의녀 장금은 은비와 금영이가 공통적으로 먹은 음식이 무엇인지 파악하고(일치법) 그 중에서 나머지 세 사람이 먹지 않은 음식이 무엇인지 파악하여(차이법) 그 음식 즉 황도를 식중독의 원인으로 추론한다. 이러한 추론 방식도 인과적 추론으로서 밀이 일치 차이 병용법이라고 부르는 것이다. 이러한 추론은 일치법이나 차이법에만 근거한 추론보다 개연성이 높다고 볼 수 있다.

(4) 잉여법: 어떤 복합적인 요인들이 복합적인 결과를 낳을 때 기존에 알고 있는 인과관계를 추출하고 남는 것으로부터 원인을 확인하는 방법

ABC는 현상 abc의 선행요인이다.
A가 현상 a의 원인으로 알려져 있다.
B가 현상 b의 원인으로 알려져 있다.
따라서 C는 현상 c의 원인이다.

예) 이번 도난 사건은 세 사람(금영, 은비, 창이)에 의해 저질러졌다는 것이 확인되었다. 의녀 장금이 조사해 본 결과 은비는 당시에 왼쪽 문에서 망을 보고 있었고, 창이는 오른쪽 문에서 망을 보고 있었다. 이를 토대로 의녀 장금은 이번 도난 사건에서 직접 물건을 훔친 사람은 금영이라고 결론짓는다.

(5) 공변법: 두 사건 유형의 변이 양태에 따라 원인을 확인하는 방법. 일치법, 차이법, 일치 차이 병용법, 잉여법 등은 모두 개별적인 사건들에 적용시킬 수 있는 방법이다. 그런데 개별적인 사건이 아니라 일정한 집단 내에서 발생하는 사건들의 증감이나 발생빈도의 차이가 어떤 원인에서 비롯된 것인지를 파악하기 위해서는 사건 발생 빈도를 비교하는 방식이 적합하다. 예를 들어서, 사회학자들은 이혼율의 상승과 실업률의 상승에는 어떤 인과관계가 있다고 생각한다. 왜냐하면 이혼율이 증가할 때 실업률도 증가하고, 이혼율이 감소할 때 실업률도 감소하기 때문이다.

예) 전국적으로 돌림병이 돌았다. 그런데 지역에 따라 돌림병의 발생빈도에서 크게 차이가 났다. 의녀 장금은 그 원인이 식수에 있지 않을까 하고 의심했다. 조사 결과 의녀 장금은 돌림병의 발생빈도가 큰 지역일수록 식수의 오염도가 크다는 것을 알아냈다. 이러한 사실을 토대로 의녀 장금은 식수의 오염이 돌림병의 원인이라고 생각한다.

※ 다음 글에 포함되어 있는 밀의 방법이 무엇인지 생각해 보자.

⑴ 흡연-파킨슨병 관계에 있어서는 현재 담배를 피우고 있는 사람이 파킨슨병 발병률이 60% 낮은 것으로 나타났다. 전에 담배를 피우다 끊은 사람도 파킨슨병 위험이 낮았지만 현재 담배를 피우고 있는 사람들만 못했다. 따라서 담배를 즐기는 것은 파킨슨병을 예방하기 위한 좋은 방법이라고 할 수 있다.

⑵ 최근 약국에서 쉽게 살 수 있는 혈압약에 신기한 효과가 있다는 연구 결과가 있어 화제가 되고 있다. 암스테르담 대학 심리학과 메렐 킨트 연구팀은 혈압약의 프로프라놀롤이라는 물질이 사람들의 나쁜 기억을 지우는 효과가 있다는 것을 밝혀냈다. 연구팀은 60명의 남녀에게 거미를 보여주고 전기 자극을 주는 방식으로 나쁜 기억을 하게끔 만든 뒤 약을 먹도록 한 결과, 거미에 대한 나쁜 기억이 제거되는 효과를 확인했다고 설명했다. 킨트 교수는 "나쁜 기억에 관련된 새로운 기억을 학습시켜 기억을 바꾸는 이전의 치료법은 나쁜 기억이 남아 있을 확률이 높다. 하지만 새로 밝혀낸 방법은 나쁜 기억을 제거하기 때문에 훨씬 효과적이다."라고 말했다. 또한 교수는 "약을 복용한 후 효과가 얼마나 지속되는지를 연구하고 있으며, 공포증이나 외상 후 스트레스 장애를 앓고 있는 사람들을 대상으로 실험할 예정이다."라고 덧붙였다. 이 연구 결과는 네이처 신경과학지에 실렸다.

⑶ 정교수는 AK2 유전자의 기능이 저해될 경우 세포사멸이 일어나지 않

는다는 것을 발견했다. 정 교수는 "AK2 유전자 기능이 손상된 간암 세포주에서 AK2 유전자의 기능을 복구하자 간암 세포가 항암제에 의해 효과적으로 죽는 것으로 나타났다"며 "후속연구를 통해 AK2 유전자에 의한 세포사멸을 활성화하는 조절인자를 발굴하면 초기 암 발생을 억제하거나 진행 중인 암을 효율적으로 치료하는 데 기여할 수 있을 것"이라고 말했다.

(4) 캐나다의 라발 대학 의과대학 안젤로 트렘블레이 박사와 연구팀은 저칼로리 다이어트 프로그램에 참가 중인 비만 여성들을 대상으로 15주 동안 연구했다. 연구팀은 이 비만 여성들을 두 그룹으로 나눈 뒤 한 그룹은 하루에 칼슘보충제를 1,200mg 복용하도록 했고, 다른 한 그룹은 하루에 칼슘보충제를 600mg 복용하도록 했다. 다이어트 프로그램이 끝난 후 이 비만 여성들의 체중을 측정한 결과 칼슘섭취제를 1,200mg 복용한 그룹의 체중은 평균 6kg이 줄었고, 600mg 복용한 그룹의 체중은 평균 1kg이 줄었다. 트렘블레이 박사는 "칼슘을 충분히 섭취함으로써 신체에서 느끼는 식욕이 억제되는 것으로 보인다. 따라서 칼슘을 충분히 섭취해야 성공적인 다이어트를 할 수 있다."라고 밝혔다.

(5) 아직까지 정신분열증의 원인에 대해 잘 알려진 것은 없지만, 소아마비를 일으키는 바이러스는 정신분열증도 유발함에 틀림없다. 영국에서 1960년대 중반 이후 정신분열증 발생률이 50% 가량 감소했다는 것은 잘 알려진 사실이다. 그런데, 이 시기는 영국에 소아마비 백신이 들어와서 소아마비가 사라지기 시작한 때이다. 소아마비가 사라지면서 정

신분열증도 동시에 줄어들었다는 것이다.

⑹ 버스전용차로가 생기기 이전에 강남교보타워사거리나 중곡동 교차로는 교통사고가 그리 많이 발생하지 않던 지역이었다. 그런데 지난해 통계조사에 따르면, 강남교보타워사거리에서 발생한 교통사고는 60건이고 사상자는 79명이었다. 중곡동 교차로의 경우는 사고 59건에 사상자는 100명이었다. 이러한 상황은 버스전용차로가 만들어지기 이전과 극명한 차이를 보인다. 버스전용차로 때문에 교통사고가 증가했다고 할 수 있다.

⑺ 청소년들 사이의 학교 폭력이 점점 더 증가하고 있다. 학교 폭력이 증가하고 있다는 것은 매우 심각한 문제이다. 학교 폭력을 당한 청소년 중 약 50%는 자살 충동을 느꼈다고 한다. 따라서 청소년 폭력의 원인을 밝히고 그에 따른 해결책을 모색하는 일은 중요한 사회적 과제라고 할 수 있다. 우리가 유념해야 하는 것은 TV 드라마와 영화에 폭력물이 점점 증가하고 있다는 것이다. 그러한 폭력물은 분명히 학교 폭력 증가의 원인이다.

⑻ 네안데르탈인은 멸종한 반면 호모 사피엔스는 현생 인류로 진화한 것은 무엇 때문일까? 당연히 전자가 후자보다 지능발달에서 뒤처졌기 때문이다. 그렇다면, 그것은 무엇 때문일까? 네안데르탈인과 호모 사피엔스는 몸집과 뇌 크기는 비슷했지만 두개골 비교에서 네안데르탈인의 눈구멍이 현저하게 컸다. 유럽의 추운 겨울과 긴 밤에 적응하기 위

해 시력이 발달했기 때문이다. 이 점을 미루어 볼 때, 시력의 발달이 지능을 낮추는 원인을 제공했다고 할 수 있다.

(9) 탄산수를 마셨을 때 맛있다고 느끼는 것은 가벼운 산성이 주는 맛 때문일까, 아니면 기포가 혓바닥을 물리적으로 자극하기 때문일까? 이 물음을 해결하기 위해 연구자들은 탄산을 넣은 액체를 신경세포에 떨어뜨리는 실험을 실시해 보았다. 기포가 발생하고 산 성분이 형성되면 신경은 자극에 반응했다. 기포가 발생하지 않고 산 성분의 형성이 이루어질 경우에도 신경이 자극에 반응했다. 신경이 반응한다는 것은 맛을 느낀다는 것을 의미한다. 따라서 연구자들은 탄산수를 마셨을 때 맛있다고 느끼는 것은 산 성분 때문이라고 결론지었다.

(10) 담배가 주는 즐거움의 원인은 무엇일까? 어떤 사람들은 니코틴이 원인이라고 주장한다. 다른 어떤 사람들은 니코틴이 아니라 담배 연기를 들이마시고 내뿜을 때 느끼는 감각이 즐거움을 준다고 주장한다. A는 이 물음을 해결하기 위해 스스로에게 니코틴을 매일 3~4회씩 주사하는 실험을 했다. 실험 결과, 담배를 피울 때보다 주사로 니코틴을 주입할 때 더 큰 즐거움을 느낀다는 것을 알았다. 결국 A는 담배를 피울 때 느끼는 즐거움의 원인은 니코틴이라고 결론지었다.

인과적 논변에서 주의할 사항

시간적 선후의 관계일 뿐임에도 인과적인 관계로 여기는 잘못이 사사로운 생활에서는 의외로 드물지 않은 편이다. 특히 우리에게는 뜻밖에 일어난 희귀한 결과에는 뜻밖에 일어났던 희귀한 과거사를 원인으로 보려는 민속적인 습성마저 있는 편이다. 복권 1등 당첨의 행운이 굴어오는 금돼지를 꼭 껴안고 기뻐한 전날 밤 행운의 꿈 덕분이라고 그 원인을 추론적으로 보고하는 당첨자는 드물지 않다. 그러나 비판적으로 사고해 보라. 그런 종류의 꿈이 언제나 행운의 결과를 가져오겠는가? 그리고 가령 그때 그 꿈을 꾸지 못하고 그 시각 그 장소에서 복권을 샀더라면 그 행운이 오지 않았을 것인가? 온당한 오늘의 상식과 합리적 정신은 이 두 물음에 단연 '아니오'라고 대답할 것이다. 앞의 일치법과 차이법에 의거한 대조실험controlled experiment의 객관적 결과를 증거로 삼고 원인을 추론하는 과학적 논변에서는 단순한 선후관계를 인과관계로 혼동하는 오류는 쉽게 일어날 수가 없을 것이다.

그러나 대조실험을 할 필요가 없는 주관적인 심리생활은 희망적 사고wishful thinking에 기대어 이런 오류를 저지르는 것이 드물지 않은 것 같다. 이를테면 만성두통에 시달리다가 어떤 민속처방에 따라 매일 식초를 두 달간 정성껏 마시고 나서 그 증세가 호전된 사람은 그 식초 복용이 그 증세 호전의 원인이라고 추론하는 것을 당연하게 여기기 쉽다. 그러나 그 민속처방을 믿고 정성을 다한 자신의 노력이 헛되지 않았다는 것을 희망하는 사고에 실은 그 원인추론의 이유와 근거가 자리 잡고 있을 수 있다. 다음과 같은 형식의 논변이 선후관계를 상당한 이유 없이 인과관계로 보는 오류논변임은 분명하다.

R1. 정성스런 식초복용 두 달 후 두통의 증세가 호전됐다.

R2. 나는 정성스런 식초복용이 두통의 완화를 가져오기를 바란다.

C. 두 달 동안의 식초복용이 두통 완화의 원인이다.

이 논변은 실제로는 선후관계만을 원인추론의 이유로서 제시했을 뿐이다. 희망적 사고는 결코 관련 이유가 못될 것이기 때문이다. 그것은 이유의 역할을 할 수가 없다. 원인을 추정하는 것은 상당한 관련 지식과 이론을 전문적으로 필요로 한다. 전문적 의학자는 아니지만 우리는 자신의 몸과 마음에 관한 한, 권위적 식견을 갖고 생활한다. 그 생활태도는 상당한 이유가 있다. 우리는 자신의 몸과 마음의 변화를 제일 먼저 깨달을 수 있기 때문이다. 그러나 누구보다 가장 먼저 의식하는 그 제일의 정보는 일어나고 일어나는, 앞서고 뒤서는 인과관계의 일차적 자료인 선후관계일 뿐이다. 그것이 일으키고 일으키는 인과관계이려면 대조실험에 의거한 경험법칙에 포괄될 수 있는 관계이어야 한다. 인과관계를 포괄하는 법칙은 관련 전문가의 권위를 존중하는 것이 귀납적으로 정당하다. 민속처방에 따른 일상인의 의학적 원인추론이 빠지기 쉬운 오류는 바로 이 법칙적 관련성을 간과하는 데에 있다.

더 나아가서 우리는 인과적 논변이 저지르는 일반적 오류의 원천을 다음과 같은 생각과 태도에서 찾을 수 있다.

① 가능한 하나의 원인만을 생각할 뿐, 다른 가능한 경쟁적 원인들을 생각하지 않는다.

② 어떤 관련 정보에만 주목할 뿐, 모든 관련 정보에 주목하지 않는다.

인과적으로 관련되는 경우들일지라도 인과적 추론에 오류가 있을 수 있다. 그것은 다음과 같은 세 종류의 인과관계를 혼동할 수 있기 때문이다.

(가) a가 b의 원인이다.
(나) b가 a의 원인이다.
(다) c가 a와 b의 원인이다.

a와 b가 늘 거의 동시에 발생하는 경우일 때에 그 인과적 관련이 (가), (나), (다)의 어느 경우인가를 결정하는 것은 정말 쉬운 일이 아니다. 겸손한 사람은 대체로 열린 마음을 갖고 있는 편이다. 그 역도 마찬가지이다. 겸손한 태도와 열린 마음의 인과관계는 어떻게 보아야 할까? 겸손한 태도가 열린 마음을 초래하는가, 또는 열린 마음이 겸손을 갖게 하는가? 아니면, 제 3의 다른 무엇이 겸손한 태도를 일으키고 열린 마음도 일으킬 뿐이지, 그 둘 사이에 인과관계는 없는 것인가? 아무튼 인과관계를 갖는 것은 그 둘 사이에 강한 상관관계가 있다. 그 상관관계는 경험적으로는 확률적인 분포도를 보일 것이다. 그리고 그 관계는, 음(-)과 양(+)의 어느 쪽이든 강할수록 인과적 추론에 유익한 자료일 것이다.

다음에서 여섯 가지는 아동의 학업성적과 강한 상관관계(양이든 음이든)를 갖고 나머지 여섯 가지는 그렇지 못하다는, 전문적 권위를 갖는 미국 연구소의 보고서가 있다. 그것을 가려내 보고, 그 결과를 근거로 인과적 논변을 만들어 보자.

1. 부모의 교육수준이 높다.

2. 최근에 주변 환경이 좋은 곳으로 이사했다.

3. 엄마가 첫 애를 30세 후에 출산했다.

4. 엄마가 아이의 유치원 때까지 직장을 갖지 않았다.

5. 아이는 저체중아로 태어났다.

6. 부모가 아이를 박물관에 자주 데리고 간다.

7. 입양된 아이다.

8. 아이에 대한 정기적 체벌이 있다.

9. 아이 집에 책이 많다.

10. 부모가 거의 매일 아이에게 책을 읽어준다.

11. 부모의 사회 경제적 지위가 높다.

12. 아이가 TV를 많이 본다.

이제까지의 논의를 바탕으로 요즘의 금융 위기에 관한 앞의 인과적 설명에서 주장된 인과관계에 관해서도 비판적으로 반성해 보자.

최선의 설명

실제의 인과관계는 무척 복잡한 경우일 것이다. 그래서 실제로는 어떤 요소와 어떤 요소가 인과적 관련이 있을 것이라는 합리적인 가설적 추측이 앞서지 않으면 일반적 인과법칙에 기대어 인과관계를 추정할 수조차 없을 것이다. 그런데 문제는 우리가 합리적으로 떠올릴 수 있는 인과적 법칙적 가설이, 가능한 경험 사례들과 논리만으로는 결정될 수 없다는 사실이다. 다시 말해서, 경험할 수 있는 유한한 관찰사례들을 포섭하는 다수의 상이한 법칙가설들이 논리적으로 가능하다는 것이 문제이다. 그 중에서 어느 가설이 받아들일 만한 것인가? 그 중에서 최선의 가설을 선정하는 올바른 원리는 무엇인가? 사실 이러한 물음은 이미 〈최선의 설명으로의 추론〉에 대해 논의할 때 생각해 본것이지만, 여기서 다시 한번 생각해 보기로 하자.

이를테면 전광판에 다음과 같은 숫자가 나왔고 앞으로도 나올 것이라고 하자.

1, 2, 3, 4, 5, 6, 7

다음에 나올 숫자는 무엇일까? 이를 위한 합리적 예측은 드러나 있는 경험 사례에 의거해서 이 수열의 전개법칙을 추정하고 그것이 함축하는 것에 따르는 것이다. 그런데 문제는 우리의 그 유한한 경험을 연역적으로 함축하는 다수의 법칙적 가설이 가능하다는 사실이다. 언뜻 떠오르는 합리적 가설은 앞의 수열에서는 '다음 수는 앞 수에 1을 더한 수이다'일 것이다. 그 가설에 따르면, 등장할 여덟째 수는 8일 것이다. 그러나 '일곱째까지는 앞 수에 1을 더하고, 여덟째부터는 앞 수에 2를 더한다'도 그 경험사례를 포괄적으로 설명하는 법칙적 가설일 수 있다. 그러나 이 가설에 의거하면 여덟째로 등장할 수는 9일 것이다.

최선의 법칙, 설명 및 이론은 어떤 의미에서 잠정적이고 가설적인 논리적 지위만을 갖는다. 영속적인 불변적인 일반적 법칙과 설명 및 이론은 경험에 의거해서 합리적으로 결정될 수 없다. 그럼에도 앞서 우리는 최선의 그 가설을 선정하는 원리로서 다음의 네 기준을 생각해 보았었다.

> **단순성:** 가능한 한, 가장 덜 복잡한 설명을 취하라.
>
> **정합성:** 가능한 한, 우리가 이미 진리라고 여기는 것과 일관적인 설명을 취하라.
>
> **예측성:** 가능한 한, 진위가 검증될 수 있는 예측을 갖게 하는 이론을 취하라.
>
> **포괄성:** 가능한 한, 가장 많은 결과를 설명하는 가설을 취하라.

최선의 가설을 뽑는 것은 최고의 미인을 뽑는 것처럼 기계적으로 결정될 수 없는 주관성을 가질 수밖에 없을 것 같다. 따라서 관련 분야에서 전문적 식견을 인정받는 권위자의 주관적 결정에 의거하는 것이 귀납적 정당성을 강화한다는 것의 의미가 새삼스럽게 살아나야 할 것이다.

※ 다음 글에 포함되어 있는 인과적 논변의 문제점이 무엇인지 생각해 보자.

(1) 꼭 내가 우산을 가져오면, 비가 오지 않아. 뭔가 있어!

(2) 아기들이 홍역을 앓을 때마다, 그들의 몸에 붉은 반점이 나타난다. 또한 아기들의 체온이 높이 올라간다. 고열 때문에 붉은 반점이 나타나는 것이 분명하다.

(3) 너희 둘의 보고서 내용이 완전히 똑같다는 길 확인했다. 둘 중에 원본 제공자는 누구냐? 누가 누구 걸 베낀 거야?

⑷ 조사결과에 따르면, 결혼한 사람들이 결혼하지 않은 사람보다 평균적으로 6년 이상 오래 산다는 게 밝혀졌다. 따라서 결혼은 수명 연장의 원인 역할을 한다고 볼 수 있다. 오래 살기를 원하는 사람은 반드시 결혼해야 한다.

⑸ 자동차 사고로 사망한 사람들을 조사한 결과 80%는 안전벨트를 매고 있었고, 20%는 안전벤트를 매지 않고 있었다. 그렇다면, 안전벨트를 매는 것은 자동차 사고 발생 시 사망위험을 키우는 원인이 된다고 할 수 있다.

⑹ 학문적으로 높은 업적을 남긴 사람들 중에는 몸이 허약하거나 체력이 부족한 사람들이 많다. 이를 볼 때 학문 연구는 몸을 허약하게 하고 체력을 감퇴시키는 것이 분명하다.

⑺ 휘발유가 판매되는 양과 교통사고는 아주 밀접한 관계가 있다. 지난 10년간 조사에 따르면, 휘발유 판매가 증가하면 그에 따라 교통사고도 늘어나고, 또 휘발유 판매가 감소하면 교통사고도 줄어든다. 따라서 교통사고의 원인은 바로 휘발유 판매라고 할 수 있다.

⑻ 방사선 치료를 받는 암환자들은 치료를 오래 끌수록 대부분 완치될 가망이 더 희박하다. 따라서 방사선 치료는 최단기간 내에 이루어져야만 한다. 그래야만 암이 완치될 수 있다.

⑼ 사회적으로 성공한 남성일수록 더 많은 술을 마신다는 연구 결과가 나왔다. 영국 일간 인디펜던트는 24일 영국통계청ONS 연구 결과를 인용, 기업 최고 경영자CEO 의사 변호사 등의 주량이 남성 평균 음주량을 훨씬 웃돈다고 보도했다. CEO의 주당 평균 음주량은 양주잔 23잔으로 중간 크기 와인잔(175㎖)으로 치면 11잔이 넘는 양이다. 이는 영국 정부가 제시한 남성의 주당 음주 한계치인 21잔을 넘어서는 것이다. 의사 변호사 회계사 등 전문직 종사 남성들의 주당 평균 음주량도 20잔으로 전체 남성의 평균치인 18.7잔을 넘어선다. 이러한 연구 결과는 사회적으로 성공하기 위해서는 술을 많이 마실 필요가 있다는 것을 보여준다.

⑽ 지난 주말 오랜만에 재래시장을 찾았다. 돌아다니다가 먹음직스럽게 생긴 귤을 한 소쿠리 샀다. 가격에 비해 수북이 쌓인 것이 제법 많이 주는 것 같아 기분이 좋았다. 그런데 귤을 봉지에 넣고 난 뒤 소쿠리 바닥을 보고 깜짝 놀랐다. 내용물이 많아 보이게 하려고 소쿠리 바닥이 위로 볼록하게 만들어져 있었다. 봉지에 담긴 귤도 많지 않았다. 이제 와서 안 산다고 할 수 없어 그냥 돈을 주고 왔다. 시장을 나오는 길에 번데기를 사려고 했는데 이 그릇도 반이 막혀 있었다. 기분이 상해 안 사겠다고 하고 그냥 왔다. 차라리 작은 되에 가득 담아 팔았다면 마음 상할 일은 없었을 것이다. 대형 마트가 들어섬에 따라 재래시장이 활력을 잃고 있다고 하지만 꼭 대형 마트 탓만은 아닌 것 같다는 생각이 들었다.

딜레마 논변

딜레마 논변

이번 장에서는 우리가 일상적으로 자주 접하게 되는 '딜레마^{dilemma}' 논변에 대해 자세히 알아보고 연습해 보려 한다. 이 논변은 우리가 앞서 타당한 연역적 논변의 형식으로 살펴보았던 것이다. 우리는 난처한 상황에 처할 때면 '딜레마'라는 용어를 사용하곤 한다. 즉, '딜레마'라는 용어는 이러지도 못하고 저러지도 못하는 진퇴양난^{進退兩難}의 상황을 표현하기 위해 사용된다. 예를 들어, 중요한 수업과 중요한 과 행사가 공교롭게도 같은 날 같은 시간에 있다고 생각해보자. 별다른 고민 없이 수업에 참여하는 학생도 있고 과 행사에 참여하는 학생도 있을 것이다. 그러나 두 선택지 (수업참여와 과 행사 참여)가 모두 중요하다고 생각하는 학생들은 대부분 고민에 빠질 것이다. 이때 그 학생들의 고민은 바로 다음과 같은 딜레마 논변으로 정리될 수 있다.

R1. 나에게 주어진 선택지는 수업에 참여하거나 과 행사에 참여하는 것이다.

R2. 수업에 참여한다면, 중요한 과 행사에 참여하지 못하여 불이익을 당한다.

R3. 과 행사에 참여한다면, 중요한 수업에 참여하지 못하여 불이익을 당한다.

C. 나는 불이익을 당한다.

이 딜레마 논변은 타당한 연역적 논변 형식 중의 하나이다. 만일 우리가 이 논변의 전제들을 모두 받아들인다면, 우리에게 필요한 것은 바로 결단이다. 어느 정도의 불이익을 감수하면서, 자신이 더 중요하다고 생각하는 것을 선택해야 할 것이다. 물론 비판적 사고자라면 그러한 선택을 하기 전에 당면한 딜레마 상황에 대해 철저하게 검토하고 평가해 보아야 한다. 그러한 상황을 체계적으로 정리한 것이 딜레마 논변이라고 할 수 있다.

딜레마 논변 형식에는 네 가지 종류가 있다. 그것들은 각각 단순구성딜레마, 단순파괴딜레마, 복합구성딜레마, 복합파괴딜레마이다. 위의 딜레마는 이 네 종류 중 단순구성딜레마에 속하는 것이다.

이러한 네 가지 딜레마 형식은 모두 연역적으로 타당하다. 각 형식의 특성을 살펴보자. 단순딜레마를 보면 결론적 주장이 단순한 하나의 문장이라는 것을 알 수 있다. 복합딜레마의 결론적 주장은 두 문장이 복합적

단순구성딜레마	단순파괴딜레마
p이거나 q이다. p라면 r이다. q라면 r이다. 따라서 r이다.	p가 아니거나 q가 아니다. r이라면 p이다. r이라면 q이다. 따라서 r이 아니다.
복합구성딜레마	복합파괴딜레마
p이거나 q이다. p라면 r이다. q라면 s이다. 따라서 r이거나 s이다.	p가 아니거나 q가 아니다. r이라면 p이다. s라면 q이다. 따라서 r이 아니거나 s가 아니다.

으로 '이거나'를 통해 연결되어 있다. 구성딜레마의 경우에는 앞서 우리가 타당한 연역적 논변 형식으로 살펴보았던 전건긍정식의 모습을 엿볼 수 있고, 파괴딜레마의 경우에는 후건부정식의 모습을 엿볼 수 있다.

우리는 살아가면서 다양한 딜레마 상황에 접하게 된다. 소설이나 영화 속에서도 딜레마 상황을 목격할 수 있다. "사랑을 따를 것이냐 부모님을 따를 것이냐?", "사랑하는 애인을 구할 것이냐, 다수의 어린아이들을 구할 것이냐?", "테러범의 요구사항을 들어줄 것이냐, 테러범을 공격할 것이냐?", "산모를 살릴 것이냐, 태아를 살릴 것이냐?", "법에 따를 것이냐, 인정人情에 따를 것이냐?" 이러한 딜레마 상황들은 모두 위에서 살펴본 타당한 논변 형식들로 정리될 수 있다. 사실 딜레마 상황이 문자 그대로 '진퇴양난'인 이유 중의 하나는 딜레마가 연역적으로 타당한 논변 형식이기 때문이다. 즉, 전제를 구성하고 있는 이유들을 모두 수용할 경우 결론적 주장을 받아들이지 않을 수 없는 형식이기 때문이다.

※ 다음의 딜레마들이 네 종류 중 어디에 해당하는지 판단해 보자.

(1) 동아리 활동을 하면 학업에 충실하기 힘들다. 그렇다고 동아리 활동을 하지 않으면 학우들과 친해지기 힘들다. 그런데 나는 동아리 활동을 하기로 결정하거나 하지 않기로 결정해야 한다. 결국 나는 학업에 충실하기 힘들어지거나 학우들과 친해지기 힘들어질 것이다.

(2) 세계의 평화를 위해 UN이 반드시 필요하고, 그 임무를 잘 수행하고 있다고 생각하는 사람이 있는데, 그렇지 않아. 사실 UN은 있을 필요가 없거나 임무수행을 잘하지 못하고 있다고 할 수 있어. 왜냐고? 생각해봐. 세계의 여러 나라들은 전쟁 중이거나 평화를 유지하고 있잖아. 그런데 전쟁 중일 경우에는 UN이 전쟁방지에 성공하지 못한 셈이지. 그리고 평화를 유지하고 있다면 UN이 있을 필요가 없잖아. 결국 UN은 불필요한 것이거나 성공적이지 못한 거지.

(3) 자발적 안락사를 허용하는 것이 도덕적으로 올바른 것일까? 그렇지 않은 듯이 보인다. 인간의 존엄성을 훼손하는 결과를 낳게 되기 때문이다. 그러나 허용하지 않는 것도 도덕적으로 올바른 일이 아닌 것 같다. 자발적 안락사를 허용하지 않을 경우에는 인간의 고통을 외면하는 결과를 낳게 되기 때문이다.

(4) 그가 비판적 사고에 능하면, 그 문제를 스스로 해결했을 것이다. 그가 화술에 능하다면, 그 문제를 다른 사람에게 부탁해서 해결했을 것이다.

그런데 그 문제가 그대로 남아 있는 것을 보니, 스스로 해결하지 못한 것이거나 다른 사람에게 부탁을 하지 못한 것이다. 결국 그는 비판적 사고에 능한 사람이 아니거나 화술에 능한 사람이 아니라 할 수 있다.

⑸ 철수가 성실한 학생이라면, 수업시간에 결석을 많이 하지 않을 것이다. 또한 철수가 성실한 학생이라면, 시험 준비도 철저히 할 것이다. 그런데, 그가 형편없는 학점을 받은 걸 보니, 수업시간에 결석을 많이 했거나 시험 준비를 철저히 하지 않았을 것이다. 그는 성실한 학생이 아님에 틀림없다.

이미 분석과정에서 논의했지만, 딜레마 논변은 연역적 의도를 성공적으로 실현시키면서 주장을 펼칠 수 있는 좋은 방법이라고 할 수 있다. 예를 들어 다음 글에는 딜레마 논변이 포함되어 있는데, 글쓴이는 그 논변을 이용하여 정부를 비판하고 있다.

> 정부에서 틈만 나면 말했던, '한국에 일본 원전 방사성 물질이 도달할 가능성은 없다는 말은 거짓으로 드러났다. 정부가 정말 알지 못했다면, 저 멀리 떨어진 프랑스도 예측하는 것을 우리는 예측할 능력이 없었다는 것을 그대로 보여준 무능이 문제가 된다. 만약 알면서도 발표하지 않은 것이라면, 국민을 속인 행위이기 때문에 더욱 큰 문제가 된다. 이래도 문제고, 저래도 문제다.

이 글의 결론적인 주장은 "정부는 무능하거나 국민을 속인 것이다." 정도로 정리해 볼 수 있다. 이 주장을 뒷받침하기 위해 제시한 이유는 다음과 같이 정리해 볼 수 있다.

- 정부가 일본 원전 방사성 물질이 한국에 도달할 가능성이 있다는 것을 몰랐다면, 정부는 무능한 것이다.
- 정부가 일본 원전 방사성 물질이 한국에 도달할 가능성이 있다는 것을 알았다면, 정부는 국민을 속인 것이다.

이러한 이유들과 더불어 "정부는 일본 원전 방사성 물질이 한국에 도달할 가능성이 있다는 것을 알았거나 몰랐다."를 전제에 포함시키면 다음과 같은 논변을 얻을 수 있다.

R1. 정부는 일본 원전 방사성 물질이 한국에 도달할 가능성이 있다는 것을 알았거나 몰랐다.

R2. 정부가 일본 원전 방사성 물질이 한국에 도달할 가능성이 있다는 것을 몰랐다면, 정부는 무능한 것이다.

R3. 정부가 일본 원전 방사성 물질이 한국에 도달할 가능성이 있다는 것을 알았다면, 정부는 국민을 속인 것이다.

C. 정부는 무능하거나 국민을 속인 것이다.

정부는 일본 원전 방사성 물질과 관련된 딜레마 상황에 처하게 된 셈이다. 정부가 만일 이 딜레마 상황을 진지하게 받아들인다면, 그 상황에서 벗어날 수 있을지 고민해 보아야 한다. 즉, 위와 같은 딜레마 논변을 비판적으로 평가해 보아야 한다는 것이다. 딜레마 논변을 비판적으로 평가하기 위해서는 이유들을 올바른 것으로 수용할 수 있을지 따져보는 것이 필수적이다. 만일 수용할 수 없다고 판단될 경우에는 그 딜레마 논변을 반박하는 것이 가능해지고, 따라서 딜레마 상황에서 벗어날 수 있게 된다. 이제 딜레마 논변을 반박하는 방식들에 대해 살펴보자.

딜레마 논변 반박

1. 뿔잡기

이미 알고 있듯이, 딜레마 논변의 전제는 두 개의 조건문과 한 개의 선언문disjunction으로 구성된다. '뿔잡기'란 그것들 중 조건문을 공략하는 것이다. 말하자면, 이것은 딜레마를 구성하는 두 개의 조건문 중 적어도 하나에 문제점이 있다는 것을 설득력 있게 밝히는 방식이다. 우리가 조건문 중 하나라도 거부할 수 있다면, 결론적 주장을 받아들일 필요가 없어지게 된다는 것은 당연하다. 예를 들어 다음의 딜레마 논변을 살펴보자.

> R1. 나는 결혼하거나 미혼으로 남아 있을 것이다.
>
> R2. 만일 내가 결혼한다면 나는 (미혼시절을 그리워하며) 후회할 것이다.
>
> R3. 만일 내가 미혼으로 남아 있다면 (결혼도 못해봤기 때문에) 후회할 것이다.
>
> C. 나는 후회할 것이다.

뿔잡기 방법을 사용하여 이 딜레마 논변을 공략하기 위해서는 R2와 R3

중 하나를 부정해야 한다. R2를 부정하기 위해서는, 결혼을 하더라도 후회하지 않을 것이라고 설득력 있게 얘기할 수 있어야 한다. 또한 R3를 부정하기 위해서는, 미혼으로 남아 있다 하더라도 후회하지 않을 것이라고 설득력 있게 얘기할 수 있어야 한다. 물론 어떤 조건문을 부정할지는 이 딜레마에서 벗어나길 원하는 당사자의 몫이다. 이제 좀 더 현실적인 딜레마 상황에 대해 뿔잡기 방법을 적용시켜보자. 우리는 선거철만 되면 다음과 얘기를 자주 접하게 된다.

> 이번 선거에서 여러분의 선택지는 둘 뿐입니다. 하나는 물론 우리 정당의 대통령 후보 A에게 투표하는 것입니다. 다른 하나는 (다른 후보에게 투표하거나 기권함으로써) 우리나라를 경제 위기에서 벗어나지 못하도록 만드는 것입니다. 이번에 A 후보에게 투표한다면, 우리 대한민국은 경제 위기에서 벗어날 수 있습니다. 그러나 여러분의 잘못된 선택 때문에 우리나라의 경제 위기가 지속된다면, 여러분은 더욱 힘든 삶을 살아가게 될 것입니다. 그만큼 이번 선거에서 여러분의 선택은 중요합니다. 어떤 선택을 하시겠습니까?

이 얘기를 듣고 있는 유권자들 중 어떤 중요한 이유 때문에 A 후보는 대통령 자격이 없다고 생각하는 사람들은 딜레마 상황에 처하게 될 것이다. 아무래도 경제 위기에서 벗어나길 싫어하는 사람은 없을 것이기 때문이다. A 후보가 대통령 자격이 없다고 생각하는 유권자가 처하게 되는 딜레마는 다음과 같은 논변으로 표현될 수 있다.

> R1. 대통령 후보 A에게 투표하거나 투표하지 않을 것이다.

R2. 대통령 후보 A에게 투표한다면, 대통령 자격이 없는 후보에게 투표하는 것이다.

R3. 대통령 후보 A에게 투표하지 않는다면, 경제 위기에서 벗어나기 힘들다.

C. 대통령 자격이 없는 후보에게 투표하게 되거나 경제 위기에서 벗어나기 힘들게 될 것이다.

이러한 딜레마 상황에서 그 유권자는 A 후보에게 투표할 수도 있고 투표하지 않을 수도 있다. 물론 그 선택에 따른 불이익을 감수하겠다고 결심하면서 말이다. 그러나 만일 그 유권자가 나름의 연구나 조사를 통해 R3가 거짓이라는 것을 밝히게 되면, 딜레마 상황은 사라지게 된다. 즉, A 후보에게 투표하지 않는다고 할지라도 경제 위기에서 벗어날 수 있다든지, A 후보가 대통령이 되는 것과 경제 위기 극복은 아무 상관이 없다는 것을 밝히게 된다면, 불이익에 대한 고민 없이 선택할 수 있게 된다는 것이다. 그 유권자는 뿔잡기 방법을 통해 딜레마 상황에서 벗어나게 되는 셈이다. 이제 딜레마에서 벗어나는 다른 방식에 대해 살펴보자.

2. 뿔 사이로 피하기

'뿔 사이로 피하기'란 딜레마 논변의 전제들 중 '또는'이나 '이거나' 등이 포함된 문장, 즉 선언문에 문제점이 있다는 것을 설득력 있게 밝히는 방식이다. 딜레마 논변의 선언문은 논의의 여지가 있는 경우의 수나 선택지가 둘 밖에 없다는 것을 보여주는 역할을 한다. 그런데 만일 논의의 여지가 있는 선택지가 둘 이상이라는 것을 설득력 있게 밝힐 수 있다면, 딜레마 논변의 결론을 받아들일 필요가 없어지게 될 것이다. 예를 들어 다음 얘기를 살펴보자.

일반적으로 학부모들은 아이들에게 공부하라고 잔소리를 많이 하게 마련이다. 그러나 그건 쓸 데 없는 일이다. 생각해 보자. 아이가 공부를 잘할 경우에는 공부하라는 잔소리는 당연히 쓸 데 없는 것이다. 그런 잔소리가 없어도 공부를 잘하니까 말이다. 그런데 아이가 공부를 못할 경우에도 공부하라는 잔소리는 쓸 데 없다. 왜냐하면 그런 아이는 아무리 잔소리를 늘어놓아도 공부를 하지 않을 것이기 때문이다. 결국 공부를 잘하는 아이에게나 못하는 아이에게나 공부하라는 잔소리는 아무런 효과도 없는 쓸 데 없는 일이라 할 수 있다.

이 얘기에서 핵심적인 주장은 아이들에게 공부하라고 잔소리 하는 것은 쓸 데 없는 일이라는 것이다. 이 주장을 위해 딜레마 논변을 사용하고 있는데, 생략되어 있는 중요한 전제가 있다. 그것은 바로 '아이들은 공부를 잘하거나 못한다.' 정도가 될 것이다. 이 전제를 포함시켜 딜레마 논변을 구성해 보면 다음과 같다.

R1. 아이들은 공부를 잘하거나 못한다.

R2. 아이들이 공부를 잘할 경우에는 공부하라는 잔소리는 쓸 데 없다.

R3. 아이들이 공부를 못할 경우에는 공부하라는 잔소리는 쓸 데 없다.

C. 아이들에게 공부하라고 잔소리 하는 것은 쓸 데 없다.

이러한 딜레마 논변을 반박하기 위해서 앞서 살펴본 뿔잡기 방법을 사용해 볼 수도 있다. 즉, R2나 R3에 문제점이 있다는 것을 충분히 보일 수 있다고 판단되기 때문이다. 그런데 누구나 쉽게 알 수 있듯이, R1도 문제점을 가지고 있다. 우리는 이 딜레마에 대해 이런 물음을 제기할 수 있다. '공부를 잘하는 아이나 못하는 아이도 있지만 잘한다고도 볼 수 없고 못한다고도 볼 수 없는 아이도 있지 않은가? 즉 공부를 잘하는 아이의 집합에도 속하지 않고 공부를 못하는 아이의 집합에도 속하지 않는 아이가 있을 수 있다는 것이다. 그렇기 때문에 우리는 위 딜레마 논변의 선언문이 가지는 문제점을 지적하면서 반박할 수 있다. 이 방법이 바로 '뿔 사이로 피하기'이다. 이제 앞서 살펴보았던 대통령 후보 A의 얘기로 다시 돌아가 보자.

이번 선거에서 여러분의 선택지는 둘 뿐입니다. 하나는 물론 우리 정당의 대통령 후보 A에게 투표하는 것입니다. 다른 하나는 (다른 후보에게 투표하거나 기권함으로써) 우리나라를 경제 위기에서 벗어나지 못하도록 만드는 것입니다. 이번에 A 후보에게 투표한다면, 우리 대한민국은 경제 위기에서 벗어날 수 있습니다. 그러나 여러분의 잘못된 선택 때문에 우리나라의 경제 위기가 지속된다면, 여러분은 더욱 힘든 삶을 살아가게 될 것입니다. 그만큼 이번 선거에서 여러분의 선택은 중요합니다. 어떤 선택을 하시겠습니까?

앞서 우리는 이 얘기를 접하는 유권자가 느낄 수 있는 딜레마 상황에 대해 논의했었다. 그런데 사실 이 얘기는 그 자체로 하나의 딜레마 논변이다. 그 논변은 다음과 같이 정리될 수 있다.

R1. A에게 투표하거나 경제위기를 방치해야 한다.

R2. A에게 투표한다면, 경제위기에서 벗어날 수 있다.

R3. 경제위기를 방치한다면, 더욱 힘든 삶을 살아가게 될 것이다.

C. 경제위기에서 벗어날 수 있거나, 더욱 힘든 삶을 살아가게 될 것이다.

우리는 이 딜레마 논변에 대해서도 뿔 사이로 피하기 방법을 사용해 볼 수 있다. 즉 R1이 선택지를 총망라한 것이 아니라는 점을 설득력 있게 보여줄 수 있다는 것이다. 물론 R2를 부정하면서 뿔잡기 방법을 사용해 볼 수도 있겠지만 말이다. 이제 다음의 대화 속에 나타난 딜레마 상황과 그에 대한 대응을 살펴보자.

A: 큰 부상을 입은 프랭클린 소령과 함께 이동해야 할까, 그냥 여기 내버려 두고 가야할까? 부상이 심각한 프랭클린 소령과 함께 이동하면서 비밀 작전을 수행한다면, 치료시기를 놓쳐서 그를 죽게 만들 수 있어. 하지만 그를 그냥 내버려 두고 간다면, 적군에게 발각되어 우리의 비밀 작전을 발설하게 될 위험성이 있어.

B: 우리에게는 다른 선택지가 있지. 그건 프랭클린 소령을 여기서 안락사 시키는 거야. 그렇게 하면 그를 그냥 내버려 두고 간다고 해도 적군에게 비밀을 발설할 위험성이 없어지잖아.

이 대화에서 A는 딜레마 상황에서 고민하고 있고, B는 그 딜레마에 대해 뿔사이로 피하기 방법을 제안하고 있는 셈이다. 그러나 B가 제안하고 있는 방법이 A가 생각하는 딜레마에 대한 반박일 수 있다고 생각하는 사람은 없을 것이다. B가 제안하는 다른 선택지 즉 안락사는 A가 고민하는 딜레마의 결론을 부정하는 역할을 할 수 없기 때문이다. 어떤 딜레마 논변을 반박하기 위해 뿔사이로 피하기 방법을 사용할 때는 단순히 새로운 선택지가 있다는 것만을 보이기보다는 그 선택지를 선택하게 되면 애초의 결론으로 나아가지 않을 수 있다는 것을 적극적으로 보일 필요가 있다.

3. 대응 딜레마로 되받기

'대응 딜레마로 되받기'란 제시된 딜레마 논변의 결론과 상반된 내용의 결론을 가지는 딜레마 논변을 구성하면서 원래 제시된 딜레마가 사실상 문제의 한 측면만을 보여주고 있을 뿐 다른 한 측면에 대해서는 아무 얘기도 하지 않고 있다는 점을 보여주는 방식이다. 말하자면, 제시된 딜레마의 편향성을 지적하는 방식이라 할 수 있다. 대응 딜레마를 만드는 방식은 간단하다. 먼저 제시된 딜레마의 선언문을 그대로 수용한다. 그런 다음 조건문의 후건을 문제의 다른 한 측면에 관한 내용으로 채운다. 그렇게 되면 당연히 결론의 내용은 그 다른 한 측면에 관한 내용으로 구성된다. 다음의 대화를 통해 구체적으로 알아보자.

철수: 요즘 난 동아리 활동을 할지 말지 고민하고 있어. 좀처럼 선택하기 힘들어. 동아리 활동을 하게 되면 학업에 충실하기 힘들게 되거든. 그렇다고 동아리 활동을 하지 않으면 학우들과 친해지기 힘들게 되는 건 당연하지. 결국 난

학업에 충실하지 못하게 되거나 학우들과 친하게 지내지 못하게 될 거야.

영희: 왜 꼭 그런 식으로만 생각하니? 동아리 활동을 하게 되면 학우들과 친해져 서 좋고, 하지 않게 되면 학업에 충실할 수 있어서 좋잖아?

이 대화에서 영희는 철수가 고민하고 있는 딜레마에 대해 대응 딜레마 를 제시하고 있다. 각 선택이 가져올 수 있는 결과의 좋은 측면을 가지고 딜레마 논변을 구성하고 있는 것이다. 철수와 영희가 제시하는 딜레마 논 변은 각각 다음과 같다.

〈철수의 딜레마〉

R1. 동아리 활동을 하거나 하지 않을 것이다.

R2. 동아리 활동을 한다면, 학업에 충실할 수 없게 된다.

R3. 동아리 활동을 하지 않는다면, 학우들과 친하게 지내지 못하게 된다.

C. 학업에 충실할 수 없게 되거나 학우들과 친하게 지내지 못하게 될 것이다.

〈영희의 대응 딜레마〉

R1. 동아리 활동을 하거나 하지 않을 것이다.

R2. 동아리 활동을 한다면, 학우들과 친하게 지낼 수 있게 된다.

R3. 동아리 활동을 하지 않는다면, 학업에 충실할 수 있게 된다.

C. 학우들과 친하게 지낼 수 있게 되거나 학업에 충실할 수 있게 된다.

쉽게 알 수 있듯이, 이 방식을 통해 딜레마 논변에 대응하는 방식은 딜 레마 논변에 대한 완전한 반박이라 보기 힘들다. 제시된 딜레마 논변은 여전히 연역적으로 타당할 뿐만 아니라 전제의 내용도 올바른 것으로 간주될 수 있기 때문이다. 위 대화에서 영희의 얘기가 옳다고 하더라도 철수의 얘기가 거짓이 되는 것이 아니다. 그렇지만 대응 딜레마가 상대방이 놓치고 있는 사항에 대해 지적해 주는 효과를 가진다는 점은 무시할 수 없다. 이러한 대응 딜레마와 관련된 가장 유명한 사례는 아마도 프로타고라스와 그의 제자의 얘기일 것이다. 프로타고라스는 고대 그리스의 철학자로서 우리에게 소피스트로 알려져 있다. 소피스트란 당시에 웅변술이나 변론술을 가르치던 사람들이었다. 하루는 프로타고라스에게 한 사람이 찾아와 변론술을 배우겠다고 하였다. 그러면서 수업료는 변론술을 다 배운 후에 첫 번째 소송에서 이길 때 내겠다고 하였다. 프로타고라스는 자신의 능력을 믿고 있었기 때문에 그렇게 하라고 허락하였다. 그런데 그 제자는 변론술에 대해 다 배웠지만 소송 사건을 맡지 않았다. 그렇기 때문에 프로타고라스는 수업료를 받을 수 없었다. 프로타고라스는 수업료를 받아내기 위해 그 제자에게 직접 소송을 걸었다. 그러면서 그는 자신의 제자에게 다음과 같은 딜레마 논변을 제시한다.

> R1. 나는 이 소송에서 이기거나 질 것이다.
>
> R2. 만일 내가 이 소송에서 이긴다면, (판결에 따라) 너는 수업료를 내야 한다.
>
> R3. 만일 내가 이 소송에서 진다면, (약속에 따라) 너는 수업료를 내야 한다.
>
> C. 너는 수업료를 낼 수밖에 없다.

프로타고라스의 제자는 수업료를 낼 수밖에 없는 딜레마 상황에 처하게 된 셈이다. 그러나 이러한 상황 속에서 그 제자는 프로타고라스의 제자답게 대응 딜레마를 사용하여 반박했다고 한다. 그 대응 딜레마를 구성해 보자.

※ 다음에 포함되어 있는 딜레마 상황을 논변 형식으로 구성하고, 대응할 수 있는 방식에 대해 논의해 보자.

⑴ A 중학교의 한 교사는 최신 스마트폰을 분실한 두 학생에게 170만원을 물어줬다. 수업에 방해받지 않기 위해 스마트폰을 수거해 보관했는데 두 학생의 스마트폰이 없어졌기 때문이다. 교사는 남은 휴대폰 약정할부금까지 고스란히 떠안아야 했다.

⑵ 대형마트의 영업규제 실시 여부를 둘러싼 딜레마가 커지고 있다. 대형마트 이용 시민들의 편의가 우선인지, 중소상공인의 생존권 보장이 우선인지를 둘러싸고 해당업계와 중소상공인들의 공방이 격화되는 모양새이다.

⑶ 테러범의 요구에 응할 것인가? 만일 응하지 않으면, 10여 명의 소중한 생명이 위험에 빠지게 될 것이다. 만일 응한다면, 테러범과는 협상을 하지 않는다는 국제적인 불문율을 어기게 될 것이다. 어떤 선택을 하든지 결국 10여 명의 소중한 생명을 위험에 빠지게 하거나, 국제적인 불문율을 어기게 될 것이다.

⑷ 나는 이번 대선에서 선택의 고민을 해야 할 지점은, 경제 그 자체가 아

니라 '사회적으로 지속가능한 경제'를 어떻게 만들 것인가라고 생각한다. 지구화시대여서 아무리 고성장을 이룩해도 그것이 고용 성장, 실업축소, 좋은 일자리 창출로 이어지지 않는다는 점에 한국경제의 진정한 도전이 있는 것이다. 이것은 신자유주의시대 모든 경제의 딜레마이기도 하다. 삼성전자가 수조원의 수익을 내더라도 그것은 서민들의 삶과 크게 관계가 없다. 60~70년대 한국경제의 초기산업화 국면에서는 절대적인 성장의 증가가 곧 고용의 창출, 실업 축소 등을 낳았다. 경제의 규모가 성장하면서 서민들이 먹고사는 데 비빌 언덕들이 많아진 것이다. 그러나 이제는 단순히 60~70년대의 고도성장정책을 복원함으로써 문제가 해결되는 것이 아니다.

⑸ 일상적인 범죄와 테러 위협에 시달리는 유럽 각국의 딜레마가 갈수록 커지고 있다. 국가가 정보 시스템을 강화할수록 개인의 사생활 침해 가능성도 커질 수밖에 없는 까닭에서다. 독일 헌법재판소가 27일(현지시간) 테러 용의자의 컴퓨터에 스파이 프로그램을 침투시키는 '온라인 수색'을 제한적으로 허용한 판결을 내리면서 '빅브러더' 논란이 가열되고 있다. 헌재는 인명이 위험에 처하거나 국가가 공격을 당하는 등 중대한 사유가 전제돼야 한다고 밝혔지만 사생활보호보다 치안을 앞세운 판결이라는 점에서 파장이 예상된다.

⑹ 프란츠 카프카(1883~1924)는 1921년과 22년 두 차례에 걸쳐 '절친' 막스 브로트에게 유언장을 쓴다. 자신이 죽은 뒤 유고를 모두 불태워 없애라는 당부였다. 카프카는 자신의 작품에 대해 매우 까다로운 기준을 지

니고 있어서 생전에 발표된 작품은 중편 〈변신〉과 단편 〈단식 광대〉 등 소수에 지나지 않았다. 그는 죽기 직전까지도 단편집 〈단식 광대〉의 교정본을 붙들고 있었다고 한다.

첫 번째 유언장에서 자신이 쓴 원고를 모두 불사르라고 했던 데 비해 두 번째 유언장에서는 〈변신〉, 〈유형지에서〉, 〈시골 의사〉 등 몇 편을 제외하는 것으로 완화하기는 했지만, 자신의 유고를 없애 버려야 한다는 그의 의지는 확고했다. 그러나 막스 브로트는 친구의 유언을 곧이곧대로 좇지 않았다. 우리가 〈성〉, 〈소송〉, 〈아메리카〉 같은 카프카의 대표작들을 읽을 수 있는 것은 브로트의 '배신' 덕분인 셈이다.

막스 브로트를 괴롭혔을 고민은 〈롤리타〉의 작가 블라디미르 나보코프의 외아들 드미트리의 몫이기도 했다. 아버지가 1977년 숨을 거두면서 미완성 소설 '오리지널 오브 로라'의 원고를 불태워 없애라는 유언을 남겼다. 하지만 상속인인 어머니가 결정을 내리지 못하고 1991년 남편의 뒤를 따르면서 원고의 운명에 관한 결정권이 드미트리의 손에 들어오게 되었다. 드미트리는 문제의 원고를 스위스 은행에 예치시켜 놓은 채 언론 인터뷰 등을 통해 폐기와 출판 사이에서 오락가락하는 모습을 보였다. 평론가와 일반 독자들의 의견도 양쪽으로 갈렸다. 완벽주의자였던 작가의 유언을 존중해야 한다는 쪽과, 천재의 마지막 흔적을 살려야 한다는 쪽으로. 드미트리가 놓인 이런 곤경을 가리키는 말로 '드미트리의 딜레마'라는 표현도 생겨났다. 불안과 의구심이 뒤섞인 시선을 견디며 결정을 망설이던 드미트리는 그 자신 숨을 거두기 3년 전인 2009년 마침내 〈오리지널 오브 로라〉를 출간하면서 오랜 딜레마에 종지부를 찍었다.[1]

(7) 민간단체의 대북 전단 살포와 그에 대한 북한의 비난은 어제 오늘 일이 아니다. 그런데 최근 들어 북한의 비난이 더욱 더 거세지고 있다. 며칠 전 북한은 조선중앙통신을 통해 우리 정부의 입장이 대결인지 관계 개선인지 명백하게 밝혀야 한다고 요구하면서 '남조선 당국은 이번 삐라 살포 망동을 또다시 묵인함으로써 그들과 한 짝이라는 것을 그대로 드러냈다'고 비난의 목소리를 높였다. 그 뿐만 아니라, 대북 전단 살포가 계속될 경우 물리적인 수단을 동원한 특단의 조치를 취하게 될 것이라고 위협했다.

이러한 상황 속에서 사법부는 민간단체의 대북 전단 살포와 관련하여 정부의 적절한 조치를 주문했다. 대북 전단 살포로 인해 국민의 생명과 재산이 급박한 위협에 처하게 될 수 있다고 판단했기 때문이다. 그에 따라 정부는 매우 곤란한 상황에 처하게 되었다. 정부 대변인은 '정부는 사법부의 판단을 존중한다.'고 하면서, '우리 국민의 생명이나 재산에 위험이 발생할 우려를 줄이기 위해 필요한 모든 안전 조치를 취하겠다.'고 밝혔다. 그러나 '국민의 기본권인 표현의 자유에 해당하는 민간단체의 대북 전단 살포를 막을 수 없다는 기존의 원칙적 입장에는 변함이 없다.'고 강조했다.

이러한 정부의 입장 발표에 대해 여야를 막론하고 적극적인 대처를 촉구하고 있어서 정부를 더욱 더 힘들게 만들고 있다. 여당의 대변인은 '표현의 자유는 보장되어야 하지만 이로 인해 타인의 생명까지 위협하는 것은 표현의 자유를 넘어서는 문제'라고 하면서 '정부는 신중하고

---

1. 《한겨레신문》, 2014년 3월 31일자

적절한 판단을 내려야 할 것'이라고 말했다. 야당의 대변인도 '정부는 민간단체의 대북 전단 살포를 수수방관할 것이 아니라 적극적으로 제지해야 한다.'고 주장했다. 사실상 여야 모두 정부가 나서서 민간단체의 대북 전단 살포를 중지시키는 조치를 취해야 한다고 요구한 것이다.

(8) 광장의 기원은 고대 그리스의 아고라^{agora}다. 아고라는 현대 그리스에서 '시장'이라는 단순한 의미로 쓰이고 있지만 고대에는 시민들이 만나 자유롭게 토론하고 다양한 정보를 얻을 수 있는 장소였다. 고대 그리스에서는 남자들이 장을 보러 다녔는데 그들은 아침 일찍 아고라에 나와 필요한 물건도 사고 잡담을 나누거나 정치를 논하고 웅변가의 연설을 듣기도 했다. 시민들의 일상적인 경제활동과 문학 · 예술 · 정치 활동이 자연스럽게 어우러져 이루어지는 공간이었던 것이다.

우리나라에 광장문화가 생긴 것은 시청 앞 서울광장이 문을 열면서부터다. 2002년 월드컵 당시 시청 앞에서 펼쳐진 거리 응원전을 계기로 시청 앞 광장을 서울시민에게 돌려줘야 한다는 여론이 비등해졌다. 당시 서울시장 후보는 서울광장 조성을 공약으로 내걸었고 시장 당선 뒤 공약을 이행했다. 서울시는 2004년 5월 서울광장을 개장하면서 조례에서 '시민의 건전한 여가선용과 문화 활동을 지원하는 공간'이라고 못박았다. 그러나 일단 광장이 열리자 서울광장에는 각종 정치구호가 난무하고 집회가 끊이지 않았다. 시민들의 문화 · 휴식공간이라기보다는 '대한민국 정치 1번지'가 됐다.

이제 사람들은 무슨 일이 일어나면 서울광장으로 모여든다. 민주주의가 꽃피는 개방과 소통의 공간으로서 광장의 기능이 자리를 잡았다고 볼수 있지만 정부와 서울시 입장에서는 전혀 달갑지 않다. 지난해 촛불시위로 큰 곤욕을 치른 탓이다. 노무현 전 대통령의 서거 직후 서울광장을 폐쇄했던 것도 과격시위에 대한 우려에서였다. 광장은 열려있어야 하지만열어 놓자니 혼란이 우려된다. 그렇다고 막아놓으려니 헌법상 기본권인집회의 자유를 침해하는 위헌 행위를 저지르는 셈이 된다. 이러지도, 저러지도 못하는 광장 딜레마에 빠졌다.

415억 원이나 되는 혈세가 투입된 광화문 광장이 다음 달 문을 연다. 완공을 앞두고 서울시가 사용허가 조건을 엄격하게 제한하는 조례를 발표했다. 조례만으로 대규모 집회를 막을 수 있을지는 의문이지만 시민단체들은 기본권 침해라며 반발하고 있다. 이 딜레마에서 벗어날 수 있는 성숙한 광장문화가 아쉽다.[2]

(9) 서아프리카에서 확산 중인 에볼라 퇴치를 위해 미국인 환자 2명에게 처방한 실험 단계 신약 지맵(ZMapp)을 아프리카에 공급해야 한다는 주장이 나오고 있다. 지맵은 지난주 에볼라에 감염된 미국의 켄트 브랜틀리(33), 낸시 라이트볼(60)을 기적적으로 소생시킨 것으로 알려졌다. 지맵은 아직 인간 대상 임상실험을 거치지 않은 상태였지만, 이들 두 환자는 지맵을 투약받고 나서 회복됐다.

그러자 1976년 에볼라 바이러스를 첫 발견한 피터 피오와 저명한 전염병학 전문가인 데이비드 헤이먼, 제러미 패러 등은 5일 영국 런던에서

---

2. 《서울신문》, 2009년 6월 24일자 「씨줄 날줄」

공동성명을 내어 "에볼라 환자 치료를 위해 위험을 무릅쓰는 보건 종사자 등을 위해서라도 개발 중인 실험약들을 아프리카로 보내야 한다"고 촉구했다. 이들은 "임상실험을 거치지 않아 위험성이 있다는 것은 알지만 상황이 급하다"며 "세계보건기구(WHO)가 실험약 처방 등에 대한 결정을 내려야 한다"고 주장했다. 라이베리아 등 발병 3국에선 "우리도 미국인과 똑같은 의료서비스를 받을 권리가 있다"는 목소리가 커지고 있다.

하지만 현실적으로 실험 신약 배포에는 걸림돌이 있다. 지맵의 제조사인 맵 바이오제약 쪽에서는 "물량이 충분하지 않다. 새롭게 생산하는 데도 시간이 걸린다"고 밝혔다. 쥐에 투여한 바이러스를 통해 항체를 만들고, 대량생산을 위해 담뱃잎에 에볼라 치료 단백질의 유전자를 삽입해 키운 뒤 추출해야 한다. 충분한 양을 생산하려면 적어도 2~3개월이 필요하다. 버락 오바마 미국 대통령도 6일 아프리카 정상들과의 회의에서 "에볼라 실험용 치료제를 서아프리카 국가에 공급하기에는 아직 이르다. 실험용 치료제가 도움이 될지에 대한 정보가 아직 부족하다"며 부정적 반응을 보였다.

실험 신약을 확보하더라도 누구에게 먼저 투약할지 등도 논란이 될 것으로 보인다. 자칫 부작용 피해가 나올 수 있기 때문이다. 세계보건기구는 실험단계의 에볼라 치료제나 백신을 에볼라 확산지역에 투입할지를 내주 초 결정할 것으로 알려졌다.

미국 보건당국은 6일 에볼라 경보를 최고 단계로 올렸다. 톰 프리든 미질병통제예방센터(CDC) 소장은 트위터를 통해 에볼라 바이러스가 나이지리아로 번지고 많은 이들을 감염시킬 수 있다는 점을 감안해 에볼

라 경보를 최고 단계인 '레벨1'으로 격상했다고 밝혔다.[3]

(10) 장기적으로 원자력발전소를 폐쇄하고 신·재생에너지 비중을 확대
하는 정책을 추진 중인 독일에서 전력 부족으로 오히려 석탄 화력발
전이 늘고 있다고 영국 파이낸셜타임스(FT)가 26일 보도했다. 지그마
어 가브리엘 독일 부총리는 지난달 말 스테판 뢰벤 스웨덴 총리에게
보낸 서한에서 스웨덴 국영회사인 바텐팔이 브란덴부르크와 작센지
역의 독일 광산 2곳에서 석탄 생산 투자 중단 방침에 우려를 나타냈
다. 그는 "독일의 전력 공급에 심각한 문제가 생긴다"고 호소했다. 그
러나 스웨덴의 뢰벤 총리는 "바텐팔이 청정 재생에너지 분야를 선도
해야 한다는 것은 스웨덴 정부의 온실가스 감축 정책과도 부합한다"
고 답했다고 FT가 전했다.

독일은 2050년까지 1조 유로(약 1379조 원) 이상을 투자해 80%의 전력 생
산을 신·재생에너지로 전환하는 '에네르기벤데Energiewende' 프로젝
트를 추진하고 있다. 특히 2011년 일본의 후쿠시마 원전사고 이후 원
자로 17개 가운데 8개의 가동을 중단했으며 2022년까지 원전을 모두
폐쇄할 방침이다. 그러나 원전 가동 중단으로 전력이 부족해지자 오
히려 석탄 발전을 늘리는 모순된 상황이 벌어지고 있는 것이다.

독일은 지난해 석탄 발전을 통해 1620억 kWh의 전력을 생산해 1990년
이후 최고치를 기록했다. 독일의 석탄 발전은 2011년 42.7%에서 2013
년 45.5%로 2.8%포인트 늘어난 반면에 같은 기간 원자력 발전 비중은

---

3. 《한겨레신문》, 2014년 8월 7일자

17.6%에서 15.4%로 줄었다.[4]

생각해 볼만한 몇 가지 딜레마들

1. 도덕적 딜레마

우리는 단순한 선호의 문제 때문에 딜레마 상황에 처하기도 하지만, 도덕적인 문제의 옳고 그름을 가리는 데 있어서도 딜레마 상황에 처할 수 있다. 도덕적인 문제와 관련한 딜레마를 도덕적 딜레마라고 한다. 말하자면, 어떤 선택지를 선택하든지 도덕적으로 문제가 발생하는 상황을 도덕적 딜레마 상황이라고 할 수 있을 것이다. 예를 들어 〈아웃 브레이크〉라는 영화를 생각해보자.

아웃 브레이크

치명적인 병을 일으키는 바이러스가 원숭이를 통해 미국의 한 마을에 순식간에 퍼지게 된다. 바이러스의 빠른 확산으로 인해 일어날 더 큰 피해를 우려한 미국 정부는 그 마을에 핵폭탄을 투하하기로 결정한다. 바이러스 문제를 해결하기 위해 소수의 인명을 희생시키자는 것이다. 물론 그러

---

4. 《동아일보》 2014년 11월 28일자

한 결정에 대항하는 사람들도 있다. 그들은 치료제 개발을 주장한다. 그들은 사람들의 목숨을 의도적으로 빼앗는 것은 결코 옳지 않다는 것을 근거로 제시한다. 하지만 치료제 개발이 늦어질 경우 더 많은 사람들이 희생될 것이다.

이러한 상황을 논변으로 꾸며보면 다음과 같은 딜레마 논변을 얻을 수 있다.

R1. 바이러스가 번진 마을에 핵폭탄을 사용하거나 사용하지 않을 것이다.

R2. 핵폭탄을 사용한다면, 인간을 수단시해서는 안 된다는 도덕률을 어기게 된다.

R3. 핵폭탄을 사용하지 않는다면, 더 큰 인명의 피해를 가져오게 된다.

C. 도덕률을 어기게 되거나 더 큰 인명의 피해를 가져오게 된다.

여기서 더 큰 인명의 피해를 가져오는 일도 도덕적으로 옳은 일이 아닐 수 있다는 것을 염두에 둔다면, 위 논변은 도덕적 딜레마 상황을 표현한 것으로 볼 수 있다. 과연 어떠한 선택이 옳은 것인가? 상당히 어려운 문제라고 할 수 있다. 물론, 영화 속에서는 이러한 딜레마 상황을 타개해 줄 영웅이 등장한다. 한 과학자가 신속하게 백신을 개발해서 핵폭탄을 사용하지 않고도 바이러스를 퇴치할 수 있게 된다. 말하자면, 그 과학자는 R3가 거짓이라는 것을 보임으로써 딜레마의 뿔을 잡은 셈이다. 사실 이런 식의 도덕적 딜레마는 단지 영화 속의 영웅이나 처할 수 있는 것일 뿐이라고 생각할 수 있다. 그러나 우리는 현실적으로도 도덕적 딜레마 상황에 처할 수 있다. 예를 들어 다음과 같은 상황을 생각해 보자. 어떤 임부가 치명적인 바이러스에 감염되었다. 물론 그 바이러스에 대한 치료제가 이미 개발되어 있기 때문에, 치료제를 투여한다면 그 임부는 살 수 있다. 그러나 태아는 사망하게 된다. 치료제를 투여하지 않는다면 태아는 살 수 있지만 임부는 죽게 된다. 이러한 상황 속에서 과연 어떠한 선택을 하는 것이 옳은 것일까? 각자의 선택에 대한 나름의 이유를 제시하면서 이러한 도덕적 딜레마에 관해 논의해 보자.

2. 자유와 결정론의 딜레마

우리는 정말 자유로운 존재인가? 이 물음은 철학적으로 중요한 물음이기도 하지만, 소설이나 영화를 통해 자주 접하게 되는 것이다. 보통 이 물음은 우리가 살고 있는 이 세계나 우리 스스로에 대한 생각과 더불어 제기되곤 한다. 예를 들어, 우리의 행위를 포함하여 이 세계의 모든 사건이 신비한 어떤 운명의 힘에 의해 발생하는 것으로 믿는다면, 우리는 자유로운 존재가 아니라고 생각하게 될 것이다. 그러나 자연과학의 성과를 참으로 받아들이는 요즘 그러한 신비로운 운명에 대해 진지하게 생각하는 사람은 거의 없을 듯하다. 그러나 자연과학적 세계관 속에서도 자유에 대한 물음은 여전히 제기될 수 있다. 일단 다음 글을 살펴보자.

한편으로 우리는 우리가 인격체라는 생각을 가지고 있다. 그리고 우리는 인격체로서 식물이나 동물이나 기계와 같은 여타의 것들과 기본적으로 다르다는 생각을 가지고 있다. 인격체의 본질적인 특징은 자기 행위에 대해 도덕적 책임을 가진다는 것이다. 다른 한편으로, 우리는 자연과학이 우리에게 알려주고 있는 것을 존중한다. 즉, 과학적 세계관을 참으로 받아들인다는 것이다. 그런데 이러한 세계관에 따르면, 이 세계에서 발생하는 모든 것은 인과적으로 결정된다. 그렇다면, 이런 물음이 발생한다. 도덕적 책임은 인과적 결정론과 조화를 이룰 수 있는가? 이 물음에 대한 답변은 분명 '아니오'이다. 도덕적 책임의 필요조건은 자유인데, 인과적 결정론은 자유와 양립할 수 없기 때문이다.

이 글의 핵심적 주장은 도덕적 책임과 인과적 결정론이 서로 조화를 이룰 수 없다는 것이다. 이 주장을 뒷받침하는 근거는 두 가지이다. 하나는 자유가 도덕적 책임의 필요조건이라는 것이고, 다른 하나는 인과적 결정론과 자유는 양립할 수 없다는 것이다. 이러한 사항을 토대로 논변을 구성하면 다음과 같다.

R1. 자유는 도덕적 책임의 필요조건이다.

R2. 인과적 결정론은 자유와 양립할 수 없다.

C. 도덕적 책임과 인과적 결정론은 양립할 수 없다.

이 논변은 연역적이기 때문에 R1과 R2를 받아들이게 되면 C를 반드시 받아들여야 한다. 아마 여기서 R1을 부정하는 사람은 거의 없을 듯하다. 실제로 우리는 많은 경우 자유롭지 않은 상태에 있었다는 변명을 통해 도덕적 책임에서 벗어나곤 한다. 그렇다면, R2는 어떤가? 두 번째 전제는 우리에게 중요한 딜레마로 다가온다. 왜냐하면 우리는 인과적 결정론에 대한 믿음과 자유에 대한 믿음을 동시에 가지고 있을 뿐만 아니라 그 믿음들을 매우 중요시하고 있기 때문이다. 우리는 원인과 결과의 관계를 통해 이 세계에 대해 설명하고 예측한다. 이 세계의 모든 것이 그러한 관계를 맺고 있다는 것은 우리가 보편적으로 가지고 있는 생각이라고 할 수 있다. 또한 우리는 자유에 대한 믿음도 가지고 있다. 즉, 우리는 스스로를 자유로운 행위자라고 생각한다. 별다른 장애물이 없을 경우 항상 우리는 마음먹은 대로 행위할 수 있다. 그러한 이유로 우리는 스스로를 도덕적 책임을 가지는 존재로 생각한다. 그런데 R2가 의미하는 것은 이러한 자유에 대한 믿음과 인과적 결정론에 대한 믿음은 서로 상충한다는 것이다. 결국 우리는 아래와 같은 하나의 딜레마 상황에 처하게 된다.

R1. 자유에 대한 믿음은 참이거나 거짓이다.

R2. 자유에 대한 믿음이 참이라면, 인과적 결정론은 거짓이다.

R3. 자유에 대한 믿음이 거짓이라면, 우리는 도덕적 책임을 가지는 존재가 아니다.

C. 인과적 결정론이 거짓이거나 우리는 도덕적 책임을 가지는 존재가 아니다.

과연 우리는 이러한 딜레마에서 어떻게 빠져나올 수 있을까? 그 방법에 대해 생각해 보자.

3. 수인의 딜레마

한 동료와 내가 범죄 혐의로 경찰에게 붙잡혀 각각 독방에 갇혀 있다고 해보자. 나와 내 동료는 서로의 의견을 주고받을 수 없는 상황이다. 자백을 유도하려는 의도를 가진 검사가 우리 각각에게 다음과 같이 제안한다.

"당신들의 유죄를 입증할 충분한 상황적 증거를 가지고 있으므로 당신들 모두가 침묵하더라도 둘 다 1년 형을 받을 것이다. 그러나 당신의 자백 덕분에 당신들의 유죄를 확증할 수 있다면 당신은 즉시 석방되고 동료는 10년형을 받을 것이다. 물론 당신이 침묵하고 동료가 자백하면 그 반대가 될 것이다. 그렇지만 당신들 모두 자백하면 똑같이 5년형을 받을 것이다."

나 \ 동료	침묵	자백
침묵	1년형 / 1년형	석방 / 10년형
자백	10년형 / 석방	5년형 / 5년형

이러한 검사의 말이 사실이라면, 어떤 선택을 하는 것이 합리적일까? 여기서 물론 합리적인 행위란 최선의 결과를 가져오는 행위일 것이다. 검사의 제안을 정리해 놓은 왼쪽의 표를 보면서 가장 합리적인 선택이 무엇일지 생각해 보자. 가장 좋은 결과를 가져올 수 있는 선택은 나와 동료가 모두 침묵하는 경우이다. 왜냐하면 둘 다 공평하게 1년형을 받게 되기 때문이다. 그러나 나에게 더 좋은 결과를 가져올 수 있는 상황이 있다. 내 동료가 침묵할 때 내가 자백하게 되면, 나는 석방되기 때문이다. 게다가 나는 내 동료가 침묵을 선택할지 자백을 선택할지 모른다. 내 동료도 사정은 마찬가지이다. 무엇을 선택할지에 대해 상의할 수도 없는 상황이다. 이러한 상황은 나와 내 동료를 다음의 딜레마 상황에 봉착시킨다.

R1. 내 동료는 침묵하거나 자백할 것이다.

R2. 내 동료가 침묵할 경우 내가 자백하는 것이 더 합리적이다.

R3. 내 동료가 자백할 경우 내가 자백하는 것이 더 합리적이다.

C. 내가 자백하는 것이 더 합리적이다.

	동료	
	침묵	자백
나 침묵	차선 / 차선	최선 / 최악
나 자백	최악 / 최선	차악 / 차악

이 논변은 딜레마 논변으로서 형식적으로 타당하다. 따라서 전제가 모두 참일 경우 결론을 받아들일 수밖에 없다. 이러한 딜레마는 나뿐만 아니라 나의 동료에게도 해당하는 것이다. 결국 나와 내 동료는 모두 자백을 하는 것이 합리적이라는 결론을 도출하게 된다. 그러나 제3자의 입장에서 보면 둘 다 자백하는 것은 결코 합리적인 선택이 아니다. 이미 알고 있듯이, 둘 다 침묵할 경우에는 1년형을 받을 수 있기 때문이다. 역설적인 상황이 발생하게 되는 셈이다. 차선을 선택하는 것이 차악을 선택하는 것보다는 합리적인데, 위와 같은 딜레마에 봉착한 이상 차악을 선택할 수밖에 없기 때문이다. 그렇다면 위와 같은 딜레마에 뭔가 문제가 있는가? 이러한 딜레마에서 벗어날 수 있는 방법에 대해 논의해 보자.

합리적 선택과 결단

우리는 일상적으로 처할 수 있는 문제 상황에 대해 생각해 보면서 비판적 사고에 관한 논의를 시작했었다. 앞서 밝혔듯이, 비판적 사고 능력은 그러한 문제 상황 속에서 합리적이고 올바른 선택을 하기 위해서 필수적으로 요구되는 것이다. 이번 장에서는 그러한 합리적 선택의 구체적 방법에 관해 간략하게 살펴보려 한다. 인간적 삶은 이런저런 궁리와 번민, 선택과 결정, 그리고 행동의 연속이다. 정말 중요한 순간의 선택적 행동의 결과에 따라 인생의 굽이굽이의 향배는 결정된다고 볼 수 있다. '그 때 거기서 그렇게 선택했더라면 인생이 화려했을 텐데', '그 때 그렇게 결단하기를 정말 잘 했다', 또는 '그 때 그 권고를 받아들였어야 했다'와 같은 후회,

안도, 그리고 자책은 인생사의 중요한 고비에는 늘 생기기 마련이다.

그렇다면, 합리적 선택과 좋은 권고의 그 '올바름'과 '좋음'은 무슨 원리에 근거해 있는 것인가? 그 선택이 합리적인 것은 어떻게 정당화하는가? 합리적 선택의 특별한 논리는 무엇인가? 어떤 의미에서 선택과 결정은 행동을 위한 최종적 자기 권고이다. 그래서 나의 선택을 위한 친구의 권고를 받아들여야 하는가는 그것을 내게 스스로 권고할 만한 것인가의 문제이다. 불합리한 선택과 나쁜 권고는 대체로 다음의 원리를 간과하거나 경시한 선택과 권고이다.

① 실천 가능한 다양한 선택지들을 충분히 헤아린다.
② 다양한 그 선택지들이 관련 조건에서 초래할 수 있는 결과들을 충분히 헤아린다.
③ 그 결과들이 일어남직한 개연도(확률)와 소망도(가치)를 셈한다.
④ 그 결과들의 개연도와 소망도에 근거해서 어느 선택지가 최선의 것인가, 최고 기대가치를 갖는 것인가를 저울질 한다.

인과적 논변에서 흔히 저지르는 일반적 잘못은 가능한 후보 원인들을 충분히 헤아리지 않고 떠오른 가능한 하나의 원인을 곧바로 원인으로 추정하는 성급한 논변의 오류이다. 마찬가지로 흔히 저지르는 선택과 결단의 일반적 오류는 가능한 후보 선택지들을 충분히 헤아리지 않고 생각난 하나의 선택지를 곧바로 행하는 성급한 선택의 오류일 것이다. 가능한 복수의 선택지 중에서 하나를 선택하는 것은 원하지 않는 결과를 감수할 용의를 지닌 일종의 결단이다. 가능한 선택이 초래함직한 예상 결과들은 일반적으로 결정적이지 않고 개연적인 것들이기 때문이다. 다시 말해서, 그것들은 실제로는 얼마든지 일어나지 않을 수 있다. 그런 의미에서 하나의 선택과 행동은 위험을 감수할 용의를 지닌 투기적 의미를 갖고 있다.

선택적 결정의 투기성은 그것이 초래함직한 결과들이 늘 확률적인 개연도만을 갖고 있다는 데서 비롯된다. 결단의 논리를 창안한 것으로 알려진 프랑스 철학자 파스칼(B. Pascal, 1623-62)은 하느님의 존재를 믿느냐 마느냐를 놓고 고민하는 이에게 신앙생활을 선택하는 것이 합리적임을 논변했다. 믿음 사항이 실천적 선택 사항이라는 것은 그 믿음이 증명될 수 없는 것임을 전제한다. 다시 말해서, 그 믿음이 거짓일 논리적 가능성이 있다는 것을 의미한다. 파스칼에 따르면, 하나님의 존재에 대한 믿음이 거짓일 가능성 또는 개연성이 아무리 크더라도 하나님의 존재를 믿는 것이 합리적이다. 여기서 가능한 선택지는 두 가지 뿐이다. 하나는 하나님의 존재를 믿는 것이고 다른 하나는 믿지 않는 것이다. 먼저 하나님의 존재를 믿고 신앙생활을 선택하는 경우를 생각해 보자. 이 경우 실제로 하나님이 존재하면, 얻는 것은 영원한 행복이다. 실제로 존재하지 않으면, 거짓을 믿고 살았던 후회의 감정이 있을 것이다. 영원한 축복에 비하면 잃는 것은 아무 것도 아니다. 이제 하나님의 존재를 믿지 않고 신앙 없는 생활을 선택하는 경우를 생각해 보자. 이 경우 실제로 하나님이 존재하면, 얻는 것은 영원한 불행이다. 실제로 존재하지 않으면, 잃는 것은 없지만 얻는 것도 별로 없다. 거짓을 믿지 않고 살았던 만족의 감정 정도가 있을 것이다. 따라서 하나님의 존재를 믿고 신앙생활을 하는 선택이 합리적이다. 이 선택 논변이 근거한 결과표는 다음과 같이 만들어질 수 있다.

선택지 \ 관련사항	하나님이 있다	하나님이 없다
신앙	무한한 행복	유한한 후회
불신	무한한 불행	유한한 만족

하나님의 존재 확률이 고작 0.01% 뿐이라고 하자. 그럼에도, 하나님이 존재하는 경우에 신앙과 불신의 선택적 결과의 가치는 $+\infty$과 $-\infty$에 이를 것이다. 그렇기 때문에 신앙을 선택하는 것이 단연코 기대 가치가 훨씬 높을 것이다.

선택지 \ 관련사항	존재	부재	기대가치
	소망도 × 개연도	소망도 × 개연도	
신앙	$\infty \times 1/10{,}000$	$-x \times 9{,}999/10{,}000$	∞
불신	$-\infty \times 1/10{,}000$	$+y \times 9{,}999/10{,}000$	$-\infty$

하나님의 부재에서 얻는 신앙선택의 실망과 불신선택의 만족의 가치는 음이든 양이든 유한한 -x와 +y일 터이므로, 결국 두 선택지의 기대가치는 $+\infty$와 $-\infty$로 천양지판의 차이로 벌어진다. 그러니까, 신앙생활이 합리적인 선택적 생활이라고 논변한다. 이 파스칼 논변을 비판하는 논변을 어떻게 만들 수 있을까? 그 논변에서 당연시하고 있는, 드러나 있지 않는 전제는 무엇일까? 함께 논의해 보자.

이제 새로운 보기를 놓고 합리적 선택의 논리를 살펴보기로 하자. 아마 국제사회에서 가장 큰 이슈 중의 하나는 바로 핵문제일 것이다. 핵 무장하는 것과 핵 해제하는 것 중 어느 쪽의 선택이 인류에게 합리적일까? 언 뜻 보면, 다음의 결과표는 핵을 해제하는 것이 합리적 선택임을 논변할 수 있게 한다.

관련사항 선택지	전쟁	평화
핵무장	참혹한 종말	불안한 존속
핵해제	참혹한 존속	행복한 존속

이 결과표에 근거하여 논변을 구성하면 다음과 같다.

> R1. 전쟁이거나 평화이다.
>
> R2. 전쟁이면, 핵무장보다 핵 해제가 더 낫다.
>
> R3. 평화이면, 핵무장보다 핵 해제가 더 낫다.
>
> C. 핵 해제가 합리적 선택이다.

어떤가? 이 논변은 받아들일만한가? 사실 이 논변에는 당연하게 가정 하고 있는 것이 있다. 즉, 생략된 전제가 있다는 것이다. 그것은 바로 핵무 장과 핵해제의 선택이 전쟁과 평화의 상황에 인과적 영향을 주지 않는다 는 것이다. 다시 말해서, 이 논변은 전쟁과 평화의 개연성은 핵무장의 선 택 여부와 인과적으로 상관이 없다는 것을 전제하고 있다. 과연 이러한 전제는 받아들일 만한가?

핵무장을 옹호하는 논변은 그 전제를 부인한다. 핵무장은 전쟁의 결과 가 참혹한 종말이라는 예측적 믿음 때문에 전쟁을 억제하는 원인적 힘을 갖는다. 반면에 핵해제는 그런 정도의 전쟁 억제력을 갖지 못한다. 따라서 핵무장의 전쟁 억제력을 믿는 핵무장론자는 결과표에 매긴 다음과 같은 소망도와 개연도는 핵무장이 합리적 선택임을 논변해 준다고 본다.

관련사항 / 선택지	전쟁		평화		기대가치
	소망도	개연도	소망도	개연도	
핵무장	-100	0.1	10	0.9	$(-100 \times 0.1) + (10 \times 0.9) = -1$
핵해제	-50	0.9	100	0.1	$(-50 \times 0.9) + (100 \times 0.1) = -35$

이 표가 보여주는 것은 핵무장이 핵해제보다 더 높은 가치를 기대하게 하는 합리적 선택이라는 것이다. 우리는 이미 수인의 딜레마에 대해 배운 바 있다. 자백을 선택하는 것이 합리적이라는 논변을 핵무장 논변의 형식에 맞춰 비판할 수 있을까? 수인의 딜레마 상황은 다음과 같은 소망도와 개연도에 기초한 것이라 할 수 있다.

관련사항 / 선택지	동료의 자백		동료의 침묵		기대가치
	소망도	개연도	소망도	개연도	
자백	-5	0.5	0	0.5	$(-5 \times 0.5) + (0 \times 0.5) = -2.5$
침묵	-10	0.5	-1	0.5	$(-10 \times 0.5) + (-1 \times 0.5) = -5.5$

이 표에 근거하면, 자백을 선택하는 것의 기대가치가 침묵을 선택하는 것의 기대가치보다 높다. 따라서 자백을 선택하는 것이 합리적이라는 결론으로 나아가게 된다. 이 표의 소망도는 형량을 반영한 것이다. 그리고 개연도는 동료와 의견을 주고받을 수 없는 상황을 반영한 것이다. 즉, 동료가 자백을 선택할지 침묵을 선택할지 알 수 없다는 것이다. 그러나 나

의 선택이 동료의 선택과 동일할 확률이 매우 높다는 확신을 가질 수 있다면, 침묵을 선택하는 것이 더 합리적일 수 있음을 보일 수 있다. 핵무장 논변에서와 마찬가지로 말이다. 내가 내 동료와 동일한 선택을 할 확률이 90%라는 확신을 가지고 있다고 해보자. 그렇다면, 다음과 같은 소망도와 개연도에 근거한 기대가치를 얻을 수 있다.

관련사항 선택지	동료의 자백		동료의 침묵		기대가치
	소망도	개연도	소망도	개연도	
자백	−5	0.9	0	0.1	$(-5 \times 0.9) + (0 \times 0.1) = -5.5$
침묵	−10	0.1	−1	0.9	$(-10 \times 0.1) + (-1 \times 0.9) = -1.9$

이 표에 근거하면, 침묵을 선택하는 것의 기대가치가 자백을 선택하는 것의 기대가치보다 높다. 따라서 침묵을 선택하는 것이 합리적이라는 결론으로 나아갈 수 있다.

지금까지 간략하게 살펴 본 선택의 논리는 다양한 선택들의 불확실한 결과적 상황 하에서의 합리적 선택의 논변 형식이다. 이제 몇 가지 문제를 통해 선택의 논리를 연습해 보도록 하자.

※ 다음의 요구사항에 답하시오.

⑴ 한 겨울이다. 일기예보를 보니, 오늘 강풍을 동반한 폭설이 예상되고 있다. 이런 상황 속에서 철수는 아르바이트를 하기 위해 교외로 멀리 나가야 한다. 영수는 그에게 지하철을 이용해야 한다고 말한다. 지하

철은 날씨의 영향을 받지 않을 것이라 생각하기 때문이다. 그런데 철수는 자기 차를 가져가야 한다고 말한다. 철수와 영수가 의견일치를 보지 못하는 이유는 무엇인지 밝혀보자.

(2) 어떤 상품을 구입했는데, 그 상품의 포장지에는 쿠폰이 하나 붙어 있다. 그리고 설명서를 보니, 그 쿠폰을 떼어내어 그것을 우편으로 보내라고 한다. 만일 당신이 당첨한다면, 당신은 1백만 원을 상금으로 받게된다. 설명서를 보니, 각 상품들에 붙어 있는 쿠폰 수는 총 4만 개이고, 그 중 단 하나만 당첨 쿠폰이다. 만일 당신이 우편을 보내려 한다면, 450원의 비용이 든다. 그 쿠폰메일을 보내는 것이 합리적인지 보내지 않는 것이 합리적인지 밝혀보자.

(3) 철수는 경마장에서 두 말 오리온과 페가수스 중 하나에 내기를 걸려고 하고 있다. 오리온에 거는 데는 5천원이 들고, 오리온이 이기면 5만원을 받게 된다. 페가수스에 거는 데는 6천원이 들고, 페가수스가 이기면 4만6천원을 받게 된다. 전문가들의 예상에 따르면, 오리온이 이길 확률은 45%이고, 페가수스가 이길 확률은 55%인데, 철수는 전문가의 예상을 신뢰하고 있다. 철수는 어떤 말에 내기를 거는 게 합리적인지 밝혀보자.

(4) 철수는 부산까지 출장을 가려고 한다. 요금이나 안전에 관한 한, 기차와 비행기는 서울에서 부산까지 가는 데 있어 동일하다고 하자. 그러

나 기차로는 4시간이 걸리는데 반해 비행기로는 1시간이 걸린다. 그렇지만, 부산 공항에 안개가 자욱하게 낄 경우에 비행기는 7시간이나 걸린다. 철수는 빠른 시간에 부산에 도착하길 소망하고 있다. 믿을 만한 일기예보에 따르면 부산에서 안개가 자욱할 경우는 70%이다. 이러한 상황에서 어떤 교통편을 이용하는 것이 합리적인지 밝혀보자.

(5) 철수는 부산까지 출장을 가려고 한다. 요금이나 안전에 관한 한, 기차와 비행기는 서울에서 부산까지 가는 데 있어 동일하다고 하자. 그러나 기차로는 4시간이 걸리는데 반해 비행기로는 1시간이 걸린다. 그렇지만, 부산 공항에 안개가 자욱하게 낄 경우에 비행기는 7시간이나 걸린다. 또한 폭설이 내릴 경우 기차도 6시간이나 걸린다. 철수는 빠른 시간에 부산에 도착하길 소망하고 있다. 믿을 만한 일기예보에 따르면 부산에서 안개가 자욱할 확률은 70%이다. 그리고 폭설이 내릴 확률은 50%이다. 이러한 상황에서 어떤 교통편을 이용하는 것이 합리적인지 밝혀보자.

(6) 철수는 오늘 부산에서 취업 면접이 있다. 부산에 있는 그 회사에서는 철수에게 여행비용을 지불하기로 했다. 철수가 부산에 가는 데에는 두 방법이 있다. 기차 또는 비행기. 믿을만한 일기예보에 따르면, 오늘 20%의 확률로 심한 폭풍이 몰아칠 가능성이 있다. 만일 폭풍이 몰아친다고 해도 철수의 집에서 출발지(서울역 또는 김포공항)까지 가는 데는 어떤 시간적 영향도 주지 않는다. 이러한 교통편의 시간은 다음과 같다.

기차: 서울역에 도착하는 데까지 30분. 역 도착 10분 후에 출발

기차: 부산역에서 면접 장소까지 20분.

비행기: 김포공항까지 도착하는 데 80분. 공항 도착 1시간 후에 출발

비행기: 김해공항에서 면접 장소까지 40분.

폭풍이 없으면, 기차는 5시간이 걸리고, 비행기는 1시간 걸린다. 폭풍이 있으면, 기차는 7시간이 걸리고, 비행기는 10시간 동안 김포공항에서 대기한 후에 출발해야 한다. 어떤 교통편을 이용하는 것이 합리적인지 밝혀보자.

(7) 철수는 주말에 날씨가 좋으면 야외 수영장에 가서 수영을 즐기기로 했다. 그런데 두 가지 표 중 어떤 것을 살지 고민하고 있다. 주말 내내 사용가능한 표는 그 주중에 사면 3,000원이다. 그리고 하루만 사용가능한 표는 당일에 사면 2,000원이다. 철수는 이러한 사항을 반영하여 다음과 같이 표를 그려 보았다.

	0일의 좋은 날씨	1일의 좋은 날씨	2일의 좋은 날씨
주말 표 구입	수영을 하지 않고 3,000원 지불	하루 수영하고 3,000원 지불	이틀 수영하고 3,000원 지불
하루 표 구입	수영을 하지 않고 0원 지불	하루 수영하고 2,000원 지불	이틀 수영하고 4,000원 지불

그런데 좋은 날씨가 이틀간 계속될 확률은 25%, 하루만 좋은 날씨일 확률은 50%, 이틀 모두 좋지 않을 날씨일 확률은 25%라고 한다. 이러한 상황

에서 철수는 어떤 표를 구입하는 것이 합리적인지 밝혀 보자.

⑻ 소주를 좋아하는 철수가 신문에서 다음과 같은 통계조사 결과를 보게
되었다.

25세인 사람이 70세 전에 사망할 확률		
비음주자		23%
맥주나 포도주 음주자		25%
소주 음주자	하루에 반 병 미만	27%
	하루에 반 병에서 한 병 사이	35%
	하루에 한 병 이상	41%

철수는 자신이 술을 끊지 않는 한, 하루에 소주 1병 이상을 마시게 된다
는 것을 알고 있다. 이러한 상황 속에서 그가 선택할 수 있는 것은 다음과
같다.

하루에 소주 1병 이상을 마신다.

맥주나 포도주로 바꾼다.

금주한다.

철수는 하루에 소주 1병 이상 마시면서 70세 이상 사는 것을 가장 크게
소망한다. 그는 이러한 생각을 반영한 소망도를 다음과 같이 기록했다.

	70세 이전에 사망한다	70세 이상 산다
하루에 소주 1병 이상 마신다	0	100
맥주나 포도주로 바꾼다	−1	99
금주한다	−5	95

이제 철수가 어떠한 선택을 하는 것이 합리적인지 생각해 보자.

(9) 철수는 1,000원이 필요한 요즘의 지하철을 급히 타야할 형편이다. 그런데 유감스럽게도 수중에 500원 밖에 없다. 언뜻 생각난 가능한 선택은 3가지이다.

무임승차한다.

행인에게 500원을 얻는다.

500원을 넣고 1,000원을 빼낼 수 있는 확률 10%의 즉석게임에 참여한다.

잠깐 생각한 끝에 철수는 이 게임에 참여할 것을 선택한다. 이러한 철수의 선택이 합리적임을 밝혀보자. 이 선택의 합리성을 보여주는 소망도와 개연도를 갖춘 결과표를 만들어서 철수의 선택이 합리적임을 밝혀보자.

(10) 할리우드 영화를 보면, 종종 겁쟁이 게임을 하는 장면이 나오곤 한다. 겁쟁이 게임이란, 담력을 겨루는 것으로서 두 운전자가 정면충돌하는 방향으로 서로를 향해 차를 몰아가는 것으로 이루어진다. A와 B가 고

속으로 서로를 향해 돌진한다. A와 B 중 어느 쪽도 핸들을 꺾지 않는 다면 서로 부딪히게 되고 둘 다 죽게 될 확률이 크다. 이러한 상황 속 에서 A와 B가 서로 바라는 것은, 상대방이 먼저 핸들을 꺾게 되어 자 신의 담력이 더 크다는 것을 과시하는 것이다. 그렇게 되면, 담력도 과 시하고 생명도 유지할 수 있다. 물론 이러한 결과가 발생하지 않을 수 도 있다. 말하자면, 둘 다 핸들을 꺾는 것이다. 이러한 결과는 서로에 게 그다지 나쁜 것은 아니다. 살아남을 수 있고, 창피스러움도 크지 않 을 것이다. 그러나 최악의 결과가 있다. 정면충돌로 즉사하는 것이다. 이제 이러한 게임에 당신이 참여한다고 해보자. 그런데 당신의 상대 는 공교롭게도 모든 것을 다 알고 있는 전지자(全知者)이다. 그는 당신 이 어떤 방식의 선택을 하게 될지 잘 알고 있다. 이러한 상황 속에서 어떤 선택을 하는 것이 합리적인지 밝혀보자.

맺음말

이 책을 마무리하는 이 자리에서 우리의 출발점을 기억해 보자. 그곳에서 우리는 "따지면서 읽는 버릇"이라는 제목의 짧은 글을 읽어보았다. 그 글에서 글쓴이는 어떤 글이든 올바르지 않을 가능성이 있기 때문에 '따지면서 읽는 습관'을 길러야 한다고 주장하고 있었다. 물론 '따지면서 읽는 습관'이라는 것은, 달리 말해서 비판적 사고의 습관이라 할 수 있다. 글쓴이의 이러한 주장은 이미 30여 년 전에 행해진 것이지만, 요즘의 우리 사회에 비추어도 전혀 어색하지 않다. 즉, 비판적 사고의 습관은 오늘날 우리 사회에도 매우 중요하다는 것이다.

우리는 정말 복잡한 사회에서 살고 있다. 인터넷을 비롯한 여러 매체들을 통해 참 거짓을 가리기 힘든 수많은 정보가 떠돌아다니고, 각계각층의 이해관계를 반영한 다양한 견해와 주장들이 직접적으로 표출되면서 충돌이 빈번하게 일어나고 있다. 개인적인 차원에서도 수많은 선택의 상황에 직면하게 되는데, 사회적인 논란거리도 끊임없이 발생하고 있다. 이러한 복잡한 상황 속에서 올바른 판단과 선택을 하면서 살아가기 위해 '따지면서 읽는 습관' 즉 비판적 사고의 습관을 길러야 한다는 것은 너무도 당연한 얘기이다.

그러나 우리 사회에 비판적 사고의 습관을 가지고 있는 사람은 매우 드문 듯이 보인다. 예를 들어, 대선이나 총선과 같은 중요한 선거의 경우를 생각해 보자. 우리는 투표를 통해 후보들 중 누군가를 권력자로 만든다. 누군가에게 우리 사회를 좌지우지할 수 있는 힘을 부여하는 것이다. 매우 중요한 문제 상황이 아닐 수 없다. 그런데 '선거판'에서는 모든 후보들이 당선을 위해 자기 자신을 가급적 멋지게 포장하려 한다. 그들은 현실성이 없다는 것을 뻔히 알면서도 우리를 현혹하기 위해 귀가 솔깃한 공약을 내세우곤 한다. 또한 자신의 경력을 화려하게 부풀리면서 상대 후보를 비방하기도 한다. 언론 매체에서는 후보들의 공약이나 정책을 분석하고 평가하기보다는 후보들과 관련된 흥미 위주의 사건 사고에 치중한다. 게다가 어떤 언론 매체에서는 선거철만 되면 특정 정당의 후보에 대한 지지 선언과 다름없는 글을 싣기도 한다. 이러한 '선거판'은 우리에게 중요하고도 복잡한 문제 상황인 셈이다.

이러한 문제 상황 속에서 우리는 비판적 사고를 통해 최선의 후보를 선택하고 있는가? '그렇다'라고 자신 있게 얘기할 수 있는 사람은 매우 드물 것이다. 자신의 지역구에 어떤 후보가 출마했는지 관심조차 가지지 않는 사람도 많다. 그나마 관심을 가지고 있는 사람도 후보들이 내세운 정책이나 공약이 무엇인지 알고 투표한 사람은 얼마나 있을까? 그러한 정책이나 공약에 대한 나름의 분석과 평가에 근거해 투표한 사람은 얼마나 있을까? 자신의 분석과 평가에 대해 반성해 본 사람은 또 얼마나 있을까? 선거철에 흔히 목격할 수 있는 다양한 모습들은 이러한 물음들에 대해 '별로 없다'는 답을 내리게 만든다.

어떤 사람은 후보들의 외모를 보고 투표를 결정한다. 탤런트나 모델을 뽑기 위한 투표가 아닌데도 말이다. 어떤 사람은 '서민의 아들', '경제 전문가', '지역을 살릴 일꾼' 등 수사적인 표현에만 근거하여 후보를 선택한다. 또한 어릴 적 고생을 많이 해봐서 서민의 고충을 잘 이해하고 있다는 후보의 말에만 이끌려 투표하는 사람도 많다. 뿐만 아니라, 동향출신이라는 이유만으로 특정 후보를 지지하는 사람도 허다하다. 그런데 재미있는 것은, 그러한 사람들에게 스스로의 모습들을 비판적으로 분석하고 평가하라는 시험문제를 내면, 무엇이 어떠한 이유로 잘못되었는지 정확하게 답하게 된다는 것이다. 말하자면, 그러한 모습을 보이는 사람들도 대부분 자신의 선택이 올바른 이유에 근거한 것이 아니라는 점을 잘 알고 있다는 것이다. 여기서 우리는 비판적 사고의 기법에 대한 앎이 곧바로 비판적 사고의 습관으로 이어지지는 않는다는 것을 알 수 있다.

이 책을 마무리하면서 강조하고자 하는 것은 바로 비판적 사고의 기법에 대한 앎에서 더 나아가 비판적 사고의 습관을 길러야 한다는 것이다. 이러한 습관을 기르지 않는다면, 개인적인 차원의 문제 상황에 대해서뿐만 아니라 우리 사회의 중요한 문제 상황에 대해서도 올바른 판단과 선택을 하기 힘들 것이다. 선택의 결과는 고스란히 되돌아온다. 잘못된 선택으로 후회한 경험을 떠올려 보라. 그런 후회를 하지 않기 위해서는 비판적 사고의 습관을 기를 필요가 있다.

이 책은 비판적 사고의 기법을 익히기 위한 기본적인 안내서일 뿐이다. 그렇기 때문에 이 책을 통해 비판적 사고의 기법에 대해 연습해 보았다고 해서 곧바로 비판적 사고의 습관이 생겨나지는 않을 것이다. 이러한 습관을 기르기 위해서는 문제 상황에 대해 비판적으로 접근하려는 의식적인 노력과 꾸준한 연습이 필요하다. 우리 주변에는 풍부한 연습 자료들이 있다. 개인적으로 부딪히게 되는 문제 상황들, 학교 수업시간에 학습하는 다양한 학문적 내용들, 각종 언론 매체를 통해 접하게 되는 여러 분야의 다양한 주장들, TV 토론에서 매주 논의되는 시사적인 논쟁거리들 등 수많은 것들이 비판적 사고의 습관을 기르기 위한 연습 자료가 될 수 있다. 이 책의 내용을 토대로 하여 그러한 자료들을 가지고 꾸준히 연습한다면, 비판적 사고의 습관을 기를 수 있을 것이다. 모쪼록 꾸준한 연습을 통해 비판적 사고의 습관을 기르게 되길 바란다.

예시답안

▶ 54쪽 문제

(1)

이유: 어떤 글이든 틀린 내용을 담고 있을 가능성이 있다.

주장: 어떤 글이든 꼼꼼하게 따지면서 읽어야 한다.

(3)

이유: 종교와 과학은 모두 사회적으로 요구되는 것들이다.

주장: 종교와 과학은 어느 한쪽도 폄하되어서는 안 된다.

(5)

이유: 정부의 이번 정책에도 큰 잘못이 있다.

주장: 당분간 촛불시위는 계속될 것이다.

(7)

이유: 어떠한 경우에도 폭력은 정당화될 수 없다.

주장: 철수의 폭력 행위는 잘못이다.

(9)

이유: 만화는 우리에게 큰 즐거움과 감동을 준다. 만화는 유용한 정보를 제공한다.

주장: 만화는 여러모로 우리의 삶에 도움이 된다.

(1) 논변이 포함되어 있다. 결론적 주장은 '학교는 시험기간 중이다.' 정도로, 이것을 뒷받침하는 이유는 '학교 도서관이 빈자리가 없이 학생들로 꽉 차 있다.' 정도로 정리할 수 있다.

(3) 논변이 포함되어 있지 않다. 하나의 조건문만 제시되어 있을 뿐이다.

(5) 논변이 포함되어 있지 않다. '다른 많은 변화'를 구체적으로 설명하고 있을 뿐이다.

(7) 논변이 포함되어 있지 않다. '몹시 어질러져 있었다.'는 것을 구체적으로 설명하고 있을 뿐이다.

(9) 논변이 포함되어 있다. 홈즈의 결론적 주장은 '숙녀가 추위를 느끼고 있다.' 정도로, 이것을 뒷받침하는 이유는 '숙녀가 몸을 떨고 있다.' 정도로 정리할 수 있다. 숙녀는 이러한 홈즈의 추리가 잘못되었다고 말하고 있다.

▶ 63쪽 문제

(1)

R1. 무거운 물체가 가벼운 물체보다 빨리 낙하한다.

R2. 지구는 여타의 물체보다 무겁다.

C1. 지구가 움직인다면, 지구는 여타의 물체들보다 빨리 낙하할 것이다.

R3. 지구가 여타의 물체들보다 빨리 낙하한다면, 우주 밖으로 날아가 버릴 것이다.

C2. 지구가 움직인다면, 우주 밖으로 날아가 버릴 것이다.

R4. 지구는 우주 밖으로 날아가 버리지 않는다.

C3. 지구는 움직이지 않는다.

(3)

R1. 배움이란 상기함이다.

R2. 배움이 상기함이라면, 지금 상기하게 되는 것들은 과거에 배웠던 것이다.

C1. 지금 상기하게 되는 것들은 과거에 배웠던 것이다.

R3. 혼이 사멸하는 것이라면, 지금 상기하게 되는 것은 과거에 배웠던 것일 수 없다.

C2. 혼은 사멸하지 않는 것이다.

(5)

R1. 내가 가상현실 속의 존재라면, 내가 지각하는 모든 것은 꿈이다.

R2. 내가 지각하는 모든 것이 꿈일 경우, 내가 꿈을 꾸지 않을 때에는 모든 것이 사라지게 된다.

C1. 내가 가상현실 속의 존재라면, 내가 꿈을 꾸지 않을 때에는 모든 것이 사라지게 된다.

R3. 내가 꿈을 꾸지 않을 때에도 모든 것은 사라지지 않는다.

C2. 나는 가상현실 속의 존재가 아니다.

(7)

R1. 약 6500만 년 전의 지층에는 이리듐이 풍부하다.

R2. 이리듐은 지구에는 희귀하고 운석에 많이 있다.

C1. 약 6500만 년 전에 많은 운석이 지구와 충돌했다.

R3. 공룡은 약 6500만 년 전에 멸종했다.

C2. 많은 운석이 지구와 충돌한 시기와 공룡이 멸종한 시기가 일치한다.

C3. 공룡은 많은 운석의 지구 충돌로 인한 생태계 파괴 때문에 멸종했다.

(9)

R1. 비판적 사고에 능숙하지 않다면, 참 거짓을 알기 힘든 복잡하고 다양한 정보를 철저하게 분석하고 평가할 수 없다.

R2. 투표를 적절하게 행하기 위해서는 참 거짓을 알기 힘든 복잡하고 다양한 정보를 철저하게 분석해야 한다.

C. 투표를 적절하게 행하기 위해서는 비판적 사고가 필요하다.

▶ 90쪽 문제

(1)

(3)

(5)

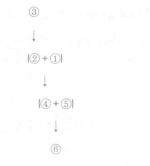

(7)

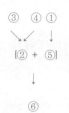

(9)

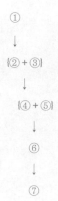

▶ 111쪽 문제

⑴ 촛불시위가 지속적으로 이루어지기 위해서는 배후세력이 있어야 한다.

⑶ 어쩔 수 없는 선택에 대해 도덕적으로 비난하는 것은 옳지 않다.

⑸ 자연적이지 않은 것은 도덕적으로 옳지 않다.

⑺ 자연 선택에 의해 진화해 온 존재의 행동은 이기적일 수밖에 없다.

⑼ 의식이 영원히 소실된 사람은 죽은 사람이다. 죽은 사람의 장기를 이용하는 것은
   합법적이다.

▶ 122쪽 문제

⑴

R1. 소크라테스는 아테네가 인정하는 신을 거부하고 새로운 신을 끌어들였다.

R2. 소크라테스는 젊은이들을 타락시켰다.

[R3. 아테네가 인정하는 신을 거부하고 새로운 신을 끌어들이거나 젊은이들을 타락시
   킨 자는 사형 처벌을 받아야 한다.]

C. 소크라테스는 사형 처벌을 받아야 한다.

(3)

R1. 강한 유형의 합리적 이기주의자에 따르면, 자기 자신의 최대선을 추구하는 것은 언제나 합리적이고 그렇게 하지 않는 것은 언제나 비합리적이다.

[R2. 합리적인 것은 언제나 도덕적으로 옳고, 합리적이지 않은 것은 언제나 도덕적으로 옳지 않다.]

C. 강한 유형의 합리적 이기주의 입장을 받아들이면, 자기 자신의 최대선을 추구하는 것은 언제나 도덕적으로 옳고, 그렇게 하지 않는 것은 언제나 도덕적으로 옳지 않다고 보아야 한다.

(5)

R1. 정신분열증 환자를 치료하기 위해 도파민 분비 억제 약물을 사용한다면, 뇌의 흑질에 이상이 생기게 될 수 있다.

[R2. 뇌의 흑질에 이상이 생기게 된다면 환자의 운동능력이 떨어지게 될 수 있다.]

C. 정신분열증 환자를 치료하기 위해 도파민 분비 억제 약물을 사용할 경우 환자의 운동능력이 떨어지게 될 수 있다.

(7)

R1. 흡연자가 합리적인 존재라면 흡연이 건강에 해롭다고 믿을 경우 흡연을 자발적으로 선택하지 않아야 한다.

[R2. 대부분의 흡연자는 흡연이 건강에 해롭다고 믿으면서도 흡연을 자발적으로 선택한다.]

C. 대부분의 흡연자는 합리적인 존재가 아니다.

(9)

R1. 타인과 공유할 수 있는 욕망은 사회 전체의 발전 동력으로 작용할 수 있다.

[R2. 정치적 욕망과 경제적 욕망은 타인과 공유할 수 있다.]

[R3. 사회 전체의 발전 동력으로 작용할 수 있는 욕망은 나쁜 것이 아니다.]

C. 정치적 욕망과 경제적 욕망이 무조건 나쁜 것은 아니다.

▶ 125쪽 문제

(1)

$$\{① + ②\}$$
$$\downarrow$$
$$\{③ + ④\}$$
$$\downarrow$$
$$⑤$$

(3) ③을 정당화하는 데 반드시 필요함에도 생략되어 있는 것이 있다. 그것은 'Ⓐ동물은 이성적인 존재가 아니다.' 정도의 명제이다. 이것은 ①과 ②와 더불어 ③을 뒷받침하는 역할을 한다. ④는 ③과 더불어 ⑤를 뒷받침하는 역할을 한다. 이런 점들을 고려한 논변의 구조도는 다음과 같다.

$$\{① + ② + Ⓐ\}$$
$$\downarrow$$
$$\{③ + ④\}$$
$$\downarrow$$
$$⑤$$

(5) 결론적 주장은 ②이다. 그런데 ①은 결론적 주장을 뒷받침하는 데 어떠한 논리적 역할도 하지 않는다. 따라서 논변구조도를 그릴 때 ①은 생략해야 한다.

$$⑤$$
$$\downarrow$$
$$\{③ + ④\}$$
$$\downarrow$$
$$②$$

(7) ①과 ⑥으로부터 'Ⓐ토요일의 진정한 의미가 훼손될 수 있다.' 정도의 명제가 도출될 수 있다. 이 명제는 결론적 주장인 ⑦을 뒷받침하는 역할을 할 수 있다. 이 점을 반영하여 논변 구조도를 그리면 다음과 같다.

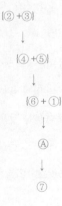

$$\{② + ③\}$$
$$\downarrow$$
$$\{④ + ⑤\}$$
$$\downarrow$$
$$\{⑥ + ①\}$$
$$\downarrow$$
$$Ⓐ$$
$$\downarrow$$
$$⑦$$

(9) ①은 문제제기 역할을 하고 있는 것으로서 논변 구조도에 포함되지 않는다. 결론적 주장은 ⑦이다. ⑦을 뒷받침하기 위해서는 ②의 후건을 부정하는 명제가 필요하다. 그것은 ⑥과 "④공리주의는 선험적 원리로부터 도출되지 않는다."는 명제이다. 이 명제를 얻기 위해서는 ③의 후건을 부정하는 명제 "⑧공리주의는 경험적 주장이다."가 필요하다. 이러한 사항들을 고려하여 논변 구조도를 그리면 다음과 같다.

▶ 140쪽 문제

(1) '대부분'의 의미도 모호하지만, '유학'의 애매성이 우선적으로 제거되어야 한다. 즉, 留學인지 儒學인지 아니면 또 다른 의미의 유학인지 가려야 한다.

(3) '2배'가 정확히 어느 정도인지 명료화시켜야 한다. 예를 들어, 작년에 1건이었고 올해 2건일 경우 2배가 늘어난 것이지만, 크게 증가하고 있다고 보긴 힘들다.

(5) 이 글은 만화책에서 얻을 게 없다는 이유에 근거하여 만화책 읽는 것은 시간낭비라고 주장하고 있는 논변이다. 이 논변의 주장을 수용할지 결정하기 위해서는 '얻을 게'의 의미를 명료화할 필요가 있다. '얻을 게'는 전문적 지식, 교양 수준의 지식, 휴

식, 즐거움 등 여러 가지로 해석될 수 있기 때문에 애매하다. 이 해석 여부에 따라 시간낭비인지 아닌지 결정될 수 있을 것이다.

(7) 결론적 주장에 나와 있는 '고소득층'이나 '서민중산층'의 의미가 그 집합 자체인지 그 집합에 속하는 사람들인지 명료화시켜야 한다. 만일 후자라면 결론적 주장을 받아들일 수 없을 것이다.

(9) 이 글은 노조의 파업에 대해 비판하고 있는데, 그 근거는 노조의 파업이 앞뒤가 맞지 않는 행위라는 것이다. 이러한 비판은 노조가 막겠다고 하는 '국민 불편'과 글쓴이가 제기한 '국민 불편'이 동일한 의미일 경우에만 유의미한 것일 수 있다. 따라서 양자의 의미를 명료화할 필요가 있다.

▶ 146쪽 문제

(1) 이 글의 내용을 논변으로 재구성하면 다음과 같다.

R1. 정부와 여당의 사교육 축소 정책 중 많은 것이 학교 자율성과 다양성 확대를 저해하는 것이다.

R2. 정부와 여당이 내세우는 교육정책의 원칙은 학교의 자율성과 다양성의 확대이다.

C1. 정부와 여당의 이번 교육정책은 스스로 내세우는 원칙과 양립할 수 없다.

R3. 정부와 여당의 교육정책 원칙은 반드시 지켜져야 한다.

C2. 정부와 여당은 이번 교육정책을 철회해야 한다.

이 논변이 적절한 것인지 아닌지 판단하기 위해서는 정부와 여당이 내세우고 있는 학교의 자율성과 다양성 확대가 구체적으로 무엇을 의미하는지 명료화해야 하고, 사교육 축소 정책들 중 어떤 것이 그러한 학교 자율성과 다양성 확대와 충돌하는지 따져 보아야 한다.

(3) 이 글의 내용을 논변으로 재구성하면 다음과 같다.

R1. 대학교 수업시간에 부적절한 행위를 제한하지 않는다면, 수업이 원활하게 진행될 수 없다.

R2. 수업은 원활하게 진행되어야 한다.

C. 대학교 수업시간에 부적절한 행위를 금지하기 위한 교칙을 마련해야 한다.

이 논변의 결론적 주장을 받아들일지의 여부를 판단하기 위해서는 '부적절한 행위'가 구체적으로 무엇인지 명료화해야 한다. 이미 그 행위와 관련된 교칙이 마련되어 있을 수 있기 때문이다.

(5) 이 글의 내용을 논변으로 재구성하면 다음과 같다.

R1. 재판에 적용할 법률과 판례가 마땅히 없을 경우 법관은 국민 다수가 생각하는 정의와 사회의 건전한 상식을 기준으로 삼아야 한다.

R2. 이번 재판에서 법관은 국민 다수가 생각하는 정의와 사회의 건전한 상식을 기준으로 삼지 않았다.

C. 이번 재판은 잘못된 것이다.

이 논변의 결론적 주장을 받아들일지의 여부를 판단하기 위해서는 이번 재판과 관련된 '국민 다수가 생각하는 정의와 사회의 건전한 상식'이 정확히 무엇을 의미하는지 명료화해야 한다. 그것은 수사적인 표현에 불과한 것으로 결론적 주장을 받아들일지의 여부를 결정하는 데 아무런 도움도 주지 않는다.

▶ 173쪽 문제

(1) 타당하다(전건긍정식).

(3) 타당하다(딜레마 논변).

(5) 타당하지 않다.

(7) 타당하지 않다.

(9) 타당하지 않다.

▶ 178쪽 문제

(1)

R1. 자네가 슬리퍼가 젖어서 말리다가 태웠다면, 발등에 종이 상표가 없어졌을 것이다.

R2. 발등에 종이 상표가 있다.

C1. 자네는 슬리퍼가 젖어서 말리다가 태운 것은 아니다.

R3. 자네는 슬리퍼가 젖어서 말리다가 태웠거나 슬리퍼를 신은 채 불을 쬐었을 것이다.

C. 자네는 슬리퍼를 신은 채 불을 쬐었을 것이다.

(3)

R1. 가난의 대물림이나 신분상승의 기회상실이 계속된다면, 계층 간의 갈등이 커지고 사회의 통합이 불가능하게 될 수 있다.

R2. 계층 간의 갈등이 커지고 사회의 통합이 불가능하게 된다면, 사회의 역동성이 떨어지고 사회의 발전은 불가능하게 될 것이다.

C. 가난의 대물림이나 신분상승의 기회상실이 계속된다면, 사회의 역동성이 떨어지고 사회의 발전은 불가능하게 될 것이다.

(5)

R1. 의사가 환자의 병증에 대해 확실히 파악하려 한다면, 환자가 자신의 병증에 관해 의사에게 충분한 정보를 제공해야 한다.

R2. 환자가 자신의 병증에 관해 의사에게 충분한 정보를 제공하려면, 의사는 환자의 병증에 대해 비밀을 보장해야 한다.

C1. 의사가 환자의 병증에 대해 확실히 파악하려 한다면, 의사는 환자의 병증에 대해 비밀을 보장해야 한다.

R3. 의사는 환자의 병증에 대해 확실히 파악해야 한다.

C2. 의사는 환자의 병증에 대해 비밀을 보장해야 한다.

(7)

R1. 자전거가 도로교통법상 차마에 해당된다면, 자전거 이용자는 교통법규를 지켜야 한다.

R2. 자전거는 도로교통법상 차마에 해당된다.

C. 자전거 이용자는 교통법규를 지켜야 한다.

(9)

R1. 우리의 모든 삶이 운명에 의해 이미 정해져 있다면, 어떠한 뛰어난 사람의 업적도 스스로의 노력에 의한 것이 아니라 운명에 의한 것이다.

R2. 어떤 뛰어난 사람의 업적이 스스로의 노력에 의한 것이 아니라 운명에 의한 것이라면, 뛰어난 업적을 가진 사람에 대해 존경심을 가지는 것은 잘못이다.

C. 우리의 모든 삶이 운명에 의해 이미 정해져 있다면, 뛰어난 업적을 가진 사람에 대한 우리의 존경심은 잘못된 것이다.

▶ 191쪽 문제

(1) 표본(어제 만난 그 철학과 학생 한 명)이 전체(철학과 학생들의 집합)를 대표할 수 없다. 따라서 매우 약하다.

(3) 충분한 크기와 다양성을 갖춘 표본에 근거한 결론(A 차를 구입하는 게 낫다)을 단 하나의 견해(A 차에 대한 부정적 견해)에 근거해 부정하고 있다. 따라서 매우 약하다.

(5) 표본(남대문 시장 하나)의 크기가 작아서 전체(모든 재래시장)을 대표할 수 없다. 따라서 매우 약하다.

392

(1)

R1. 머리가 큰 사람은 대부분 높은 지능을 가지고 있다.

R2. 철수는 영희보다 머리가 크다.

C. 철수는 영희보다 높은 지능을 가지고 있을 것이다.

R1의 '대부분'을 80~90% 정도로 생각한다면, 강한 통계적 삼단논법이라 할 수 있다. 그러나 머리가 크다는 것과 높은 지능을 가지고 있다는 것의 연관성을 의심해 볼 수 있고, 따라서 R1이 신뢰할만한 것인지 따져보아야 한다.

(3)

[R1. 빈곤층에 속하는 사람 대부분은 정부의 종합부동산세 완화 정책에 반대할 것이다.]

R2. 그 친구는 빈곤층이다.

C. 그 친구는 정부의 종합부동산세 완화 정책에 반대할 것이다.

이 논변의 R1은 생략되어 있다. 주어진 글을 통계적 삼단논법으로 구성하기 위해서는 이러한 R1을 생각해 내야 한다. 이 논변의 강도는 R1에 달려 있다. 여기서 통계수치는 크게 중요하지 않다. 왜냐하면, 주어진 글을 쓴 사람은 통계수치를 매우 크게 생각하고 있을 것이기 때문이다. 또한 종합부동산세 완화 정책이 빈곤층에 아무런 이득도 되지 않는 정책이라는 것을 알고 있다면, 내용적 연관관계도 강하다고 판단할 수 있다. 물론 강한 통계적 삼단논법이라고 해서 무조건 받아들일 필요는 없다. R1이 거짓일 수도 있기 때문이다.

(5)

R1. 서울 강남에 거주하고 있는 대학생 중 50%가 해외여행 경험이 있다.

R2. 철수는 강남에 거주하고 있는 대학생이다.

C. 철수는 해외여행 경험이 있을 것이다.

통계적 삼단논법이 강하기 위해서는 통계수치가 100%에 가깝거나 0%에 가까워야 한다. 그런데 이 논변의 R1에 제시된 통계수치는 50%이다. 따라서 매우 약한 논변이라 할 수 있다.

▶ 204쪽 문제

각 논변에서 이유가 결론적 주장을 뒷받침하는 강도에 대해서는 스스로 생각해 보자.

(1)

R1. 올챙이의 성장과정과 태아나 신생아의 성장과정은 생물학적으로 유사하다.

R2. 갑상선 호르몬이 없는 올챙이는 개구리로 성장하지 못했다.

C. 갑상선 호르몬에 이상이 있는 태아나 신생아는 성장장애를 가질 수 있다.

(3)

R1. 내 친구는 행동하고 언어를 사용한다.

R2. 나도 행동하고 언어를 사용한다.

R3. 나는 마음을 가지고 있다.

C. 내 친구는 마음을 가지고 있다.

(5)

R1. 혼혈이나 혈액형은 타고나는 자연적인 것으로서 의지와는 무관한 것이다.

R2. 동성애 성향은 타고나는 자연적인 것으로서 의지와는 무관한 것이다.

R3. 혼혈이나 혈액형을 이유로 비난하는 것은 잘못이다.

C. 동성애 성향을 이유로 비난하는 것은 잘못이다.

▶ 210쪽 문제

이 문제들에 대해서는 최선의 설명이 무엇인지 생각하고, 그것을 토대로 논변을 구성하면 된다. 각자가 생각하는 최선의 설명은 서로 다를 수 있다. 어떤 것이 최선의 설명일지는 설명의 포괄성, 정합성 등을 기준으로 판단해야 한다. 예를 들어 (2)의 경우 아파트 평수의 크기가 클수록 중고등학생의 학업 성적이 높은 현상(간단히, 현상 X)을 설명할 수 있는 가설들을 생각해야 한다. 그 결과 다음과 같은 가설들이 만들어졌다고 가정해 보자.

가설 H1: 아파트가 넓을수록 중고등학생의 공부에 대한 집중력이 높아진다.

가설 H2: 부모의 경제적 능력이 클수록 아파트 평수가 넓어질 뿐만 아니라 중고등학생의 학업에 더 좋은 영향(학교, 학원, 교재 등)을 미치게 된다.

이러한 가설들을 토대로 다음과 같은 논변을 구성할 수 있다.

R1. 가설 H2는 현상 X를 설명해 준다.

R2. 가설 H2는 가설 H1을 비롯한 여타의 가설들보다 현상 X를 더 잘 설명해 준다.

C. 가설 H2는 참이다.

나머지 문제들에 대해서도 마찬가지로 접근해 볼 수 있다. 각 문제마다 여러 가지 가설이 나올 수 있다. 그 가설들을 토대로 논변을 구성해 보도록 하자.

▶ 222쪽 문제

(1) 반대관계

(3) 반대관계

(5) 모순관계

(7) 일관적 관계

(9) 반대관계

▶ 223쪽 문제

(1) 일반적으로 대선기간에 특정 후보에 대한 상당수의 악성게시물을 올리는 행위는 대선 개입 행위에 포함된다고 볼 수 있다. 그런데 해당 사건을 수사한 경찰은 그러한 행위가 대선 개입 행위는 아니라고 하고 있다. 일반적인 관점에서 볼 때 경찰의 판단은 일관적이지 않은 것으로 간주될 수 있다. 해당 사건을 수사한 경찰의 생각을 좀 더 철저히 이해하기 위해서는 그 경찰이 생각하는 대선 개입 행위의 범위가 정확히 무엇인지 파악할 필요가 있다.

(3) 경제민주화를 이루기 위해서는 재벌개혁이 필요하다는 것을 받아들이는 사람의

입장에서는 A 위원의 생각은 일관적이지 않은 것으로 판단된다. A 위원의 생각을 좀 더 철저히 이해하기 위해서는 A 위원이 경제민주화와 재벌개혁의 관계를 어떻게 생각하고 있는지 파악할 필요가 있다.

(5) 이 글의 결론적 주장은 스크린쿼터제를 유지해야만 한다는 것이다. 이것을 뒷받침하는 이유는 둘이다. 그 하나는 문화제국주의는 바람직하지 않은데 스크린쿼터제 폐지는 미국의 문화제국주의를 강화하게 된다는 것이다. 다른 하나는 경제적인 측면의 이유인데 스크린쿼터제는 동아시아 영화 시장에서 큰 수익을 올릴 수 있는 기반이 된다는 것이다. 그런데 이러한 두 이유에는 일관적이지 않은 측면이 있다. 두번째 이유에는 우리나라가 동아시아 시장에 문화제국주의적 영향력을 행사하게 된다는 것이 함축되어 있다고 볼 수 있기 때문이다.

▶ 234쪽 문제

(1)

R1. 우리는 SNS를 통해 자유를 얻었다.

R2. 우리는 SNS에 구속되어 자유를 잃었다.

C. SNS는 모순적인 상황을 야기한다. (우리는 SNS를 통해 자유를 얻었고 SNS에 구속되어 자유를 잃었다.)

R1의 '자유'와 R2의 '자유'는 서로 다른 의미라고 할 수 있다. 전자는 소통을 원할 경우 원활하게 할 수 있다는 것을 의미하지만 후자는 일상적인 생활에 지장을 줄 정도로 SNS에 집착하게 된다는 것을 의미한다. 따라서 논리적으로 모순적인 상황은 아닌 셈이다.

⑶

R1. 아테네는 그리스를 지배한다.

R2. 나는 아테네를 지배한다.

R3. 내 아내는 나를 지배한다.

R4. 내 아이는 내 아내를 지배한다.

C. 내 아이는 그리스를 지배한다.

연역적으로 타당한 논변인 듯 보이지만, R1과 R2의 '지배'와 R3와 R4의 '지배'는 서로 다른 의미라고 할 수 있다.

⑸ 이 글의 결론적 주장은 외설물을 철저하게 단속해야 한다는 것이라 할 수 있다. 어린이나 청소년에게 악영향을 주고 우리 사회를 병들게 만들기 때문이다.

R1. 외설물은 어린이나 청소년에게 악영향을 주고 우리 사회를 병들게 만든다.

C. 외설물은 철저하게 단속되어야 한다.

이 논변에서는 '외설물'의 기준이 모호하다. 단속의 대상이 될 수 있는 외설물의 기준이 제시되어야 한다.

⑺

R1. 화장품은 화학성분으로 이루어진 화합물이다.

R2. 어떤 화학성분은 발암물질이거나 환경 호르몬의 원인이다.

C. 화장품 사용을 자제하는 것이 좋다.

이 논변의 결론적 주장을 수용할지 여부를 따져보기 위해서는 화장품에 포함되어 있는 화학성분이 무엇인지 명료화해야 한다. 즉, 발암물질로 분류되는 화학성분이 포함되어 있는지 따져보아야 한다는 것이다.

(9)

R1. 환자의 자율적인 선택과 결정은 의료적으로 무지한 상황 속에서 이루어질 수 있다.

C1. 환자의 자율적인 선택과 결정은 환자 자신에게 나쁜 결과를 초래할 수 있다.

R2. 의사는 환자에게 이익이 되는 행위만 해야 한다.

C2. 의사는 환자의 자율적인 선택과 결정을 그대로 존중해서는 안 된다.

환자에게 '나쁜 결과'나 '이익'의 애매성을 제거하기 위해 그것이 구체적으로 무엇인지 명료화해야 한다.

▶ 257쪽 문제

(1) 함축한다.

(3) 함축한다.

(5) 함축한다.

(7) 함축하지 않는다.

(9) 함축한다.

▶ 266쪽 문제

(1) 함축하지 않는다.

(3) 함축한다.

(5) 함축하지 않는다.

(7) 함축한다. 이 글에 포함되어 있는 논변을 재구성하면 다음과 같다.

R1. 우리가 투명인간이 된다면, 망막이 투명해져서 상이 맺힐 수 없다.

R2. 망막이 투명해져서 상이 맺힐 수 없다면, 사물을 볼 수 없다.

C. 우리가 투명인간이 된다면, 사물을 볼 수 없다. (장님이 될 것이다.)

(9) 함축한다. 이 글에 포함되어 있는 논변을 재구성하면 다음과 같다.

R1. 대통령이 선거공약을 번복하거나 무효화한다면, 정치인에 대한 신뢰는 자리 잡을 수 없게 된다.

R2. 정치인에 대한 신뢰가 자리 잡을 수 없다면, 우리나라는 국가 경쟁력이 강한 국가가 될 수 없다.

C1. 대통령이 선거공약을 번복하거나 무효화한다면, 우리나라는 국가 경쟁력이 강한 국가가 될 수 없다.

R3. 우리나라는 국가 경쟁력이 강한 국가가 되어야 한다.

C2. 대통령은 선거공약을 번복하거나 무효화해서는 안 된다.

▶ 279쪽 문제

⑴ 이 글의 결론적 주장은, 그가 한류스타가 될 수 있었던 것은 뛰어난 연기력 때문이라는 것이다. 이것을 뒷받침하는 이유는 그가 뛰어난 연기력을 갖추지 않았다면 한류스타가 될 수 없었기 때문이라는 것이다. 결국 이 글은 이유가 주장을 강하게 지지하지 못한다고 볼 수 있다. 동일한 얘기를 반복하고 있다고 볼 수 있기 때문이다. 즉 선결문제요구의 오류를 범하고 있다는 것이다. 호의적으로 본다고 하더라도, 뛰어난 연기력이 한류스타의 필요조건이라는 것을 주장하고 있을 뿐이다. 결국 핵심적인 주장을 지지하기 위해서는 별도의 구체적인 이유가 필요하다. 예를 들어, 이러저러한 점을 볼 때 그가 그러한 필요조건을 충족시키고 있다는 식의 이유 등.

⑶ 이 글의 결론적 주장은 코란에 적힌 말은 모두 진리라는 것이다. 그런데 이것을 뒷받침하기 위해 코란에 적힌 말은 모두 진리라는 것을 이유로 제시하고 있다. 따라서 선결문제요구의 오류를 범하고 있다고 평가할 수 있다.

⑸ 이 글은 귀납추론이 옳은 결론을 보증하는 논리적 방법이라는 주장을 뒷받침하기 위해 귀납추론을 사용하고 있다. 따라서 선결문제 요구의 오류를 범하고 있다고

평가할 수 있다.

▶ 290쪽 문제

⑴ 글쓴이는 안창호 선생님의 권위에 기대어 대운하 사업에 반대해서는 안 된다는 주장으로 나아가고 있다. 그런데 안창호 선생님이 국토 개발 사업과 관련된 전문가인지 따져볼 필요가 있다. 또한 안창호 선생님이 그 분야의 전문가라 할지라도 안창호 선생님의 권위에 기대어 대운하 사업에 반대해서는 안 된다고 주장할 수는 없다. 안창호 선생님 당시의 상황과 현재의 상황은 분명 다르기 때문이다. 시대적인 변화를 고려하지 않았다. 그 뿐만 아니라 환경 오염 문제 등 대운하 사업에 반대하는 이유에 대한 고려가 전혀 없다.

⑶ 이 논변은 일종의 유비논변으로서 농약과 담배의 비교를 통해 담배를 피우는 것은 이해할 수 없는 행위라는 결론으로 나아가고 있다. 그런데 "농약이 죽음의 원인이 된다."와 "담배는 죽음의 원인이 된다."는 두 명제에 포함되어 있는 원인 개념은 서로 다른 것이다. 전자는 충분조건의 의미이고 후자는 확률을 높여준다는 의미이다. 또한 농약과 담배의 중요한 차이점(쓰임새 등)을 간과하고 있다. 따라서 성공적인 유비논변이 아니라고 평가할 수 있다.

⑸ 글쓴이는 진보단체나 야당을 '비판만 하는 단체'로 규정하면서 그들의 비판을 가치 없는 것으로 생각하고 있다. 이러한 주장은 그릇된 것이다. 왜냐하면 그들의 비판이 가치 있는지 없는지를 판단하기 위해서는 그들의 비판 내용을 살펴보아야 하기

때문이다.

(7) 어떤 사람의 주장을 반박하려 할 때 그 사람의 주장이 그 사람의 행위와 일관적이
지 않다는 점을 지적한다고 해서 그 사람의 주장이 옳지 않다는 것을 보여줄 수 있
는 것은 아니다. 따라서 브리짓 바르도가 육식을 한다는 점을 지적한다고 해서 브
리짓 바르도의 도덕적인 비난이 잘못되었다는 것을 보일 수는 없다. 즉, 우리나라
사람들이 개고기를 먹는 것이 도덕적으로 잘못된 것이 아님을 정당화하지는 못한
다는 것이다.

(9) 글쓴이는 4대강 개발 사업에 대한 다양한 문제 제기를 단 하나의 이유에 근거하여
무력화시키려고 하고 있다. 그 이유란 대통령이 국민에게 해가 되는 정책을 추진할
리가 없다는 것이다. 그 이유가 뒷받침하는 주장은 정책에 문제가 있다고 판단될
경우에도 비판을 자제해야 한다는 것이다. 이런 점을 고려하면 글쓴이의 생각은 다
음과 같은 간단한 논변으로 재구성될 수 있다.
R1. 대통령이 국민에게 해가 되는 정책을 추진할 리 없다.
C. 4대강 개발 사업에 대한 비판을 자제해야 한다.

R1의 의미는 대통령이 추진하는 모든 정책이 국민에게 해가 되지 않는다는 것은 아닐
것이다. 그것은 대통령이 국민에게 해가 되는 정책을 추진하려는 의도를 가지지는 않
는다는 것 정도를 의미한다고 보아야 한다. 그러나 추진하고 있는 정책이 그 의도와
는 상관없이 국민에게 해가 되는 경우도 많다고 할 수 있다. 따라서 R1은 C를 뒷받침
하는 역할을 할 수 없다.

▶ 302쪽 문제

⑴ 학원 강사의 결론적 주장과 그것을 뒷받침하는 이유에 대해 적절한 반론을 제기하
지 않고 논점을 바꾸고 있다. 즉, 글쓴이가 거론하는 학원 강사는 정시논술 폐지의
문제점에 관해 논하고 있지만, 글쓴이는 논술이 시험과목으로 적절한지의 여부로
논점을 바꾸고 있다. 그 뿐만 아니라 논술폐지에 대한 학원 강사의 걱정을 적절한
이유 없이 단지 학원 경영에 타격을 받게 되는 강사의 당연한 반응이라고 폄하하고
있다. 따라서 학원 강사의 주장에 대한 반론으로 부적절하다.

⑶ 초·중·고등학교 교사가 특정 정당에 가입하는 등 정치활동을 하게 되면, 미성년의
학생들에게 편향적이고 부정적인 시각을 심어줄 가능성이 크다고 주장하고 있지
만, 그것을 뒷받침하는 충분한 근거를 찾을 수 없다. 그 뿐만 아니라, '편향적이고
부정적인 시각'이라는 것이 의미하는 것이 무엇인지 명료하지 않다. 글쓴이는 그것
부터 명료화해야 한다.

⑸ 한 대학의 교수들이 우리나라 전체 대학 교수들을 대표하긴 힘들다. 따라서 전제는
결론을 뒷받침하기에 충분하지 않다.

⑺ 발견된 석기의 자국이 현생인류에 의한 것이라는 것이 참이라 할지라도 그 석기의
자국만을 가지고는 현생인류가 그 석기를 어떤 의도로 사용했는지는 알 수 없다.
또한 네안데르탈인에 의한 자국일 가능성도 배제할 수 없다. 또한 한 차례의 발견
을 가지고 일반화시키는 것은 무리가 있다.

(9) 유전자 조작 기술이 위험하다는 것이 아직까지 증명되지 않았다는 것은 그 기술의
   위험성에 대한 지적을 무력화시키기 힘들다.

▶ 318쪽 문제

(1) 공변법

(3) 차이법

(5) 공변법

(7) 공변법

(9) 일치법

▶ 327쪽 문제

(1) 단순한 선후 관계를 인과관계로 혼동하고 있다.

(3) 두 보고서 모두 제3의 다른 보고서를 베낀 것일 수 있다. 즉, 두 보고서의 원본이 되
   는 공통적인 원인의 존재 가능성을 간과하고 있다.

⑸ 안전벨트를 매고 운전을 하는 사람이 그렇지 않은 사람보다 훨씬 더 많다는 것을 간과하고 있다. 게다가 안전벨트 착용이 자동차 사고 발생 시 사망의 원인이라기보다는 사망이라는 사건이 발생했기 때문에 안전벨트 착용 상태가 유지되었다고 보는 게 더 합당하다.

⑺ 차량 증가가 휘발유 판매량의 증가와 교통사고 수의 증가를 모두 야기한 공통적인 원인이라고 생각하는 게 합당하다.

⑼ 원인과 결과를 거꾸로 생각하는 잘못을 범하고 있다.

▶ 333쪽 문제

⑴ 복합구성 딜레마

⑶ 단순구성 딜레마

⑸ 단순파괴 딜레마

▶ 345쪽 문제

딜레마 상황을 논변을 재구성하면 다음과 같다. 각각의 딜레마를 반박하는 방식에 대해서는 스스로 생각해 보자.

(1)

R1. 스마트폰을 수거하거나 수거하지 않는다.

R2. 스마트폰을 수거한다면, 분실의 책임을 물어야 할 가능성이 있다.

R3. 스마트폰을 수거하지 않는다면, 수업을 원활하게 진행하기 힘들다.

C. 분실의 책임을 물어야 할 가능성이 있거나 수업을 원활하게 진행하기 힘들다.

(3)

R1. 테러범의 요구에 응하거나 응하지 않는다.

R2. 테러범의 요구에 응한다면, 테러범과의 협상을 하지 않는다는 국제적인 불문율을 어기게 된다.

R3. 테러범의 요구에 응하지 않는다면, 10여 명의 소중한 생명을 위험에 빠뜨리게 된다.

C. 테러범과의 협상을 하지 않는다는 국제적인 불문율을 어기게 되거나 10여 명의 소중한 생명을 위험에 빠뜨리게 된다.

(5)

R1. 정보 시스템을 강화하거나 강화하지 않는다.

R2. 정보 시스템을 강화한다면, 개인의 사생활 침해 가능성이 커진다.

R3. 정보 시스템을 강화하지 않는다면, 범죄나 테러의 위협에 대응하기 힘들다.

C. 개인의 사생활 침해 가능성이 커지거나 범죄나 테러의 위협에 대응하기 힘들다.

(7)

R1. 민간단체의 대북 전단 살포를 중지시키거나 중지시키지 않는다.

R2. 민간단체의 대북 전단 살포를 중지시킨다면, 표현의 자유를 침해하게 된다.

R3. 민간단체의 대북 전단 살포를 중지시키지 않는다면, 국민의 생명이나 재산을 위험에 노출시키게 된다.

C. 표현의 자유를 침해하게 되거나 국민의 생명이나 재산을 위험에 노출시키게 된다.

(9)

R1. 임상실험을 거치지 않은 실험신약을 아프리카에 배포하거나 배포하지 않는다.

R2. 임상실험을 거치지 않은 실험신약을 아프리카에 배포한다면, 부작용 피해가 나올 수 있다.

R3. 임상실험을 거치지 않은 실험신약을 아프리카에 배포하지 않는다면, 치료받을 권리를 무시하게 된다.

C. 부작용 피해가 나올 수 있거나 치료받을 권리를 무시하게 된다.

▶ 366쪽 문제

(1) 기대가치를 염두에 둘 때, 철수와 영수는 폭설의 확률이나 폭설 발생 시 교통체증의 확률에서 불일치할 수도 있고 교통체증으로 인한 불편함이나 긴 지하철 여행의 불편함에 대한 소망도에서 불일치할 수도 있다. 물론 폭설의 확률이나 소망도 모두에서 불일치할 수도 있다. 그러한 불일치들이 의결일치를 보지 못하는 이유라 할 수 있다.

⑶ 다음의 결과표를 고려할 때, 철수는 페가수스에 내기는 거는 게 합리적이다.

	오리온 승리	페가수스 승리	기대가치
오리온	45,000원 × 0.45	−5,000원 × 0.55	17,500원
페가수스	40,000원 × 0.55	−6,000원 × 0.45	19,300원

⑸ 철수가 빨리 도착하길 원한다는 것을 염두에 두면, ⑶과 마찬가지로 소요 시간을
소망도에 반영시켜야 한다. 그런데 이번에는 기차의 경우 폭설의 개연도를 염두에
두어야 한다.

이 표들에 근거하면, 기차를 타는 것이 합리적이라 할 수 있다.

	안개 안 낌		안개 낌		기대가치
	소망도	개연도	소망도	개연도	
비행기	−1	0.3	−7	0.7	−5.2

	폭설 안 내림		폭설 내림		기대가치
	소망도	개연도	소망도	개연도	
기차	−4	0.5	−6	0.5	−5

⑺ 철수의 합리적인 선택이 무엇인지 판단하기 위해서는 개연도와 소망도를 생각해
보아야 한다. 일단 수영의 금전적 가치를 다음과 같이 정해 보자.

수영을 하지 않음: 0
하루 수영함: 1

이틀 수영함: 2

	1일의 좋은 날씨 25%	1일의 좋은 날씨 50%	2일의 좋은 날씨 25%	기대가치
주말표 구입	$(0-3000) \times 0.25$ $=-750$	$(1-3000) \times 0.5$ $=-1499.5$	$(2-3000) \times 0.25$ $=-749.5$	-2999
하루표 구입	$(0-0) \times 0.25=0$	$(1-2000) \times 0.5$ $=-999.5$	$(2-4000) \times 0.25$ $=-999.5$	-1999

이제 다음과 같은 표를 얻을 수 있다.

이 표에 근거하면 하루표를 구입하는 것이 합리적이라 할 수 있다. 기대가치가 1000이 크기 때문이다. 수영의 금전적 가치를 0, 1000, 2000으로 정한다 해도 결과는 마찬가지 이다.

(9) 철수의 선택이 합리적이기 위해서는 즉석 게임에 참여하는 것이 가장 높은 기대가 치를 가져야 한다. 이 점을 염두에 두고 다음의 표를 스스로 완성해 보자.

'무임승차'나 '행인에게 500원 얻음'의 선택이 가지는 기대가치가 10 미만일 경우에만

	지하철 탄다		지하철 못 탄다		기대가치
	소망도	개연도	소망도	개연도	
무임승차					
500원 얻음					
즉석 게임	100	0.1	0	0.9	10

철수의 선택은 합리적이라 할 수 있다.